Zu diesem Buch

Wenn von Armenien und Armeniern die Rede ist, denkt man an den Krieg um Karabach. Doch ist nur wenig bekannt über das älteste christliche Kulturvolk, über diese Menschen, von denen die meisten nicht in ihrer Heimat leben. In diesem Buch, das über die Hintergründe der aktuellen politischen Lage informiert, kommen Armenier zu Wort, sie erzählen ihre Lebensgeschichten und berichten von Vertreibung und Exil. So entsteht ein anschauliches und historisch gesättigtes Bild dieser reichen Kultur. Immer wieder geht es um den Völkermord von 1915, ein Schlüssel zum Verständnis der Lage – nicht nur in der einstigen Sowjetrepublik, sondern im gesamten Dreiländereck Armenien – Iran – Türkei.

Angaben zu Herausgeberin und Autoren auf Seite 255.

Tessa Hofmann (Hg.)

Armenier und Armenien –
Heimat und Exil

Rowohlt

Originalausgabe
Veröffentlicht im Rowohlt Taschenbuch Verlag GmbH,
Reinbek bei Hamburg, April 1994
Copyright © 1994 by Rowohlt Taschenbuch Verlag GmbH,
Reinbek bei Hamburg
Lektorat Barbara Wenner
Umschlaggestaltung Barbara Hanke
(Foto Wolfgang Kunz/Bilderberg)
Satz Aldus PostScript, QuarkXPress 3.11
Belichtung Grafische Werkstatt Christian Kreher, Hoisdorf
Gesamtherstellung Clausen & Bosse, Leck
Printed in Germany
1690-ISBN 3 499 19554 2

Inhalt

Über Armenier sprechen – für Armenier sprechen – Armenier sprechen.
Einleitung der Herausgeberin

Über Armenien und Armenier wurde und wird in Deutschland wenig gesprochen. Als sich die größte Tragödie des armenischen Volkes, seine Vernichtung in der Türkei, vollzog, verbot die deutsche Militärzensur jegliche kritische oder sachliche Berichterstattung über den deutschen Bündnispartner Türkei. Nun verdrängen andere Tragödien wie Bosnien oder Somalia Armenien an den Rand der öffentlichen Wahrnehmung. Was sich in den transkaukasischen Resten des armenischen Siedlungsgebiets abspielt, erreicht uns meist nur in Form kurzer Meldungen über Krieg, Vertreibung und Massaker. Wie diese verwirrende Abfolge von Gewalttaten, von militärischen Siegen und Niederlagen auf armenischer oder aserbeidschanischer Seite zusammenhängt, bleibt unklar. Über Armenien zu sprechen heißt darum in erster Linie, Informationslücken zu schließen und Hintergründe zu erhellen.

Über Armenien und Armenier zu sprechen, erscheint allerdings unmöglich ohne einen Rekurs auf die Vergangenheit. Den Ursprung der heutigen Lage Armeniens bilden die Ereignisse zwischen 1915 und 1921: die Vernichtung und Vertreibung der armenischen Nation im türkisch beherrschten Teil ihrer historischen Heimat sowie die Kriege und Kämpfe im Osten des alten Armenien. Nach dem Völkermord von 1915 hatten die Armenier neun Zehntel ihrer Heimat verloren, und zum Zeitpunkt der Sowjetisierung des übrigen Armenien Ende 1920 war etwa die Hälfte der armenischen Vorkriegsbevölkerung tot: ermordet, verhungert, erfroren oder an Seuchen zugrunde gegangen. Die Erfahrung, schutzlos der Vernichtung preisgegeben zu sein, hat sich tief in das Gedächtnis der Armenier eingegraben und bestimmt bis heute ihr politisches Verhalten.

Über den Völkermord an den Armeniern zu sprechen kommt noch immer einer Tabubrechung gleich. Das gilt vor allem für die Türkei, wo die Verleugnung des Genozids nach wie vor als eine Art Staatsdoktrin gilt, wo Politiker und Medien nicht ohne die Armenier als Feindbild auszukommen scheinen. Eine selbstkritische Auseinandersetzung mit der eigenen Vergangenheit findet nicht statt. So sensibel viele Türken auf minderheitenfeindliche Handlungen gegen Menschen türkischer Abstammung reagieren – etwa in Bulgarien oder in Deutschland –, so blind und taub stellen sich viele gegen Verbrechen und Unrecht, die im eigenen Land Nicht-Türken zugefügt wurden und werden. Um so ermutigender sind die wenigen türkischen Stimmen, die sich seit 1992 gegen das Schweigen, Verleugnen oder Verharmlosen des Völkermordes an den Armeniern erheben. Der in Hamburg lebende türkische Publizist Taner Akçam wagte als erster, ohne Wenn und Aber den Armenien-Genozid als Verbrechen zu bezeichnen. Es geht ihm nicht um einen weiteren Beitrag zur Geschichtsschreibung des Genozids an den Armeniern, sondern um die Beschreibung der bisher in der Türkei nie hinterfragten Kontinuität und Identität zwischen den Autoren des Völkermordes und den Gründervätern der Republik Türkei sowie deren Konsequenzen für die Gegenwart, vor allem im Hinblick auf den Umgang mit nationalen Minderheiten.

Für Armenien und die Armenier zu sprechen ist ein weiteres wichtiges Anliegen dieses Buches. Äußerungen über Armenien beschränken sich zumeist auf die Darstellung leidvollster Geschehnisse, darüber wurden die politischen Anliegen der Armenier eher vernachlässigt. Erst die Anschläge armenischer Untergrundorganisationen zwischen 1975 und 1983 lenkten die Aufmerksamkeit der Weltöffentlichkeit auf die Tatsache, daß ein zur Hälfte ausgerottetes, entwurzeltes Volk seit Jahrzehnten auf das wartete, was es als politische Gerechtigkeit empfindet: auf die Verurteilung des Völkermordes durch die internationale Gemeinschaft sowie eine Schuldanerkenntnis durch die türkische Regierung.

Will man für Armenien sprechen, geht es auch um Arzach, wie die Armenier sagen, oder um Berg-Karabach. 1921 willkürlich Aserbeidschan zugeschlagen, fordert die armenische Mehrheitsbevölkerung Arzachs seither ihr Recht auf nationale Selbstbestimmung und Freiheit von aserbeidschanischer Herrschaft. Hier hat das Versagen der internationalen Gemeinschaft, rechtzeitig dauerhafte Konfliktlösungen anzubieten, zu einer für Armenier wie Aserbeidschaner katastrophalen Gewaltspirale geführt: Massaker, wechselseitige Vertreibungen von Minderheiten und seit Ende 1991 ein Krieg mit Hunderttausenden von Flüchtlingen. Aserbeidschans Versuch, einen «Besitzanspruch» auf Arzach / Karabach militärisch durchzusetzen, scheint vorerst gescheitert. Der Krieg, den Aserbeidschan damals gegen das «abtrünnige» Arzach begann, kehrt sich inzwischen immer heftiger gegen das aserbeidschanische Volk selbst. Aber auch Arzach zahlt einen hohen Preis für die Unabhängigkeit. Für Armenien zu sprechen heißt darum auch, auf den unmittelbaren Zusammenhang von internationaler Gleichgültigkeit oder Voreingenommenheit und Gewaltausweitung hinzuweisen.

Und nicht zuletzt bedeutet für Armenien zu sprechen, Armenier selbst zu Wort kommen zu lassen. In der Publizistik wie in der Politik erscheinen Armenier und Armenien allzuoft nur als Objekte ohne eigene Stimme, schlimmstenfalls als hinderliche Störenfriede bei der Abwicklung internationaler Erdölgeschäfte.

Was aber ist die Meinung der Armenier? Statt einer Stimme wird hier ein ganzer Chor hörbar, bestehend aus den Armeniern im Exil sowie den – noch – in Armenien bzw. Arzach Lebenden. Armenien und Armenier sind seit Jahrhunderten keine identischen Begriffe mehr. Spätestens seit dem 11. Jahrhundert entstanden außerhalb Armeniens dauerhafte Exilgemeinden. 1988 lebte über die Hälfte der mehr als sieben Millionen zählenden armenischen Nation außerhalb (Rest-)Armeniens, auf über 80 Staaten der Erde verteilt. Der Zuzug von Hunderttausenden von Flüchtlingen aus Aserbeidschan und Georgien hat dieses Verhältnis seither etwas zugunsten Armeniens verschoben, doch wohl nur vorübergehend. Denn die katastrophalen Lebensverhältnisse in Armenien, hervorgerufen vor allem durch aserbeidschanische und türkische Embargos, lösten einen erneuten Massenexodus aus.

Armenische Diasporaerfahrungen wiederum sind so unterschiedlich wie die in den jeweiligen Gast- oder Geburtsländern vorgefundenen Bedingungen. In diesem Buch kommen Armenier aus dem Iran und der Türkei zu Wort, also aus den unmittelbaren Nachbarländern, die in der Geschichte der Armenier seit langem eine nachhaltige (und im Falle der Türkei überaus verhängnisvolle) Rolle gespielt haben und gegenwärtig wieder verstärkt spielen. Denn im Konflikt in und um Arzach ist die Türkei als selbsternannte Schutzmacht der turkstämmigen Aserbeidschaner besonders engagiert, und dieses Engagement könnte ihre Regierung dazu verleiten, den Arzach-Krieg auf die bisher neutrale Republik Armenien auszuweiten.

Sowohl im Iran als auch in der Türkei bestehen seit Jahrhunderten große, einst kulturell und wirtschaftlich sehr bedeutende Armeniergemeinden. In der Stadt Istanbul, dem Konstantinopel der Byzantiner und Osmanen, reicht die Geschichte der Armeniergemeinde sogar bis in das ausgehende 6. Jahrhundert zurück. Heute führen die noch etwa 35 000 Armenier in dieser Stadt allerdings ein Schattendasein, ständig bedroht vom türkischen Armenierhaß, der mit jedem Militärerfolg der Armenier in Aserbeidschan neue Nahrung findet und türkische Spitzenpolitiker zu wilden Drohungen treibt.

Das in diesem Buch versammelte Bildmaterial stammt aus verschiedenen, zum Teil historischen Quellen, in manchen Fällen handelt es sich um private (Familien-)Aufnahmen der Autoren. Überdies sind zwei eigenständige Bildbeiträge entstanden: Der Fotograf Wolfgang Kunz reiste Mitte der achtziger Jahre entlang der Deportationsrouten der Westarmenier. Seine Bilder aus der ostanatolischen Türkei, Syrien und dem Libanon zeigen Landschaften und Orte von Genozid und Vertreibung. Für Gerayer Koutcharian wurde die Teilnahme an humanitären Hilfsaktionen für Arzach zur Begegnung mit der ihm bis dahin unzugänglichen Heimat seines Vaters. Daß er diese als Kriegsgebiet kennenlernte, dokumentiert sein Fotobericht auf eine persönlich sehr engagierte Weise.

Mari Karaciyan-Berndt, Raffi Kantian und Gerayer Koutcharian wurden in Istanbul bzw. in Isfahan (Iran) geboren, als Angehörige armenischer Minderheiten. Ihre Erinnerungen an die Kindheits- und Jugendorte zeichnen ein sehr eindrückliches Bild von den vielfältigen Verflechtungen und Abhängigkeiten der Armeniergemeinden in diesen beiden für Armenien so bedeutenden Ländern. Anders die Lebensläufe von Parandsem Roland und Hraward Mangassarjan. Beide wuchsen in Armenien bzw. Arzach auf, also in einer mehrheitlich armenischen Gesellschaft. Ihre Kindheit wurde von der sowjetischen Scheinnormalität geprägt, in der Volksgruppenkonflikte zwar nicht gelöst, jedoch so unterdrückt wurden, daß sie oberflächlich nicht vorhanden waren. Der politische Aufbruch sowie die Katastrophen des Schicksalsjahres 1988 haben das Leben dieser beiden jungen Frauen nachhaltig verändert. Sie wurden Zeitzeuginnen von Pogromen, Vertreibungen, Erdbeben und schließlich Krieg. Ihre Lebensgeschichten belegen, wie ungesichert die armenische Existenz in ihrer Heimat noch immer ist. Armenien und Arzach erscheinen heute, ebenso wie 1918 und 1920, bedroht, trotz der zeitweiligen Militärerfolge der Arzacher Armenier. Hraward Mangassarjan wurde bei einem der zahlreichen Luftangriffe auf Arzach 1992 verletzt und lebt jetzt in einem Flüchtlingsheim in Armenien, Parandsem Roland in der Diaspora, in Deutschland.

Für diejenigen Leser, die von diesem Buch mehr als Informationen und Stellungnahmen Betroffener erwarten, stellen wir im Anhang Organisationen vor, die sich in Deutschland für Armenien und Armenier einsetzen oder sie vertreten.

Der Genozid. Charberd (türk.: Harput) 1915. Armenische Intellektuelle werden aus der Stadt getrieben. Hier wurde wie an vielen anderen Orten verfahren – man massakrierte die Männer vor den Toren der Stadt und deportierte Frauen und Kinder.

Hunger, Durst und Seuchen quälen die deportierten Armenier.

Frauen, Kinder und Alte werden Hunderte von Kilometern unter extremsten Bedingungen bis in den Nordirak und nach Syrien getrieben.

Tessa Hofmann
Verfolgung und Völkermord.
Armenien zwischen 1877 und 1922

Napoleon Bonaparte soll gesagt haben, Geographie sei Schicksal. Die armenische Geschichte beweist die Richtigkeit dieses Aphorismus auf schreckliche Weise: Vom Beginn seiner Geschichte an war Armenien als zentrales Durchgangsland zwischen Kleinasien, dem Iranischen Hochland und Mesopotamien umkämpft. «Dies ist ein ernstes, düsteres Land», beschrieb es der deutsche Geograph Ewald Banse 1913, «mit rauhen Gebirgen und weiten, kahlen Ebenen, ohne Bäume und ohne Vogelsang – wenn nicht in einigen Tälern – schweigsam und abgeschieden. Ein Land der Kälte, der langen weißen Winternächte und unerfreulich heißer, aber kahlbraun anzusehender Sommer. Ein Land wie vorherbestimmt zum Schauplatz des Untergangs einer Nation und zur Arena politischer Nichtigkeit, wie vorherbestimmt für Bedrückung, Raub und Gewalttat.»

Meder, Perser und zuletzt die Russen hatten Armenien von Osten her angegriffen, erobert und in Besitz genommen, Römer, Byzantiner und schließlich die Türken von Westen aus. In die Zwischenzeit fallen Eroberungsversuche der Araber, Seldschuken, Mongolen, des mittelasiatischen Gewaltherrschers Timur Lenk sowie verschiedener Turkmenenhorden. Sie lösten jedesmal die Flucht großer Bevölkerungsteile in immer entferntere Länder aus.

Im 16. Jahrhundert geriet der Großteil Armeniens unter die Herrschaft der türkischen Osmanen. Christen und Juden wurden im Osmanischen Reich als Staatsbürger zweiter Klasse behandelt: Sie mußten höhere und oft mehr Steuern als die Muslime, die «Rechtgläubigen», zahlen und durften keine Waffen tragen, was die christliche Landbevölkerung der Willkür ihrer muslimischen, vor allem kurdischen Nachbarn schutzlos preisgab. Die erste Hälfte des 19. Jahrhunderts stand im Zeichen einer beginnenden Verweltlichung der Osmanenherrschaft und damit auch des Kampfes um die Emanzipation der nichtmuslimischen Staatsbürger. Unter ausländischem Druck kam es 1839 und 1856 zu Reformerlassen des Sultans, die die Gleichheit aller osmanischen Bürger sowie Religionsfreiheit verkündeten. 1863 wurde den Armeniern nach Aufständen in den Städten Sejtun, Wan und Musch und jahrelangen Verhandlungen mit der Regierung sogar eine Art innerer Verfassung («Nationalverfassung») bewilligt. Dennoch blieben diese Verbesserungen für die meisten Armenier, vor allem für die fernab der Hauptstadt Konstantinopel lebende Landbevölkerung, nur ein Stück Papier, das nichts an der doppelten Ausbeutung durch osmanische Steuereintreiber und kurdische Stammeshäuptlinge änderte. «…es ist alles darin enthalten», beschrieb der belgische Völkerrechtler M. G. Rolin-Jaequemyns die armenische «Nationalverfassung», «außer einer Bestimmung, mit der ein Armenier den Kurden daran hindern könnte, seine Schafe zu stehlen, den Bej, seine Tochter zu vergewaltigen und sein Land zu rauben, oder den Steuereintreiber, zwei- oder dreimal Steuern für dieselbe Sache einzuziehen… Mit anderen Worten: Nirgends findet sich eine wirksame oder echte Gewähr für die kollektiven Rechte der Nation oder die individuellen ihrer Mitglieder.»

Die Lage der Bauern in den «armenischen Provinzen» verschlimmerte sich nach der Ansiedlung muslimischer Einwanderer aus dem von Rußland 1859 bis 1864 bezwungenen Kaukasus. Auf Einladung der osmanischen Regierung wanderten meist bettelarme Tscherkessen, Tschetschenen, Abchasen in das Osmanische Reich aus und ließen sich, ungehindert von den Behörden, an Armeniern und anderen Christen aus. Auch den Kurden, seien diese nun nomadisch oder bereits seßhaft, gebot der türkische Staat keinen Einhalt, wenn sie christliche Volksgruppen drangsalierten. Bei einer Reform der Verwaltungseinteilung (1864–1880) wurden überdies die Grenzen der armenischen Kantone, Bezirke bzw. Provinzen absichtlich so festgelegt, daß zusammenhängende Siedlungsgebiete auseinandergerissen und künstliche neue Einheiten geschaffen wurden, in denen überwiegend Muslime lebten. Mit diesen demographischen Manipulationsmaßnahmen reagierte das Osmanische Reich auf die Forderungen des Berliner Friedenskongresses von 1878. Die Türken hatten den Krieg verloren, den ihnen 1877 der als liberal geltende russische Zar Alexander II. erklärt hatte, um die christliche Bevölkerung, vor allem die Balkanslawen, zu schützen. Die damaligen europäischen Mächte, England, Frankreich, Deutschland, Österreich und vor allem Rußland, verpflichteten die Türkei, «unverzüglich» Verwaltungsreformen in «den von den Armeniern bewohnten Provinzen» durchzuführen, um die Sicherheit der Armenier vor Übergriffen der Kurden und Tscherkessen zu gewährleisten. Das Tauzichen um die Durchführung der Reformen prägte die europäisch-türkischen Beziehungen in den kommenden Jahren, ohne daß etwas wirklich Entscheidendes geschah. Die «Hohe Pforte», wie damals die osmanisch-türkische Regierung in Europa hieß, verlegte sich auf Verzögerungstaktiken, die europäischen Regierungen bequemten sich ab und an zu halbherzigen Mahnungen, die nichts weiter bewirkten, als daß sie die Armenier in den Augen des türkischen Herrschervolkes zu unzuverlässigen Untertanen stempelten. Der berühmte Polarforscher Fridtjof Nansen, als Kommissar des Völkerbundes für die Armenier engagiert, kritisierte zu Recht den Berliner Vertrag:

«Für die Armenier im türkischen Reich war das alles schlimmer als nichts. Es wiegte sie in falschen Hoffnungen und verschlimmerte ihre wirkliche Lage. Die traurige Wahrheit ist die, daß sie weit besser gefahren wären, wenn sich die europäischen Völker und ihre Regierungen und Diplomaten ihrer Sache niemals angenommen hätten. Dadurch, daß die europäischen Mächte ihre Sympathie für die Armenier bekundeten und in Vorstellungen und Noten bessere Behandlung für die Armenier forderten, *ohne auch nur ein einziges Mal ernstlich durchzudringen,* erreichten sie nur eins: Sie machten die Türken wild und bewiesen ihnen Mangel an ernstem Willen. Die Türken konnten ungestört blutige Rache an ihren armenischen Untertanen nehmen, um deretwillen man so unwillkommener Kritik ausgesetzt war und so demütigende Versprechungen abzugeben sich gezwungen sah.»

Abdul Hamid war 1876 an die Macht gelangt und trug bald den Beinamen «der rote oder blutige Sultan». Dieser zutiefst konservative, fanatisch auf die Wiederherstellung des einstigen Glanzes der Osmanenherrschaft bedachte Machthaber setzte die Verfassung von 1876 unter dem Eindruck der türkischen Niederlage gegen Rußland schon knapp zwei Jahre später wieder außer Kraft. Damit wurden bürgerliche Grundrechte wie die Freiheit der Person, Gewissensfreiheit, das Recht auf Eigentum aufgehoben, die eine rechtliche Gleichstellung der Nichtmuslime im Osmanischen Reich eingeleitet hatten.

Die Position des Sultans in der Nationalitätenfrage läßt sich als Panislamismus beschreiben: Abdul Hamid II. hoffte mit der Sammlung und Einigung aller muslimischen Völker gegen die «Ungläubigen» dem inneren Zerfall seines Reiches entgegenzuwirken und die Unabhängigkeitsbestrebungen der muslimischen Araber, Kurden, Albaner sowie anderer Völker aufzufangen. An der Gleichstellung und Integration der nicht-muslimischen Völker, die größten waren Armenier und Griechen mit jeweils etwa zwei Millionen, hatte er kein Interesse. Freiheitsbewegungen unter diesen Völkern wurden blutig erstickt.

Der Sultan bediente sich durchaus geschickt der sozialen Gegensätze innerhalb eines Volkes. 1891 gründete er Kavallerieregimenter (ihm zu Ehren Hamidiye genannt), in die er nomadische Kurden berief, beschenkte ihre Scheichs und versuchte, sie gegen die seßhaften Kurden auszuspielen. Als Grenzsicherungstruppe waren die Hamidiye-Verbände nicht effektiv, einen traurigen Ruhm erwarben sie sich jedoch bei der Niederhaltung und Ausplünderung der christlichen Bevölkerung, der Armenier und Assyrer. Vorwiegend im armenischen Siedlungsgebiet stationiert, verbreiteten sie dort Unsicherheit und Gesetzlosigkeit, raubten ungestraft Reisende und Dörfer aus.

In der immer unerträglicher werdenden Lage bildeten Armenier inner- und außerhalb des Osmanischen Reiches seit 1872 verschiedene Geheimbünde, die, angesichts der schwindenden Hoffnungen auf Außenhilfe, auf den Aufbau eines wirksamen Systems der Selbstverteidigung abzielten. Zwischen 1885 und 1891 entstanden drei politische Parteien, die zum Teil bis heute unter Auslandsarmeniern tätig sind: die Armenakan-Partei, die Hntschak-Partei sowie die Partei

Daschnakzutjun. Alle setzten sich für eine Verbesserung der sozialen und rechtlichen Lage der Armenier im Osmanischen Reich ein, wobei der Gebrauch von Waffengewalt als Notwehr gegen Abdul Hamids Schreckensherrschaft vor allem den Hntschaken und Daschnaken berechtigt erschien. Im Unterschied zu ihnen war die Armenakan-Partei, aus der später die armenischen Liberalen hervorgingen, nicht von zeitgenössischen internationalen sozialistischen Vorstellungen und Theorien beeinflußt. Die Unabhängigkeit Armeniens wurde nur von den Hntschaken nachdrücklich gefordert, während sich die anderen Parteien mit Reformforderungen innerhalb des Osmanischen bzw. Russischen Reiches begnügten.

Als die Hntschak-Partei Anfang 1893 mit Plakaten in türkischer Sprache die muslimische Bevölkerung der Provinz Sivas und Zentralanatoliens zum Aufstand gegen ihre Unterdrücker aufrief, nahm man dies als Vorwand für eine großangelegte Verhaftungswelle unter den Armeniern in ganz Anatolien. Allein bis zum Frühjahr jenes Jahres wurden 1800 Christen festgenommen, die meisten gefoltert und oft ohne Urteil bestraft. Im August 1894 schlugen Hamidiye-Einheiten einen «Aufstand» südarmenischer Bauern in Sassun nieder, die sich 1893 mit einem Steuerboykott und später mit Waffen gegen die sie bedrängenden Kurden zur Wehr zu setzen gewagt hatten. Ein englischer Konsul berichtete: «Ohne Rücksicht auf Alter und Geschlecht wurde gemordet, so daß während etwa drei Wochen die Armenier dort wie wilde Tiere gejagt und, wo man sie fand, getötet wurden.» Die Gesamtzahl der Toten von Sassun wird auf 16 000 geschätzt. Als 1895 dann auch noch bekannt wurde, daß die osmanische Regierung eine «Kommission zur Untersuchung des verbrecherischen Treibens armenischer Räuber» (!) eingesetzt hatte, nahm England wieder Verhandlungen über Reformen auf, denen sich Rußland und Frankreich anschlossen. Im Laufe des Jahres legten die drei Staaten der osmanischen Regierung zwei Reformprojekte vor. Vorgesehen war eine noch stärkere Beteiligung der christlichen Bevölkerung an der Neugestaltung Westarmeniens, schließlich stimmten der türkische Sultan und der Ministerrat am 16./17.10.1895 zu.

Doch noch während dieser Verhandlungen war ein erneuter und

diesmal landesweiter Pogrom ausgebrochen. Den äußeren Anlaß lieferte wieder die Hntschak-Partei, die am 30.9.1895 in Konstantinopel eine Massendemonstration zum Regierungssitz organisiert hatte. Unterwegs wurde der Zug von der Polizei aufgehalten und für verboten erklärt. Nach einem kurzen Wortwechsel mit einem armenischen Studenten zog der befehlshabende Polizeimajor den Säbel, beschimpfte den Studenten als «Ungläubigen» und verwundete ihn schwer. Der Student erschoß ihn daraufhin. Sogleich stürzten sich die Soldaten und Polizisten auf die Demonstranten, von denen die meisten unbewaffnet waren, erschossen 20 und ließen einhundert Verwundete zurück. Eine schon zuvor organisierte islamische Gegendemonstration setzte den flüchtenden Demonstranten mit Knüppeln nach und ermordete noch in entlegenen Stadtvierteln gänzlich unbeteiligte Armenier. Zugleich brachen im gesamten Reich offenbar von langer Hand vorbereitete Massaker gegen die Armenier aus, deren Vorsätzlichkeit bereits ausländische Zeitgenossen durchschauten. Der deutsche Pfarrer und Missionar Dr. Johannes Lepsius ist der namhafteste europäische Dokumentarist der Armenierverfolgungen. Er schrieb nach einer Reise im Mai 1897 zu den Schauplätzen der Blutbäder in Syrien und Anatolien:

> «Der Vernichtung des armenischen Volkes liegt *ein einheitlicher, schon seit Jahren vorbereiteter Plan* zu Grunde, der in den letzten Monaten des vergangenen Jahres infolge des Vorgehens der Mächte mit überstürzter Hast zur Ausführung gebracht wurde. Während schon seit Jahren die von der Regierung bestellten Werkzeuge der Zerstörung in aller Stille und mit möglichst wenig Aufsehen arbeiteten, sah sich die Hohe Pforte durch die drohenden armenischen Reformen genötigt, den Prozeß zu beschleunigen und, selbst auf die Gefahr hin, ganz Europa in Empörung zu setzen, mit einem Schlage das armenische Volk zu vernichten und dem verhaßten Christentum, welches immer wieder die Sympathie Europas erweckte, ein schnelles Ende zu bereiten. Ein einheitlicher Plan in bezug auf *Ort, Zeit, Nationalität der Opfer* und sogar *auf die Methode des Mordens und Plünderns* lag der Gesamtheit der Massacres zu Grunde.»

Nur der Übertritt zum Islam, der häufig durch öffentliches Beschneiden der Männer vollzogen wurde, konnte Armenier vor dem Tod retten. Das armenische Patriarchat von Konstantinopel gab die Gesamtzahl der Pogromtoten von 1894/96 mit 300000 an. Darunter sind auch die Opfer von Seuchen und Hungersnöten zu zählen, die durch Ausrottung und Verelendung ganzer Dörfer hervorgerufen wurden. Etwa 100000 Armenier flohen in den Transkaukasus, nach Persien oder auf den Balkan. Auch in späteren Jahren kam es immer wieder zu Verfolgungen der armenischen Bevölkerung. So wurden in Sassun 1904 eintausend Freischärler sowie dreitausend armenische Einwohner aus Sassun von einer Gegenmacht von 10000 regulären Soldaten und 7000 Kurden nach monatelangen Kämpfen besiegt. Die Sieger nahmen, wie immer, blutige Rache an der armenischen Bevölkerung, wieder gab es 3000 Opfer.

Zur gleichen Zeit, als die Armenier ein nationales Bewußtsein entwickelten und politische Parteien gründeten, regte sich unter den Türken Widerstand gegen die Despotie Abdul Hamids. Nach der Aufhebung der Verfassung durch Abdul Hamid 1878 ging aus dem Kreis der einstigen Konstitutionalisten eine in Geheimzirkeln organisierte Opposition hervor. Sie bezeichneten sich zunächst als «osmanische Liberale», «Neu- oder Jungosmanen», um die Jahrhundertwende kam der Begriff «Jungtürken» in Gebrauch. Der neuosmanischen Bewegung lag der Gedanke von der Vereinigung aller im Osmanischen Reich lebenden Völker im Kampf gegen den Sultan zugrunde. Vertreter der armenischen Daschnakenpartei verhandelten seit 1902 im Ausland mit jungtürkischen Führern in der Hoffnung, im Falle ihrer Machtergreifung und der Rückkehr zur osmanischen Verfassung Unterstützung für die armenischen Reformwünsche zu finden.

1908 gelang es den oppositionellen türkischen Nationalisten, Abdul Hamid tatsächlich zur Wiedereinsetzung der Verfassung von 1876 zu zwingen. Die an den Machtwechsel geknüpften armenischen Hoffnungen auf Verbesserungen trogen jedoch. Im Gegenteil: Ein knappes Jahr darauf brach am 13.4.1909 in der kilikischen Hauptstadt Adana und Umgebung ein erneuter Pogrom gegen die Armenier aus, der etwa 30000 Opfer forderte. Die seit Mai 1909 von der Regierung zur

Klärung der Ursachen durchgeführten Untersuchungen brachten ebensowenig Aufschlüsse wie ähnliche Unternehmungen der früheren Machthaber. Da der Ausbruch des kilikischen Pogroms mit einem Gegenputsch der Anhänger Sultan Abdul Hamids zusammenfiel, versuchten die Jungtürken, die Schuld auf das alte Regime zu schieben. Dagegen spricht, daß die am 15. April zunächst beendeten Pogrome am 24. 4. 1909 erneut ausbrachen, nachdem bereits zwei regierungstreue Regimenter vor Ort eingetroffen waren.

Die Jungtürken beteiligten sich zunächst nicht offiziell an der Regierung, kontrollierten sie aber dank ihres Einflusses auf die Streitkräfte. 1910 gelangten fanatische Nationalisten in das Zentralkomitee der jungtürkischen Organisation «Komitee für Einheit und Fortschritt», im Januar 1913 rissen sie durch einen Militärputsch die Staatsgewalt an sich. Nach der Festigung ihrer Macht vollzogen die Jungtürken ideologisch den entscheidenden Übergang zu einem chauvinistisch-rassistischen Denken. An die Stelle des übernationalen Osmanismus und der Integrationsidee rückte die Ideologie des Panturanismus oder Alltürkentums. Alle turksprachigen Völker vom Transkaukasus bis nach Sinkiang («Ostturkestan») im heutigen Nordchina sollten in einem Riesenreich unter der Führung der Osmanen vereinigt werden. Der osmanische Vielvölkerstaat sollte durch ein ethnisch einheitliches türkisches Großreich ersetzt werden, in dem für nichttürkische Völker nur zwei Behandlungsweisen vorgesehen waren: Anpassung bis zur Assimilation oder Vernichtung.

Schon 1911 beschloß das jungtürkische Komitee die sprachliche Assimilierung der Völker des Osmanischen Reiches: Sie sollten ihre Religion behalten, nicht aber ihre Muttersprache. Die Armenier stellten ein gewaltiges Hindernis bei der Verwirklichung der turanistischen Träume dar. Sie hatten sich nicht nur jahrhundertelang allen Assimilierungsversuchen widersetzt, sondern ihr Siedlungsgebiet schob sich wie ein Keil zwischen die Türkei und das nächstgelegene turksprachige Siedlungsgebiet: das ölreiche Aserbeidschan im Transkaukasus. Trotzdem schien es im Sommer 1914, als käme es doch noch zu armenischen Reformen: Die türkische Regierung stimmte einem Reformprojekt des Dreibundes (Rußland, Frankreich, England) zu, das u. a. Verwaltungsreformen, die Bestrafung von Bestechung sowie die Ansiedlung der nomadischen Volksgruppen vorsah. Aber während die Jungtürken den Europäern scheinbare Zugeständnisse machten, drohten führende ihrer Vertreter schon 1914 öffentlich mit einem Massaker, gegen das sich die Pogrome Abdul Hamids als Kinderspiel ausnähmen, sollten die Armenier nicht von der Reformfrage ablassen.

Der Erste Weltkrieg lieferte den Türken den äußeren Anlaß, ihre Zusagen aufzukündigen und sich endgültig der europäischen Einmischungsversuche zu entledigen, für die die Armenier als Vorwand gedient hatten. Ein Minister Abdul Hamids hatte schon früher formuliert: «Die armenische Frage schafft man am besten dadurch aus der Welt, daß man die Armenier aus der Welt schafft!» Bereits im ersten Kriegswinter 1914/15 erhielt die armenische Bevölkerung vor allem der Grenzprovinzen Erzurum und Wan einen Vorgeschmack künftiger Greuel: Die Männer wurden zu Lastenträgerdiensten und anderen Hilfsarbeiten unter unmenschlichen Bedingungen gepreßt, die Einwohner von Dörfern durch willkürliche Hausdurchsuchungen und Gewaltakte der Gendarmerie terrorisiert.

In den letzten zehn Tagen des Februar 1915 wurden sämtliche Armenier im Staatsdienst beurlaubt und alle armenischen Soldaten von Kampfpositionen abgezogen; ein Teil der Offiziere wurde vor das Kriegsgericht gestellt und erschossen, die Soldaten in Arbeiterbataillone gesteckt, wo sie schwerste Straßenbauarbeiten verrichten mußten oder als Lastenträger bei schlechtester Ernährung arbeiteten. Unzureichende Ernährung, fehlende Unterkünfte und der Einsatz noch bei schlimmsten Witterungsbedingungen ließen sie scharenweise zu Opfern von Seuchen und Unterernährung werden. Gleichzeitig wurde die armenische Zivilbevölkerung nach Waffen durchsucht, deren Besitz seit der jungtürkischen Revolution legal war, da die Jungtürken sich von den Armeniern Unterstützung im Fall einer Konterrevolution erhofft hatten. Häufig wurden die Armenier auch gezwungen, zusätzliche Waffen zu kaufen, nur um die vorher willkürlich festgesetzten Quoten abzuliefernder Waffen zu erfüllen. Diese wurden dann wiederum von den örtlichen Behörden als Beweisstücke für den «armenischen Verrat» fotografiert und die Fotos in die Hauptstadt geschickt.

Derartige «Bilddokumente» dienen übrigens bis heute in der türkischen Rechtfertigungsliteratur zum Völkermord an den Armeniern als Argument für die Notwendigkeit, brutal gegen das gesamte armenische Volk vorzugehen. Eine Dolchstoßlegende war geboren worden.

Nachdem die Armenier des Osmanischen Reiches entwaffnet und die meisten Männer im wehrfähigen Alter in Strafbataillonen oder bereits getötet worden waren, begann Ende April die Ausrottung der vor allem in der Hauptstadt Konstantinopel konzentrierten intellektuellen und politischen Führungselite. In der Nacht vom 24. zum 25. und vom 25. zum 26. April 1915 wurden 600 Armenier unter dem willkürlichen Vorwurf des Hochverrats verhaftet. Nach drei Tagen wurden sie ins Landesinnere, in das Dorf Ajasch bzw. die Kleinstadt Tschangri in der Nähe von Ankara deportiert. Sie sollten vor ein Kriegsgericht gestellt werden. Da sich jedoch keine Anklagepunkte konstruieren ließen, beschloß man, die politischen Führer über Adana und Aleppo nach Diyarbakir zu schicken. Auf diesen Transporten wurde offenbar die Mehrzahl der 600 Inhaftierten erschlagen oder erschossen; ein Dutzend der nach Diyarbakir deportierten Armenier wurde dort während der Verhöre zu Tode geprügelt, worauf der armenische Bischof der Stadt aus Verzweiflung Selbstmord beging. Nur acht der ursprünglich 600 kamen frei.

Ende März 1915 setzten die ersten Deportationen der übrigen Bevölkerung ein. Die juristische Grundlage bildete das «Provisorische Gesetz zur Deportation verdächtiger Personen» vom 27.5.1915 (14.5.1915 alten Stils). Artikel 2 dieses Gesetzes lautete:

«Die Befehlshaber der Armeen, Armeekorps und Divisionen können, wenn es die militärische Notwendigkeit verlangt, die Einwohner von Städten und Dörfern, die sie des Verrats oder der Spionage verdächtig halten, entweder individuell oder gemeinsam deportieren und an anderen Orten ansiedeln.»

Das als «Umsiedlung» getarnte Völkermordprogramm vollzog sich in vier Phasen: Als erste wurden Ende März 1915 die Armenier aus Kilikien, vor allem aus den für ihren Widerstandsgeist berühmten Orten Sejtun und Dörtyol deportiert. Die kilikischen Deportationen dauerten bis Ende Mai 1915. Es folgte, von Mai bis Ende Juni 1915, die Deportation der westarmenischen Bevölkerung aus den damaligen Provinzen Erzurum, Sivas, Charberd bzw. Mamuret-ul-Asis, Diyarbakir, Bitlis und Trapesunt (türk. Trabzon). Danach wurden im August und September 1915 die Armenier aus Westanatolien und dem Mutessariflik Ismid, aus den Provinzen Brussa, Kastamuni, Ankara und Konya deportiert. Ende Herbst 1915 folgten die Armenier aus den Städten Mesopotamiens und Nordsyriens; die Armenier von Bagdad wurden schon im Spätsommer 1915 nach Mossul deportiert.

Deportation ist ein beschönigender Sammelbegriff für ein grauenhaftes Geschehen. Die Abläufe waren fast überall gleichförmig wiederholte Maßnahmen: Zunächst wurden die führenden Armenier einer Stadt, oft bis zu 400 bis 500 Personen, durch Aushang oder Ausrufer aufgefordert, sich den Behörden zu stellen, danach verhaftet, oft gefoltert und nach einigen Tagen vor die Stadt geführt, wo sie an abgelegener Stelle erschlagen oder mit Bajonetten niedergemacht wurden. Frauen, Kinder und Greise wurden einige Tage darauf deportiert, wenn sie nicht schon zuvor Pogromen und Exzessen zum Opfer gefallen waren. Die Deportierten mußten meist zu Fuß und ohne ausreichende Verpflegung gewaltige Strecken bis in die mesopotamischen und syrischen Wüsten zurücklegen und waren unterwegs Mißhandlungen und Überfällen durch die örtliche muslimische Bevölkerung, oft Kurden, und durch die Begleitmannschaften ausgeliefert. Frauen und Kinder wurden vergewaltigt, verschleppt und zwangsislamisiert.

Johannes Lepsius vermutete, daß nur ein Drittel der Deportierten aus Westarmenien lebendig am Ziel des Transports ankam. Anders als bei den Deportationen aus Kilikien und Westanatolien waren die Armenier auf diesen Transporten, die schon mit Pogromen begannen, auch unterwegs den schlimmsten Massakern ausgesetzt. Das Deportationsziel selbst lag, wie es der damalige Innenminister Talaat zynisch in einem Telegramm mitteilte, im «Nichts». Mit anderen Worten: Das Überleben der Armenier war nicht vorgesehen. Bisweilen wurden die Deportierten, wie im Konzentrationslager Der-es-Sor, gruppenweise in die umliegenden Wüsteneien getrieben und dort abgeschlachtet, um Neuankömmlingen Platz zu machen. Der Mutessarif von Der-es-Sor, Zeki-Bej, ließ zum Beispiel 30 000 Armenier in das Gebiet am Chabur-

Fluß treiben, wo sie verhungerten oder von Tscherkessenbanden massakriert wurden. Ein ebenso berüchtigtes Konzentrationslager am Euphrat war Ras-ul-Ajn, wo 14 000 Menschen im April 1916 erschlagen wurden. Für die Städte der Schwarzmeerküste hatte sich ein Doktor Hasim ein einfacheres Vernichtungsmittel ersonnen: Hier wurde die armenische Bevölkerung unter dem Vorwand, sie umzusiedeln, auf Schiffe verladen und unterwegs ins Wasser gestoßen.

Insgesamt 750 000 *muhadschirs*, muslimische Flüchtlinge oder Auswanderer vom Balkan und aus anderen Teilen des Osmanischen Reiches, wurden auf den Höfen und in den Häusern der vertriebenen und ermordeten Armenier angesiedelt. Sie standen während der Pogrome oft schon wartend im Hintergrund und nahmen, wie in Sejtun, sofort die Häuser der Armenier in Besitz. Den Löwenanteil an der «armenischen Beute» strich jedoch der türkische Staat selbst ein: Die 5 Millionen Goldlira, die die türkische Regierung 1916 in Berlin deponierte und die nach dem Waffenstillstand von den Alliierten beschlagnahmt wurden, sollen hauptsächlich, wenn nicht komplett, aus beschlagnahmten armenischen Vermögen stammen. Johannes Lepsius schätzte 1919, daß die türkische Regierung armenisches Vermögen im Wert von einer Milliarde damaliger Mark konfisziert hatte.

Zum Schluß wurden die kirchlichen Einrichtungen zerschlagen: Am 1.6.1916 verfügte die türkische Regierung die Beseitigung der in der armenischen «Nationalverfassung» von 1863 verankerten «Großen Nationalversammlung» der Armenier und stufte die *Ermeni millet*, die armenische Glaubensnation, zu einer *Cemayet*, einer «Kultusgemeinde», herab. Der Sitz des geistlichen Oberhaupts wurde von Konstantinopel nach Jerusalem verlegt, wo es, wie der deutsche Botschafter Metternich 1916 anmerkte, «jeder politischen Betätigung entrückt ist». Die Zahl der Bischöfe wurde drastisch verringert, da sie nur noch in Bezirken mit über 15 000 Armeniern zugelassen wurden – eine Bedingung, die fast nirgends mehr erfüllt war. Ohnehin war ein Großteil der armenisch-apostolischen Geistlichkeit, die den Sadismus des Pöbels und der amtlichen Henkersknechte besonders auf sich gezogen hatte, bereits ermordet. «Das neue Gesetz», schrieb Botschafter Metternich, «zieht das Fazit aus den Maßregeln der Regierung, durch die die osmanischen Armenier als lebensfähige Nation vernichtet werden sollen; auf die Massenaussiedlungen mit der Niedermetzelung der Männer, Islamisierung der Zurückgebliebenen und der Kinder ist die Vermögenskonfiskation, auf diese nunmehr die Zertrümmerung der politischen Gemeinde erfolgt.»

Der Islamisierungsdruck wurde seit Ende 1915 verstärkt. Am 4.12.1915 informierte der Direktor des «Deutschen Hilfsbundes für christliches Liebeswerk im Orient» das deutsche Auswärtige Amt über Pläne der türkischen Regierung, «die Überreste des armenischen Volkes gewaltsam zum Islam zu bekehren». Die unter deutscher Leitung stehenden christlichen Waisenheime und Hilfswerke kämpften bis 1917 verzweifelt gegen Versuche der Regierung, ihre armenischen Zöglinge und Schutzbefohlenen in türkische Waisenhäuser zu überführen, wo Frauen, Mädchen und Knaben unter 13 türkisiert wurden, die älteren Jungen umgebracht. «Nehmen Sie auf und unterhalten Sie nur diejenigen Waisen, die sich nicht an die Schrecklichkeiten erinnern können, denen ihre Eltern ausgesetzt waren. Verschicken Sie die anderen mit den Karawanen», befahl der Innenminister Talaat am 12.12.1915 telegraphisch dem Präfekten von Aleppo, dem großen Durchgangsort fast sämtlicher Deportiertenkonvois. Die Frauen armenischer Soldaten wurden zwangsweise mit Muslimen verheiratet. Ende Februar 1916 zwang man die überlebenden Mitglieder von Arbeiterbataillonen in Aleppo zum Glaubenswechsel, der in der Türkei immer einer vollständigen Vernichtung der ethnischen und kulturellen Identität der Betroffenen gleichkam. Manchen Armeniern half allerdings nicht einmal dieser äußerste Schritt: Sie wurden trotzdem deportiert. «Benachrichtigen Sie die Armenier, die in der Absicht, der allgemeinen Verschickung zu entgehen, den Islam annehmen wollen, daß sie nur am Orte ihrer Verbannung Muslime werden können» (Innenminister Talaat am 17.12.1915).

Bereits am 4.10.1916 schätzte die deutsche Botschaft in Konstantinopel, daß von den etwa zweieinhalb Millionen Armeniern im Osmanischen Reich zwei Millionen deportiert und von diesen bereits anderthalb Millionen umgekommen seien. Berücksichtigt man den Zeitraum von 1877 bis 1922, also die ersten Pogrome unter Abdul Hamid und die den Nationalisten um Mustafa Kemal zuzuschreibenden Pogrome und Deportationen an Armeniern und Griechen zwischen 1919 und 1922, so gab es in 45 Jahren insgesamt über zwei Millionen Opfer.

Der Völkermord von 1915 nimmt in vielem die Methoden der Massenvernichtung vorweg, wie sie die deutschen Nationalsozialisten wenige Jahrzehnte später anwandten: «Vernichtung durch Arbeit», Abtransport der Opfer in Viehwaggons der Bagdad-Bahn und skrupellose medizinische Experimente. So wurden armenischen Soldaten und Zivilpersonen Typhuserreger «eingeimpft», in Trapesunt erstickte man armenische Kinder in einem als «Dampfbad» getarnten Raum mit Giftgasen. Adolf Hitler war offenbar nicht nur gut über den türkischen Völkermord unterrichtet – sein früherer Berater von Scheubner-Richter war damals deutscher Vizekonsul in Erzurum –, sondern nahm ihn sich offensichtlich auch zum Vorbild. Kurz vor dem deutschen Überfall auf Polen zerstreute Hitler bei einer Ansprache vor den Oberbefehlshabern der Heeresgruppen am 22.8.1939 deren etwaige Bedenken gegen Pläne zur Vernichtung «slawischer Untermenschen» mit dem Hinweis auf die Vergeßlichkeit des Weltgewissens: «Wer redet heute noch von der Vernichtung der Armenier?»

Wer trägt die Schuld an diesem millionenfachen Massenmord wehrloser Menschen? In erster Linie die jungtürkische Partei, die zwischen 1913 bis zum Oktober 1918 die Staatspolitik maßgeblich prägte. Das «Komitee für Einheit und Fortschritt» hatte bereits am 5.8.1914 auf Befehl des Kriegsministers Enver eine «Spezialorganisation» mit der ursprünglich außenpolitischen Aufgabe eingesetzt, Land jenseits der osmanischen Staatsgrenzen für Siedlungspläne vorzubereiten. Innenpolitisch war sie ein willfähriges Instrument der herrschenden jungtürkischen Partei. Ihr Erster Sekretär, Dr. Nazim, legte bereits Anfang 1915 auf einer Geheimsitzung die «Notwendigkeit» eines vollständigen Genozids am armenischen Volk dar. Verwaltungsbeamte, die sich der brutalen Vernichtungspolitik der Jungtürken widersetzten, wurden durch gefügigere ersetzt oder sogar ermordet. Aus den Gefängnissen entließ man Berufsverbrecher und formierte sie zu Banden, die die Deportiertenkonvois überfielen, ausraubten und massakrierten.

Offizielle Vertreter der heutigen Türkei wie der 1993 verstorbene Ministerpräsident und spätere Präsident Özal bestreiten nicht, daß die osmanische Regierung die Deportation der Armenier 1915 beschlossen hat. Doch negierte Özal wie seine Vorgänger, daß dieser Beschluß eine vorsätzliche Vernichtungsmaßnahme, einen Befehl zum Völkermord darstellt. Vielmehr rechtfertigt man den Deportationsbeschluß von türkischer Seite wie schon im Ersten Weltkrieg als «kriegsnotwendige Maßnahme», bei der infolge organisatorischer Unzulänglichkeiten einige hunderttausend Armenier spontanen Übergriffen, vor allem der Kurden, zum Opfer gefallen seien. Auch Özals Nachfolgerin Tansu Çiller leugnet die Verantwortung des türkischen Staates für die Vernichtung der Armenier. Sie nannte, angesprochen auf den Genozid, diesen Vorwurf «Schnee von gestern» (September 1993).

Die offizielle Auslegung steht nicht nur im Widerspruch zu der Tatsache, daß die Armenier im gesamten Osmanischen Reich, auch aus weit von den Kriegsschauplätzen entfernten Gegenden, deportiert wurden (ausgenommen waren nur die europäischen Regionen der Türkei, Konstantinopel und Smyrna, wo starke nichttürkische Bevölkerungsmehrheiten lebten und mit massiven internationalen Protesten gerechnet wurde). Gegen diese unhaltbare, exkulpierende Deutung stehen vor allem zeitgenössische Erkenntnisse, zu denen deutsche Diplomaten bereits während des Ersten Weltkriegs gelangten. Im Osmanischen Reich befand sich aufgrund der erheblichen wirtschaftlichen, politischen und militärischen Interessen Deutschlands fast in jeder Provinzhauptstadt ein deutsches Konsulat. Die äußerst zahlreichen und ausführlichen Berichte, die aus den einzelnen Konsulaten bei der Botschaft in Konstantinopel eingingen, veranlaßten den Botschafter Wangenheim schon am 7.7.1915 zu der Schlußfolgerung, daß die türkische Regierung «den Zweck verfolgt, die armenische Rasse im türkischen Reich zu vernichten». Am 4.12.1916 schrieb der deutsche Vizekonsul von Erzurum, Erwin von Scheubner-Richter, rückblickend, seine Befürchtung, «daß die Aussiedlung der Armenier ihrer Vernichtung gleichkommen werde bzw. dieselbe bezwecken sollte», habe sich leider bewahrheitet: «Es ist nicht zuviel gesagt, wenn man ausspricht, daß die türkischen Armenier mit Ausnahme einiger Hunderttausender in Konstantinopel und anderen größeren Städten Lebender so gut wie ausgerottet sind.»

Da Deutschland im Ersten Weltkrieg mit der Türkei militärisch verbündet war, vermuteten die Kriegsgegner Frankreich und England, aber auch die türkischen Verbündeten selbst, Deutschland begrüße die Armeniervernichtung, ja es habe diese sogar in Gang gesetzt. Den politisch verantwortlichen jungtürkischen Führern mochte eine solche Behauptung gelegen kommen, lenkte sie doch von der eigenen Schuld ab. So trifft Deutschland zwar nicht die Schuld an der Urheberschaft des Völkermords, wohl aber die Schuld stillschweigender Duldung und teilweisen Einverständnisses, zumindest bei den Verantwortlichen im Auswärtigen Amt in Berlin.

Bei allen Protesten, die die deutsche Botschaft in Konstantinopel mit Erlaubnis des Auswärtigen Amtes bei den Türken einlegte, wurde immer sorgsam darauf geachtet, nicht das türkisch-deutsche Bündnis zu gefährden, das man für das höhere Interesse hielt. Aus diesem Grund griff die kaiserdeutsche Türkeipolitik auch nicht zu Wirtschafts- oder Finanzboykotten.

Unter den zahlreich in der osmanischen Armee dienenden Angehörigen der deutschen Militärmission waren einige sogar aktiv in Aktionen des türkischen Militärs verstrickt: So befehligte zum Beispiel ein deutscher Oberst im September 1915 die türkische Belagerung der auf dem «Mosesberg», dem Musa Dagh, verschanzten armenischen Bauern. Die Belagerung des Armenierviertels der Stadt Urfa im September und Oktober 1915 wurde von Eberhard Graf Wolffskeel von Reichenberg, dem deutschen Stabschef in Syrien, geleitet. Stark gegen die Armenier voreingenommen, schrieb er am 12. Oktober 1915 seiner Frau, in Urfa tobe ein Kampf von Haus zu Haus, man werde daher noch 14 Tage benötigen, «bis wir die Bande kleingekriegt haben». Gemeint waren armenische Familienväter, die mit dem Mut der Verzweiflung um ihr Leben kämpften. Auch die Entsendung türkischer Truppen nach Sejtun im März 1915 erfolgte auf Veranlassung eines deutschen Offiziers. Infolgedessen begann die Deportation der für ihre Wehrhaftigkeit berühmten Sejtuner Bevölkerung noch vor dem offiziellen Erlaß der türkischen Regierung.

Solche Handlungen auf deutscher Seite erklären sich nicht nur aus dem engen Umgang, den die deutschen Offiziere mit türkischen Kameraden pflegten, die ihrerseits unter dem Einfluß der jungtürkischen Ideologie standen. Hier war vielmehr auch das negative Armenierbild wirksam, das in der deutschen Publizistik die wenigen armenierfreundlichen oder neutralen Stimmen überlagerte. Für viele deutsche Zeitgenossen waren die Armenier ein politisch unzuverlässiges, mit dem Erbfeind Rußland sympathisierendes oder gar paktierendes Volk, dessen revolutionäre Kämpfer als anarchische, wenn nicht kriminelle Unruhestifter galten. Man sah die Armenier als Wucherer, als eine Art kleinasiatischer Juden, die sich durch eine hemmungslose Ausbeutung ihrer Nachbarvölker verhaßt gemacht und sich somit ihre Verfolgung selbst zuzuschreiben hatten.

Karl May, dessen phantasievolle Werke mehrere Generationen beeinflußten, schrieb:

«Wo irgendeine Heimtücke, eine Verräterei geplant wird, da ist sicher die Habichtsnase eines Armeniers im Spiele. Wenn selbst der gewissenlose Grieche sich weigert, eine Schurkerei auszuführen, es findet sich ohne allen Zweifel ein Armenier, welcher bereit ist, den Sündenlohn zu verdienen. Sind die sogenannten Levantiner überhaupt und im allgemeinen berüchtigt, so ist unter ihnen der Armenier derjenige, der sie alle übertrifft.»

Ähnliche Urteile finden sich auch bei seriöseren Autoren. Daß sich an diesen faustdicken Vorurteilen und Zerrbildern nichts änderte, dafür sorgte während des Ersten Weltkrieges die Pressezensur. Sie verbot sämtliche Berichte über die Verfolgungen, die folglich nur im Ausland oder, wie der berühmte «Geheimbericht» des Johannes Lepsius, nur illegal in Deutschland erscheinen konnten.

Im europäischen Ausland war man zwar besser über die Armenier unterrichtet, aber das Engagement für sie blieb überall weit hinter der Begeisterung zurück, mit der Europa im 19. Jahrhundert auf die Freiheitsbewegungen der Griechen, Serben und der Polen reagierte.

Die Armenier standen von Anfang an im Schatten. Sie kamen zu spät, und ihr Land lag zu sehr am Rand europäischer Interessen, aber im Mittelpunkt der Interessen der türkischen Unterdrücker. Und als die Armenier 1915 dem Tod entgegengingen, waren die Europäer gerade damit beschäftigt, sich auf den Schlachtfeldern des Weltkrieges gegenseitig umzubringen.

Taner Akçam
Wir Türken und die Armenier.
Plädoyer für die Auseinandersetzung
mit dem Massenmord

Geboren wurde ich im Gebiet Ardahan in der Provinz Kars – eine der wenigen Provinzen der heutigen Türkei, in denen das Mosaik der Völker fortbesteht. Sogar heute leben dort noch mindestens fünf, sechs Volksgruppen zusammen ohne größere Probleme. «Früher sollen hier auch viele Armenier gelebt haben» – so sagt man bei uns. Unser Haus im Dorf lag oben auf einem Hügel. Und wir konnten nahezu auf alle Dörfer unserer Umgebung schauen. Mein Großvater ließ seine Hände über die Landschaft schweifen: «Das alles, was du hier siehst, das waren früher armenische Dörfer.» Sogar in den siebziger Jahren trugen sie noch armenische Namen: Gölebert, Duduna, Ur... Später sollen die Namen geändert worden sein, aber wir benutzen die türkischen Namen nicht mal heutzutage.

Ich habe nichts vergessen, nichts von dem, was meine Großmutter mir erzählte, und nichts von dem, was mein Großvater mir erzählte. Sie nannten es *büyük kaçakaçlug*, die große Flucht, und *küçük kaçakaçlug*, die kleine Flucht. Wir waren Kinder damals, in den sechziger Jahren. Die Sommerferien dauerten von Juni bis September. Genau drei Monate verbrachten wir in unserem Dorf. Die Großmutter oder der Großvater scharten uns, ihre Enkel und Enkelinnen, um sich und begannen zu erzählen. Die *büyük kaçakaçlug*, das war die Geschichte der Flucht vor den anrückenden russischen Heeren. Sie nannten diese Flucht auch die «Flucht von 93»*. Das hatten sie nicht selbst erlebt, sie

---

* Nach dem osmanischen Kalender schrieb man das Jahr 1293 (1877/78).

kannten dies aus den Erzählungen ihrer Mütter, ihrer Väter. Viel Leid war den Muslimen widerfahren, und später waren sie in ihre Dörfer heimgekehrt. Meine Großmutter und mein Großvater waren zur Zeit der russischen Besatzung geboren worden. Jahrelang hatten sie unter russischer Herrschaft gelebt. Doch über ihre Lippen ist nie ein schlechtes Wort über die Russen gekommen. Stets erzählten sie nur Gutes über jene Zeit, sie priesen die Russen. Die kleine Flucht, die *küçük kaçakaçlug*, das war die Geschichte ihrer eigenen Flucht in den Jahren des Ersten Weltkrieges. Und wieder Geschichten voller Leid und Trauer. Geschichten, die voll des Lobes waren für Kiazim Karabekir, der sie erlöst hatte von der Flucht. Sie wollten nicht müde werden, Kiazim Pascha, den General Kazim Kiarabekir, zu loben für seine Verdienste. Wie er die Dörfer, die Menschen gerettet hatte, ein Dorf nach dem anderen befreit und dabei stets die Armenier vor sich hergetrieben hatte...

Mein Großvater hatte sich bei Kriegsausbruch in den Bergen versteckt, er hatte weder teilgenommen am Ersten Weltkrieg noch am Befreiungskampf. Ein Deserteur. Und er sah es von seinem Versteck in den Bergen aus mit eigenen Augen, wie Kiazim Pascha, der General Kiazim Karabekir, die Armenier vor sich hergetrieben hatte. Da verließ er sein Versteck, ging in die armenischen Dörfer wie so viele andere und machte mit, als sie die Dörfer plünderten. Was man mitnehmen konnte, hatte er mitgenommen und nach Hause gebracht...

Wie sie über die Armenier gesprochen haben, daran kann ich mich kaum mehr erinnern. War es eher negativ oder eher positiv? Doch was in meiner Erinnerung haften blieb, ist, daß es ihnen keine Mühe machte, über sie zu sprechen. Nein, sie versuchten nichts zu verheimlichen, sie versuchten nicht, das Thema zu umgehen, sie hatten keine Scheu, sprachen nicht mit Haß oder mit Abscheu.

Den Vater meines Großvaters hatten die Armenier umgebracht, als er zur Mühle ging. Dies erfuhr ich aber erst später, von meinem Vater. «Damals hat es wohl einige gegenseitige Angriffe gegeben», sagte er beiläufig, eine Fußnote der Geschichte, nicht weiter von Belang scheinbar.

Die Ereignisse schienen eine merkwürdige Natürlichkeit zu besitzen. Und warum auch nicht? Hatten doch die Jahrhunderte, da man zusammen gelebt hatte, eine undurchschaubare, komplizierte Beziehung entwickelt zwischen den beiden Völkern. Da war ein Kulturenknäuel, das man nicht mit schematischen Erklärungen begreifen kann.

Als meine Mutter 1992 nach Hamburg kam, fragte ich sie, was sie gehört hatte über die Armenier, was sie wußte über die Armenier. Ich staunte, wieviel sie zu erzählen hatte. Das Dorf, in dem sie geboren worden war, heute ist es ein Bezirk der Provinz Ardahan, bestand früher aus drei Teilen: dem unteren Hanak, dem mittleren Hanak und dem oberen Hanak. Der Großvater meiner Mutter war Großgrundbesitzer, der reichste Ağa des oberen Hanak. Das untere Hanak war ein armenisches Dorf. Die Wege von Dorf zu Dorf waren kurz und die Beziehungen zueinander sehr gut. Meine Großmutter – die Mutter meiner Mutter – soll unablässig die Sauberkeit und die Ehrlichkeit der Armenier gelobt haben.

Später, nach 1920, sollen die Armenier begonnen haben, nach Rußland auszuwandern. Doch war ihnen nicht erlaubt worden, ihr Hab und Gut mit sich zu nehmen. Außerdem wurde jeder und jede Auswandernde gewogen. Sie mußten dann einen vom Körpergewicht abhängigen Auswanderungsobulus zahlen. Die Armenier mußten damals alle zu meinem Großvater kommen, dem reichen Ağa, der den amtlichen Auftrag hatte, die Organisation der Auswanderung zu übernehmen. Er hat wohl alles in seiner Macht Stehende getan, damit die Menschen unversehrt dorthin gelangen konnten, wo sie hinwollten.

Später wurden in den Dörfern, die die Armenier verlassen hatten, Türken angesiedelt. Und unter diesen gab es viele, die in kurzer Zeit reich geworden waren. Jahrelang wurde erzählt, daß die, die reich geworden waren, «das Gold gefunden hatten, das die bedauernswerten Armenier nicht hatten mitnehmen können»… Die Armenier hatten damals ihr Gold vergraben, berichtete man. Ich erinnere mich, wie noch in den siebziger Jahren die Jugendlichen des Dorfes erhitzt über mögliche Verstecke armenischen Goldes brüteten und Ausgrabungspläne entwarfen.

Seien es meine Erinnerungen aus der Kindheit und der frühen Jugend, seien es die Erzählungen meiner Mutter, an diesen Überlieferungen ist etwas Märchenhaftes. Diese Geschichten sind Erinnerungen an eine längst vergangene Zeit, begrenzte Ausschnitte aus dem Gedächtnis der *einen Seite*. Es gibt kaum eine Familie im oder aus dem Osten der Türkei, die nicht über solche Erinnerungen verfügt. Aus Kars wurden keine Armenier deportiert. Kars war 1915 unter russischer Besatzung. So findet man dort in den Erzählungen der Alten nicht die Spuren der Massaker und der Leiden.

Aber trotz allem, was ich heute weiß, wirken diese Erzählungen immer noch wie Märchen aus fernen Tagen auf mich. Warum? Weil es in meinem Leben keine Spuren, keine Auswirkungen von alledem gegeben hat. Diese Überlieferungen blieben Märchen. Auf der einen Seite eine Gesellschaft «normaler» Menschen, die sich nicht scheut, offen über die Armenier und das, was ihnen angetan wurde, zu sprechen. Auf der anderen Seite gibt es keinerlei Verbindung zwischen dem, was damals war, und dem, was heute ist... Von offizieller Seite wird das Massaker geleugnet – ein Umstand, der das Bild nicht gerade klarer oder verständlicher macht. Über den Völkermord wird nicht die geringste Diskussion geführt, man flüchtet davor wie vor einem Gespenst.

Seitdem ich begonnen habe, über den Völkermord an den Armeniern zu schreiben, habe ich mir angewöhnt, wem auch immer ich begegne, ob jung oder alt, jeden zu fragen: «Was erzählt man bei euch in der Gegend über die Armenier?» Es ist interessant, daß ich dabei niemanden getroffen habe, der sich zu sprechen geweigert hätte, der geschwiegen oder zu schweigen versucht hätte. Im kollektiven Gedächtnis der Türken stößt man nicht auf den berühmten deutschen Satz: «Ich habe von alledem nichts gewußt.»

Obwohl seitdem fast 80 Jahre vergangen sind, gibt es soviel zu erzählen... Auch diejenigen, die schlecht über die Armenier denken, haben keine Scheu, alles auszusprechen, was sie wissen. «Man hat diesen Menschen viel Schlimmes angetan» – diesen Satz kann man immer wieder hören.

In solchen Gesprächen hört man auch immer wieder verspätete Erinnerungen wie: «Ja, meine Großmutter war, glaube ich, auch Armenierin. Sie redete nie mit uns. Sie konnte sowieso kaum Türkisch.

Und sie war auch viel jünger als mein Großvater.» Gut, aber warum fehlt dann eine Verbindung zwischen dem heutigen Leben und Denken und dieser Vergangenheit fast vollständig? Weder wird versucht, der offiziellen Politik der Leugnung etwas entgegenzusetzen, noch wird versucht, das Gelebte in irgendeiner Weise zu verarbeiten. Ein Märchen eben, vor langer Zeit geschehen, über das man spricht, wenn man gefragt wird, und das verdammt ist, vergessen zu werden. Eine Art Auslöschung aus dem Gedächtnis.

Ich glaube, die türkische Gesellschaft, die über dieses Thema nicht laut nachdenkt, vergibt sich so eine wichtige Chance zur Demokratisierung.

Die armenische Problematik hat auch mich lange Zeit nicht sonderlich interessiert. Und wenn ich mein Gedächtnis noch so anstrenge – ich merke, daß es darin keine Erinnerung gibt. Wenn mir dieses Thema überhaupt von Zeit zu Zeit einfiel, dann aufgrund der Aktionen der ASALA*. «Es scheint in der Vergangenheit einiges passiert zu sein, und jetzt wollen sie sich rächen» – das war der Eindruck, den die Aktionen der ASALA bei mir hinterließen. Außerdem war der Name

---

* ASALA (Armenian Secret Army for the Liberation of Armenia – Geheime Armenische Armee zur Befreiung Armeniens), die aktivste von vier militanten armenischen Untergrundorganisationen – nach eigenem Verständnis Befreiungsorganisationen –, die zwischen 1975 und 1983 vor allem im Ausland Anschläge auf Einrichtungen und offizielle Vertreter der Türkei durchführten, um die Aufmerksamkeit der Weltöffentlichkeit auf das «Verbrechen des Schweigens», d. h. die Leugnung des Völkermordes durch die türkische Regierung, zu lenken. Nach eigenen Angaben entstand die ASALA am 20. 1. 1975. Sie operierte zunächst von Beirut, nach der israelischen Intervention im Libanon 1982 von Syrien aus. Ihr Gründer Hakob Hakobjan wurde im April 1988 von Geheimdienstangehörigen erschossen. Im Unterschied zu den übrigen Untergrundorganisationen richteten sich die Anschläge der ASALA auch gegen Einrichtungen und Vertreter von Staaten, die die Türkei unterstützten. In der Türkei wurde die ASALA von den Massenmedien zum Inbegriff einer angeblichen Bedrohung der türkischen Nation durch das Armeniertum hochgespielt. (T. H.)

ASALA sehr schlecht, sehr negativ besetzt. Diese Organisation galt als verlängerter Arm der imperialistischen Kräfte, die dunkle Pläne gegen die Türkei schmiedeten, als eine Organisation der Agenten, die Spielball ausländischer Kräfte waren. Auch in meinem politischen Bewußtsein, geprägt immerhin von der 68er Generation, hatten sich Vorbehalte gegen Armenier, armenische Organisationen sowie die «Armenische Frage» festgesetzt.

In der Türkei entstanden in den sechziger Jahren starke gesellschaftliche Bewegungen, besonders die Studentenbewegung von 1968. Wie auch in anderen Ländern, charakterisierte die türkische Studentenbewegung die Feindschaft zu Amerika, der Antiimperialismus sowie die Sympathie für den Befreiungskampf Vietnams.

In der Geschichte der Türkei hatte und hat die zivile und militärische Intelligenz eine bestimmende Rolle. Wenn wir unsere Geschichte unter dem Gesichtspunkt der Modernisierung betrachten, dann ist die progressive Kraft immer die Bürokratie der staatlichen Kader gewesen – und an ihrer Spitze die Armee. Diese Schritte sind oft «gegen das Volk» durchgesetzt worden. Die Verfassung von 1876, die Revolution von 1908, der nationale Befreiungskampf und die Gründung der Republik waren Werke der Armee. Alle Reformen, die seit 1839 durchgeführt wurden, tragen die Handschrift der Bürokratie und vor allem der Armee. Diese «zivil-militärische Bürokratie» geht aufgrund ihrer bestimmenden Rolle davon aus, daß sie die wahren Herren im türkischen Staat sind.

In den sechziger Jahren wurden diese Kräfte durch die neu entstehenden sozialen Gruppen und vor allem durch die Bourgeoisie von der Macht entfernt. Aus diesem Grunde entwickelten sich in der Armee radikale Strömungen, die die Macht erneut an sich zu reißen bestrebt waren. Das Unglück der türkischen Studentenbewegung war, daß sie sich schon nach sehr kurzer Zeit mit diesen radikalen «militärisch-zivilen» Kadern traf. Das Bild Atatürks aus den Tagen des Befreiungskampfes, in heroischer Pose mit Persianerkappe, war als Kennzeichen des Revolutionären und des Antiimperialismus das Symbol der «progressiven» Kräfte und der Studentenbewegung jener Tage.

Diese «antiimperialistische» Interpretation der türkischen Geschichte wurde durch die in den sechziger Jahren geläufigen marxistischen Denkweisen noch verstärkt. Der Türkei wurde ein besonderer Stellenwert als Initiatorin der modernen, nationalen Befreiungsbewegungen zugemessen. So deutete man den bisherigen Verlauf der türkischen Geschichte nicht als «Sieg des Antiimperialismus», sondern als «Kompromiß mit den imperialistischen Großmächten». De facto hielt man die Türkei für eine «Kolonie des US-Imperialismus» und es infolgedessen für notwendig, einen «zweiten nationalen Befreiungskampf» zu führen.

In dieser Logik war es folgerichtig, daß sich die meisten marxistischen Gruppen, die aus der 68er Studentenbewegung entstanden, bewaffneten und für die nationale Befreiung eintraten. Diese Organisationen, die sich Namen wie «Partei und Front des Volkes» oder «Volksarmee» gaben, haben das linke Denken in der Türkei in hohem Maße beeinflußt.

Die linken Kräfte haben die armenische Problematik immer vor diesem Hintergrund diskutiert. Die Türkei war demnach in den zwanziger Jahren zwischen den imperialistischen Kräften aufgeteilt worden. Gegen diese Aufteilung hatte sie einen nationalen Befreiungskampf geführt. Die Armenier und Griechen hatten sich, so jedenfalls sah man das, bei der imperialistischen Aufteilung des Landes als Instrumente der ausländischen Großmächte mißbrauchen lassen. Sie galten also als Völker, die vom Imperialismus schon einmal zur Spaltung der Türkei benutzt worden waren. Deswegen vermutete man hinter den Aktionen der ASALA ähnlich dunkle Mächte und Machenschaften. Es schien unmöglich, diese Aktionen positiv zu betrachten oder auf die Probleme, auf die die ASALA mit ihren Aktionen hinweisen wollte, offen einzugehen.

In der zweiten Hälfte der siebziger Jahre führte ich ein bewegtes politisches Leben. Ich kämpfte in den vordersten Reihen zuerst der Bewegung *Devrimci Gençlik* (Revolutionäre Jugend) und später der *Devrimci Yol* (Revolutionärer Weg). In den frühen achtziger Jahren wurden wir, wenn auch selten, mit der Armenierproblematik konfrontiert. Ich ging an dieses Problem wie beschrieben heran. Als Organisation zogen wir es vor, wann immer diese Frage auftauchte, «neutral zu bleiben», nichts zu sagen.

Zudem glaubten wir uns, sobald diese Frage aufkam, in der Gefahr, in die Falle des Imperialismus zu tappen, so daß allein schon diese Angst uns lähmte. Wir scheuten uns geradezu, mit einer armenischen Organisation Kontakt aufzunehmen. Denn ein solcher Kontakt hätte ja eine Zusammenarbeit mit den geheimen Organisationen, den dunklen Kräften bedeutet, die die Feinde der Türkei waren. Am besten war es, nichts mit Armeniern zu tun zu haben… In der Türkei gab es sowieso kein aktuelles Problem mit ihnen, und wir hatten auch so schon genug eigene Sorgen. In unserem ungebrochen «antiimperialistischen» Selbstverständnis sahen wir auch hier den allgegenwärtigen Feind am Werk: Wie seit Jahrhunderten nutzten die imperialistischen Kräfte diese Frage, um uns zu spalten. Diese Auffassung ist im Prinzip nichts anderes als ein Zeichen dafür, daß selbst heutige Generationen den Niedergang des Osmanischen Reiches und seine Aufteilung unter die damaligen Großmächte nicht verdaut haben.

Es gibt aber noch etwas, das die Beschäftigung mit dieser Frage verhindert hat, einen genauso wichtigen Faktor. Ich meine so etwas wie eine gesellschaftliche «Krankheit». Bei uns, bei den Menschen der Türkei, herrscht ein geschichtliches Nichtbewußtsein. Diese Vergeßlichkeit ist eine unserer nationalen Eigenschaften. Das spielt eine wichtige Rolle für den Umstand, daß auch wir Linken unserer Geschichte gegenüber so desinteressiert gewesen sind. Das Volk ist von den Gründern der türkischen Republik zu dieser Krankheit der Vergeßlichkeit verurteilt worden. Mit den Reformen der zwanziger Jahre, mit der «Sprachrevolution», d. h. mit der Abschaffung des arabischen und der Einführung des lateinischen Alphabets, brach jedwede Verbindung zwischen der Republik und den Osmanen ab. Unsere Geschichte wurde uns bewußt vergessen gemacht. Mit dem Übergang vom arabischen zum lateinischen Alphabet und der übertriebenen und übersteigerten Türkisierung der Sprache wurde ein so großer Bruch erzeugt, daß wir heute nicht mehr in der Lage sind, die Sprache, die noch in den zwanziger Jahren gesprochen wurde, zu verstehen. Die Verbindung zwischen der Gesellschaft und ihrer Vergangenheit, der Geschichte, ist beschränkt auf das, was einige Professoren, Apologeten der offiziellen Geschichte, vermitteln.

Stellen Sie sich eine Gesellschaft vor, für die die Zeit vor 1928 ein Buch mit sieben Siegeln ist, die keine Chance hat, die Geschehnisse jener Zeit aus den Originalquellen zu erfahren. Und die gezwungen ist, sich mit dem zu begnügen, was ihr erzählt wird. Eine Gesellschaft, die nicht einmal in der Lage ist, das zu lesen, was ihre Eltern, ihre Großeltern geschrieben haben, nicht in der Lage ist, deren Tagebücher zu lesen. Eine Gesellschaft, in der das Lesen der Originalquellen jener Zeiten, wenn sie nicht verboten oder gar vernichtet worden sind, einigen wenigen Historikern vorbehalten ist. Ist es möglich, von einer solchen Gesellschaft ein Geschichtsbewußtsein zu erwarten? Ist es möglich, von einer solchen Gesellschaft zu erwarten, daß sie über ihre Vergangenheit diskutiert?

Stets war Gewalt ein so wichtiger Faktor im Entwicklungsprozeß unserer nationalen Identität, daß sie, wie auch die Folter, einer ganzen Gesellschaft geradezu «natürlich» erschien. Man könnte auch von ihr als einem geradezu «organischen» Bestandteil sprechen. Mit dieser besonderen Entstehungsgeschichte des türkischen Nationalstaats müssen wir uns auseinandersetzen, wenn es um die Schaffung einer demokratischen Kultur in diesem Land geht. So beschäftigte ich mich mit dem Völkermord an den Armeniern keineswegs nur aus historischem Interesse, sondern aus aktuellen politischen Überlegungen zur Demokratisierung der Türkei. Ich bin davon überzeugt, daß die Auseinandersetzung damit zu den heutigen demokratischen Pflichten gehört. Denn eine Gesellschaft, die voller unangetasteter Tabus ist, kann nicht demokratisch sein.

Jedes Tabu schafft eine Zone, die zu betreten verboten ist, und durch sein bloßes Vorhandensein weitere (sekundäre und tertiäre) Tabus und Tabuzonen. Schließlich ist eine gesamte Gesellschaft durchzogen von Tabus und Sprechverboten.

Wenn man in der Türkei gegenwärtig von den Kurden spricht, so hat man mit Tausenden von Toten dafür einen hohen Preis bezahlt. In unserem Land, in dem das friedliche Nebeneinander verschiedener nationaler Gruppen eine Notwendigkeit ist, konnte man lange Zeit nicht über nationale Konflikte reden. Das war ein Tabu, dessen unwillkürliche Resultate die Eskalation in Sivas und das Blutvergießen in Ostanatolien sind.

Die Gründung der heutigen Republik Türkei hat die Auslöschung eines Volkes zur Vorbedingung. Viele Gründerväter der Republik waren unmittelbar an der Organisation des Massenmordes an den Armeniern beteiligt. Viele der Stützen des Staates gehörten einer Schicht an, die durch die Plünderung armenischen Besitzes reich geworden ist. Die Republik war aus der Logik ihrer Entstehung heraus geradezu dazu verdammt, Tabus zu produzieren.

Wie aber kann ein Staat, dessen geschichtliche Entstehung im Grunde mit der Auslöschung eines ganzen Volkes begann, überhaupt gewährleisten, daß die unterschiedlichen nationalen Gruppen auf seinem Territorium friedlich zusammenleben? Es ist ein Ergebnis dieser historischen Realität, daß wir heute nicht im Besitz einer politischen Kultur sind, die die aktuellen Ausprägungen der Barbarei verurteilen kann. Der Umstand, daß wir uns der Geschichte des Massenmords nicht gestellt haben, trägt wesentlich dazu bei, daß die Gewalt immer noch als Mittel der politischen Auseinandersetzung gebraucht wird. Und zwar von der Regierung wie auch der Opposition, die in diesem Punkt derselben Logik folgt.

Wenn man in der Türkei für den nationalen Konflikt, der heute vor allem der kurdisch-türkischen Frage entspringt, eine demokratische Lösung finden will, wenn man weiteres Blutvergießen auf dem Boden Anatoliens verhindern will, dann ist ein kritischer Blick auf unsere Geschichte unausweichlich. Denn unsere Geschichte ist auch die Geschichte der systematischen Ausrottung mehrerer ethnischer, religiöser und nationaler Gruppen. Anatolien hat seine multinationale, multilinguale Struktur durch fortgesetzte Auslöschungen und Massaker verloren. Gründend auf Terror und Gewalt, wurde und wird eine homogene, national und religiös unitäre Gemeinschaft geschaffen.

Aus dieser Perspektive betrachtet, werden die gegenwärtigen Entwicklungen um einiges verständlicher. Die unterschiedlichen nationalen Gruppen Anatoliens wurden parallel zum Zerfall des Osmanischen Reiches in Auseinandersetzungen verwickelt. Die herrschende Gemeinschaft der Türken, ausgestattet mit der Aggressivität einer verspäteten Nation, hat die übrigen Völker von diesem Boden vertrieben, sie ausgelöscht und den Boden «gesäubert». Nach diesem Prozeß der ethnischen «Säuberung» wurden eine homogene türkische Nation und ein homogener türkischer Staat geschaffen.

Die Vernichtung war trotz ihres nationalen Grundcharakters religiös motiviert, denn zuerst meuchelten die islamischen Nationen die nichtislamischen Nationen.

Und das, was heute stattfindet, ist die Abrechnung zwischen den beiden letzten islamischen Nationen in Anatolien. Man kann also sagen, daß sich eine letzte große nationale «Säuberung» anbahnt. Die Türken rechnen ab mit den Kurden, die sie bisher bei der Auslöschung der christlichen Nationen benutzt hatten. Mit Terror und Gewalt wird versucht, in Anatolien eine nur noch aus Türken bestehende homogene Nation zu schaffen. Die Bildung der Nation, die mit der Auslöschung der Christen begann, wird durch die Unterdrückung der Kurden vervollkommnet werden.

Ich behaupte nicht, daß sich die Geschichte wiederholen wird. Aber die Ähnlichkeit zwischen dem, was heute im Westen Anatoliens geschieht, und dem, was den Armeniern und Griechen angetan wurde, ist beängstigend. Diese Situation signalisiert die barbarischen Potentiale der Türkei. Zwischen dem türkischen und dem kurdischen Volk sind Haß, Abneigung und geschürte Feindschaften entstanden; die Kurden wurden und werden permanentem Terror und permanentem Leid ausgesetzt.

Wenn wir dem Leid, das dem kurdischen Volk widerfahren ist und wird, zumindest etwas entgegensetzen und die anhaltende Barbarei verhindern wollen, wenn wir wollen, daß die Menschen ungeachtet ihrer Religion und ihrer Sprache friedlich zusammenleben, sind wir gezwungen, uns mit der Auslöschung eines ganzen Volkes, dem «armenischen Problem», diesem Ereignis «im Keller» der Republik, zu beschäftigen.

Wolfgang Kunz
Spurensuche. Auf den Wegen
der Armenier in Tod und Verbannung

Türkei – Ostanatolien

Die Kemach-Schlucht am Euphrat. Die Deportiertenkonvois aus Erzurum, Erzincan und Bassen wurden hier im Juni 1915 von Kurden
und türkischen Banditen überfallen, ausgeplündert und bestialisch abgeschlachtet. Als türkisches Militär eintraf, ermordeten die Soldaten
die wenigen Überlebenden. 2000 Menschen starben in vier Tagen.
«Kinder weinten sich in den Tod, Männer zerschmetterten sich an den
Felsen, Mütter warfen ihre Kleinen in die Brunnen, Schwangere stürzten sich, die Hände aneinandergebunden, mit Gesang in den Euphrat»
(A. T. Wegner).

Über diese Straße bei Kemach am Oberlauf des Euphrat zogen im Sommer 1915 die endlosen Züge der Deportierten.

Einst reichten die Wellen des Wan-Sees bis an die Felsen. «Wan ist eine Stadt von Gärten und Weinbergen»... so beschrieb ein Zeitgenosse die Stadt, deren Bevölkerung vor dem Ersten Weltkrieg zu 60 Prozent aus Armeniern bestand. Im April 1915 sahen sie sich gezwungen, sich gegen die immer brutaleren Übergriffe der Türken in ihrem Viertel zu verschanzen. Die osmanische Regierung konstruierte aus diesem vermeintlichen «Aufstand» die Rechtfertigung für die längst beschlossene Ausrottung. Das alte Wan hat die Kämpfe der Jahre 1915/16 ebensowenig überstanden wie seine armenischen Bewohner. Eine fast drei Jahrtausende alte Kultur wurde ausgelöscht, ihre Spuren sind verweht und vergessen.

Achtamar. Neben dem Ararat und Ani eines der armenischen Heilig-
tümer im heutigen Ostanatolien. Erhalten geblieben ist nur die Heilig-
Kreuz-Kirche, von 1113 bis 1895 Sitz eines regionalen Katholikats.

Das Gebiet am südlichen Ufer des Wan-Sees war ein religiöser Mittelpunkt der Armenier, in der Nähe von Achtamar gab es Kirchen und Klöster wie Wostan, Narek, Chatsch. Sichtbare Überreste existieren hier kaum noch, doch sind sie erst vor nicht allzu langer Zeit verschwunden. Im Dorf Yemişlik weiß noch jemand, wo zu suchen ist – in der Nähe des Dorfes lag das Kloster Narek. Er läßt ein Mädchen die Straße fegen, zum Vorschein kommen die Kreuzsteine, die zur Befestigung benutzt wurden.

Chatsch am Wan-See. Der armenische Name ist den Bewohnern des Dorfes, das türkisch Hanelmali (und kurdisch Gizarkin) heißt, nicht bekannt. Die Reste der Heilig-Kreuz-Kirche, die ihrer Kuppel beraubt wurde und als Heuschober dient.

Ani – das bedeutendste Zentrum des mittelalterlichen Armeniens, im
13.Jahrhundert wurde die «Stadt der tausend und einen Kirchen» von
den Mongolen verwüstet, spätere Erdbeben vollendeten die Zerstörung. Direkt an der ehemals sowjetischen (heute armenischen)
Grenze im militärischen Sperrgebiet gelegen, galt bis 1990 absolutes
Fotografierverbot.

Die Ruinen des Klosters Bagnajr in der Nähe von Ani. Die Bewohner des heutigen Dorfes Kozluca im ehemaligen Sperrgebiet sind Kurden.

Der Ararat – der heilige Berg der Armenier, 5165 Meter hoch, schon in der Genesis besungen. «Gott ließ Wind auf die Erde kommen und die Wasser fielen. Am siebzehnten Tag ließ sich die Arche nieder auf das Gebirge Ararat.» Kurdische Nomaden treiben ihre Herden jeden Sommer bis auf 3500 Meter.

Şebin-Karahisar. Als die Verhaftungen in der Stadt am Südhang des Pontos im Juni 1915 begannen, demonstrierte die armenische Bevölkerung gegen die drohende Deportation. Einige hundert flüchteten sich auf den Burgfelsen, wo sie fast einen Monat standhielten. Das türkische Militär setzte Kanonen ein. Schließlich wurden, wie an so vielen anderen Orten, die Männer niedergemetzelt und die Frauen und Kinder deportiert. Den Armeniern gilt Şebin-Karahisar als Ort des Widerstands gegen die Vernichtung. Auf dem Burgfelsen heute – eine Atatürk-Figur.

Diyarbakir. Die heimliche Hauptstadt der türkischen Kurden war einst eine armenische Stadt. 12000 Armenier lebten hier vor 1915, 1989 waren es 35 Personen. Warag Beylerian harrte als einer der letzten armenischen Priester mit seiner auf wenige Familien zusammengeschrumpften Gemeinde außerhalb Istanbuls aus.

Wagef am Musa Dagh (armenisch Mussa Ler), nahe der syrischen Grenze. Vierzig Tage hatten sich über 4000 Bewohner der umliegenden Dörfer auf dem Berg erfolgreich gegen die Türken verteidigt, bis Franzosen und Briten zu Hilfe kamen. Diesen Kampf beschreibt Franz Werfel in seinem berühmten Roman *Die vierzig Tage des Musa Dagh*, 1933. Doch 1939 wurde die Region den Türken zugesprochen, und die Helden des Musa Dagh mußten endgültig fliehen. Ganz wenige blieben, einige kamen zurück in ihre Heimat. Ende der achtziger Jahre lebten 160 Armenier in Wagef, doch die Gemeinde wird immer kleiner. Ihr Priester Rewond Gartunjan (Jahrgang 1898) kämpfte am Musa Dagh.

Der Euphrat bei Der-es-Sor. Der Leidensweg der deportierten Armenier führte an diesem Fluß entlang. Die damals schlammigen und wüsten Ufer sind in fruchtbare Oasen verwandelt, durchzogen von labyrinthischen Bewässerungskanälen. Die Spuren der Vergangenheit sind kaum noch auszumachen, überwachsen.

Scheddadije – «Das Ziel der Verschickung ist das Nichts» (Talaat Pascha 1915). Die die Todesmärsche überlebten, wurden hier, im Nichts der mesopotamischen Wüste, umgebracht. 40 000 Armenier wurden in der «armenischen Höhle» ermordet. Mit Öl übergossen, verbrannt, erstickt, erschlagen. Die Höhle liegt zwischen Bohrtürmen und Öltanks, kein Gedenkstein, keine Tafel, nichts erinnert an das Geschehene. Ungewiß ist, ob sie überhaupt erhalten bleibt.

Abdalas armenischer Name lautete Armenak. Er war fünf, als er mit seiner Familie seine Heimat Sejtun verlassen mußte und in die Wüste getrieben wurde. Er überlebte Scheddadije. Zwei Tage lag er unter den Leichen der Ermordeten, dann konnte er fliehen. Beduinen versteckten ihn und gaben ihm seinen arabischen Namen. Er heiratete später eine überlebende Armenierin, aus Dankbarkeit gegenüber ihren Rettern blieb die Familie muslimisch.

Wer sich 1915/16 über den Euphrat in das Stadtinnere von Der-es-Sor flüchten konnte, hatte eine kleine Chance, von Arabern versteckt zu werden.

In der Gegend von Der-es-Sor gibt es etwa 200 Nachkommen armenischer Überlebender, die von Arabern aufgenommen und islamisiert wurden. Sie nennen einander «Cousin» und «Cousine» und sind stolz auf ihre Herkunft.

Srbuhi Papasjan rettete ein Foto aus ihrer kleinasiatischen Heimatstadt Tekirdağ, das ihren Onkel und ihr Vaterhaus zeigt. Die Aufnahme wird als Familienheiligtum gehütet.

Poros Karakaschjan gehört zu den Überlebenden von Ras-ul-Ajn. Seine Tochter erzählt, daß die ganze Familie in ihrem Heimatdorf bei Erzurum ermordet wurde. Er, der Jüngste, konnte fliehen und schloß sich den Deportierten an. Um in der Wüste nicht zu verdursten, trank er den Urin eines sterbenden Armeniers. Beduinen nahmen den Jungen zu sich, tätowierten ihn, um ihn vor den Türken als Muslim auszuweisen. Er heiratete nach islamischem Brauch eine auch islamisierte Armenierin und wurde Vater von sechs Kindern. 1940 ließen sie sich in der armenischen Kirche von Aleppo trauen und ihre Kinder taufen.

Ras-ul-Ajn. Die Schienen der Bagdad-Bahn bilden heute die Grenze zwischen Syrien und der Türkei. Die Deutschen finanzierten die Bahn,

bei deren Bau Armenier als Zwangsarbeiter eingesetzt wurden. In Ras-ul-Ajn errichtete man ein Konzentrationslager, 1916 kam der Befehl zur «Säuberung», die Opfer wurden in der Wüste ermordet.

Meskene – am Rand der mesopotamischen Wüste war ein Sammellager für Zehntausende von Deportierten aus dem Armenischen Hochland. Im November 1916 stieß ein türkischer Militärarzt auf 5000 Überlebende – dem Hungertod nah. In der Umgebung des Lagers fanden sich Tausende von Gräbern, man schätzt, daß hier 60000 Menschen umkamen. Der Ort ist heute von den Fluten des Euphrat-Stausees bedeckt, den sowjetische Ingenieure 1973 erbauten. An der asphaltierten Straße nach Der-es-Sor entstand eine neue Siedlung gleichen Namens.

Rakka am Euphrat. Auch hier befand sich eines der Sammellager zwischen Meskene und Der-es-Sor.

Aleppo. Die dänische Missionarin Karen Jeppe kam 1916 in die Stadt, suchte zwischen Der-es-Sor und Scheddadije nach überlebenden armenischen Kindern und kümmerte sich um sie. Das kleine Waisenhaus liegt heute auf einem Schulhof inmitten des armenischen Viertels, das sich aus den Flüchtlingslagern entwickelt hat.

66

Die überlebenden Kinder sind alt und wieder hilfsbedürftig geworden. Weit draußen vor der Stadt verscharrten die Türken zwischen 1915 und und 1917 unzählige Leichen deportierter Armenier, dort errichtete 1934 der armenische Bischof von Aleppo ein Massengrab.

Der-es-Sor. Gedenkandacht, die alljährlich am 24. April in der Wüste stattfindet.

Das Katholikat des Hohen Hauses von Kilikien residiert seit 1929 im Beiruter Vorort Antelias – unter dem Druck türkischer Massaker verließ es seinen traditionellen Sitz Sis. Bis 1975 war dies ein friedlicher, von Orangenhainen umgebener Ort. Antelias wurde im libanesischen Bürgerkrieg zur Zufluchtsstätte vieler Armenier aus Ost-Beirut.

Die armenische Religionsgemeinschaft sorgte auch in dem vom Bürgerkrieg verwüsteten Land intensiv für Ausbildung und Erziehung – doch viele Armenier flohen vor Unruhen und Zerstörung aus dem Libanon. Aus aller Welt kommen Zöglinge in das theologische Seminar von Bikfaya. Nirgendwo sonst klärt man armenische Kinder so gründlich über den Völkermord an ihren Vorfahren auf wie im Libanon.

Drittkläßler an der Suren-Chanamirjan-Schule in Beirut sehen einen Film über den Genozid.

Die Ebene von Bekaa. Hier siedelten die Franzosen 1939 1100 armenische Familien vom Mussa Ler (oder Musa Dagh) an, die ein weiteres
Mal vor den Türken fliehen mußten. Der öde Landstrich war malaria-
verseucht, Wasser mußte von weither geholt werden. Doch sie verwandelten den unwirtlichen Ort in einen blühenden Garten.

Anjar in der Bekaa-Ebene. Karapet Hakop Istanbuljan, Moses Kendi-
jian und Petros Schannakjan gehörten zu den Helden von Mussa Ler.
Schannakjan hält eine der Jagdflinten in den Händen, mit denen die
Armenier sich 1915 verteidigten.

ՅԱԿՈԲ ՊԵՏՐՈՍ ԳՐԻԳՈՐ ԱԲՐԱՀԱՄ ՊՈՂ
ԱՒԱԲԵԱՆ _ ՀԱՎԱԲԵԱՆ ԳՊՈԻՐԵԱՆ_ՍԵԲԼԵՆԵԱՆ_ԱՆՏԷ
1885_1915   1882_1915   1854_1915   1893_1915   1894_

✝   ✝   ✝   ✝   ✝

ՃԱՊՐԱ ԳՐԻԳՈՐ ՍԱՄՈԻԷԼ ՊԱՂՏԱՍԱՐ ՅԱԲԵ
ԷՅՕԵԱՆ _ ՆԳՐՈԻՐԵԱՆ ՄԱՐԳԱՐԵԱՆ ՄԱՐՏԻԿԵԱՆ ՎԱՆԱՆ
887_1915   1875_1915   1891_1915   1886_1915   1889_19

✝   ✝   ✝   ✝

ՊԵՏՐՈՍ ՍԱՐԳԻՍ ՅՈՎՀԱՆՆԷՍ ՅՈՎՀԱՆՆԷՍ Մ
_ՓԵՆԵՆԵԱՆ_ՇԱՆՆԱԳԵԱՆ ԳՈՃԱՆԵԱՆ _ ԼՈԻՐՋԵԱՆ _ Պ 13
1855_1915   1880_1915   1874_1915   1891_1915   1 97

Die Urnen der Gefallenen, alles, was an die 40 Tage des Widerstands erinnert, verehren die armenischen Einwohner von Anjar wie Reliquien.
Die Rotkreuzfahne wurde in der (schließlich erfüllten) Hoffnung
genäht, Schiffe aufmerksam zu machen.

Mari Karaciyan-Berndt
«Nachdem alles vorbei ist».
Eine armenische Kindheit in Istanbul

Ein Foto meiner Eltern zeigt sie um 1943 kurz vor ihrer Hochzeit auf einem armenischen Fest in Istanbul: Sie, eine gefaßte Frau, modisch gekleidet und adrett frisiert, mit einem traurigen Lächeln, das sie nicht zu verbergen sucht; er, ein junger, gutaussehender Mann mit strahlendem Gesicht, ist eher in der Lage, einige sorglose Stunden genießen zu können.

Zwei in ihrem Wesen ganz unterschiedliche Menschen, groß geworden im Schatten des Völkermordes, mit ähnlich traumatischen Kindheitsgeschichten. Sie kommen aus verschiedenen Teilen der Türkei, begegnen einander, «nachdem alles vorbei ist», in Istanbul und möchten, trotz unheilbarer Wunden, das, was ihnen zugestoßen ist, vergessen. Wie ein Wunder haben sie das Unvorstellbare überlebt, aber nie überwunden. Sie wünschen sich ein ganz normales, friedliches Leben.

Nachdem ihnen die Auswanderung nach Sowjetarmenien ohne Begründung untersagt wurde – «wir durften nicht gehen, obwohl unsere Pässe schon ausgestellt waren» –, bleiben sie notgedrungen weiterhin in Istanbul. Nun hoffen sie auf ein Leben ohne Angst und Verfolgung, auf eine Daseinsberechtigung als Armenier in der neuen türkischen Republik, die aber schon in ihrem Selbstverständnis nur den leben läßt, der sagen kann: *Ne mutlu Türküm diyene* – Ehre dem, der von sich sagt: Ich bin stolz, Türke zu sein!

Die Erinnerungen und Erlebnisse, die sie uns Kindern von klein auf erzählten, wurden trotz ihrer Lückenhaftigkeit und beängstigenden Inhalte für mich zum wichtigsten armenischen Erbe. In den dramati-

75

schen Kindheitserfahrungen meiner Eltern, ihren tiefen, beherrschen-
den Ängsten vor Verfolgung und Pogromen, finde ich heute, nachdem
ich ihre Leidensgeschichte erkannt habe, Antworten auf meine Fragen
nach unserer Identität, nach Heimat und Exil. Anscheinend habe ich
mein Leben lang versucht zu verstehen, was es für sie bedeutete, in To-
desangst zu leben, sich zu verstecken, ihr Armeniersein nach außen
nicht preisgeben zu dürfen. Auch uns Kindern blieb die schwere Bürde
der Vergangenheit nicht erspart – wir lebten fast ein Doppelleben: Die
bedrohliche äußere Situation verlangte eine gewisse Geheimhaltung

**Die Schulklasse der Autorin
in Istanbul (oben),
links mit einer Freundin**

unserer armenischen Identität. Zugleich versuchten wir mühevoll, hinter geschlossenen Türen ein armenisches «Innenleben» aufrechtzuerhalten.

Als Kinder reagierten wir aus lauter Ratlosigkeit belustigt auf die beängstigenden Schreie meines Vaters während seiner immer wiederkehrenden Alpträume. Es waren stets dieselben Träume: Als kleiner Junge mußte er mit seiner Mutter und einer älteren Schwester in die Wälder flüchten und in primitiven Verstecken untertauchen, um den Pogromen in den Dörfern zu entgehen. Zu jener Zeit war sein Vater nicht mehr am Leben, da die armenischen Männer im Ersten Weltkrieg an vorderster Front als «Kanonenfutter» für die türkische Armee dienen mußten. Dort, in den Waldverstecken, geschah es, daß sie im Winter von Wölfen angefallen wurden. Unsere Fragen nach dem Inhalt seiner Alpträume beantwortete er jedesmal mit der Erzählung von diesen bedrückenden und quälenden Fluchterlebnissen in der Kindheit.

Auf meinem täglichen Schulweg mußte ich die Meeresenge des Bosporus überqueren. Dabei versuchte ich mir immer wieder vorzustellen, wie sich die Flucht der armenischen Kinder aus Instanbul und die dramatische Trennung von ihren Eltern abgespielt haben könnte. Die Armenier Istanbuls hatte man während der Völkermordjahre 1915/16 mit Rücksicht auf die ausländischen Diplomaten zunächst weitgehend von den Deportationen verschont. Nach dem Krieg aber hieß es eines Tages: «Atatürk kommt nach Istanbul und will auch hier die Armenier töten.» Auf die Hilferufe der Armenier reagierten lediglich amerikanische Missionare sowie die griechische Regierung. Sie war als einzige Regierung bereit, ein Fluchtschiff zu entsenden und Armenier aus Istanbul bei sich aufzunehmen. Da die Plätze auf diesem Schiff begrenzt waren, verzichteten die verzweifelten Eltern kurzentschlossen auf ihre eigene Rettung und trennten sich von ihren Kindern, «damit wenigstens sie am Leben blieben», und schickten sie allein als Flüchtlinge in eine ungewisse Zukunft.

In einer Nacht-und-Nebel-Aktion wurden Hunderte armenischer Kinder mit Ruderbooten zu dem griechischen Schiff gebracht, das mitten im Bosporus vor Anker lag, darunter auch meine damals zehnjährige Mutter und ihre fünfjährige Schwester. Ohne Zeit zum Abschiednehmen, mußten sich die Eltern von ihren weinenden Kindern losreißen. Nach den dramatischen Trennungsszenen mußte das Schiff noch in derselben Stunde die türkischen Gewässer verlassen. Angekommen in Piräus, wurden die Kinder in Flüchtlingslager gebracht. In diesen Lagern herrschten Hunger und Krankheiten, die die Kinder ihr Leben lang begleiten sollten. Viele dieser Kinder sollten ihre Eltern nie mehr wiedersehen. Für meine Mutter und ihre Schwester endete jedoch dieser Exodus eines Tages. Nach einem fünfjährigen Aufenthalt in Piräus durften sie zu ihren Eltern zurückkehren, nachdem es hieß, «die Gefahr sei vorüber».

Ich habe den Hafen von Piräus noch nie gesehen. Aber durch die lebhaften Schilderungen meiner Mutter ist mir dieser Ort sehr vertraut.

Aus Dankbarkeit und einer tiefen Verbundenheit mit ihren Rettern, aber auch durch die Prägung von zwei neuen Kulturen, der griechischen und später der amerikanischen, wünschte sie, daß wir Kinder diese Verbundenheit teilten. Wir sollten die Sprache, Lieder und Geschichte Griechenlands und Amerikas neben der armenischen und der türkischen mühevoll lernen.

Oft habe ich mich gefragt, ob meine Eltern sinnvoll gehandelt haben, als sie uns Kindern ihre traumatischen Erinnerungen so lebensnah weitergaben. Erst im Erwachsenenalter konnte ich erkennen, daß ein Zusammenhang zwischen ihrer Dankbarkeit und dem Erinnern stand, das zur Verarbeitung und Erleichterung der inneren Konflikte diente. Jahre später verstand ich, daß es ein Erinnern war, das als Waffe im Kampf ums Überleben, zur Selbsterhaltung und Selbstverteidigung diente. Um zu überleben, mußte eine tägliche Auseinandersetzung mit der Vergangenheit stattfinden.

Jahrzehnte später lernte ich zufällig bei einer Straßenbahnfahrt in Jerewan eine Frau kennen, die aufgrund meiner westarmenischen Sprache auf mich aufmerksam geworden war. Nach einem kurzen Gespräch hatten wir Ähnlichkeiten in den Schicksalen unserer Eltern festgestellt. Auch ihre Eltern hatten in diesen griechischen Kinderlagern überlebt. So entstand aus der Zufallsbegegnung zweier Fremder eine Seelenbekanntschaft, deren Grundlage die traumatische Erfahrung einer ganzen Nation bildet und die dem gesamten armenischen Volk den Charakter einer einzigen großen Familie verleiht.

Im Süden spielt sich der größte Teil des Lebens, besonders im Sommer, auf der Straße ab. Das Zusammenleben mit den Nachbarn ist von großer Bedeutung. Durch die tägliche Nähe und den regen Austausch weiß man viel mehr voneinander als beabsichtigt. Für die Kinder ist die Straße der einzige Ort, wo sie ungehindert mit den Nachbarkindern während der langen Ferienmonate spielen können. Der Aufenthalt im Haus beschränkt sich, nach langen Aufforderungen durch die Mütter, auf ein kurzes Mittagessen. Abends endet die Spielzeit mit der Ankunft des Vaters, was gewöhnlich kurz vor Einbruch der Dunkelheit geschieht. Nach dem Abendessen geht die gesamte Familie wieder nach draußen. Es werden Stühle vor die Haustüren gestellt. Gemeinsam mit den Nachbarn sitzt man in lauen Sommernächten, erfüllt vom Duft der Jasminblüten, vor der Haustür und plaudert über alles, was einen bewegt, bis in die späten Nachtstunden, während die Kinder ihrer Lieblingsbeschäftigung nachgehen und Glühwürmchen fangen.

Die Straße, in der ich meine Kindheit verbrachte, war ein solcher Ort: eine kleine unbefestigte Straße mit rotem Boden, die nach jedem kräftigen Sommerguß nach frischer Erde roch. In ihrer Mitte stand ein großer Akazienbaum, der später während der Asphaltierung gefällt werden mußte. Als größte sommerliche Attraktion für Kinder galt die Ankunft des fremdartigen Mannes mit dem Tanzbären. Von dem Klang des Tamburins und den Befehlen des Bärenführers angefeuert, tanzte der Bär auf seinen Hinterpfoten, reckte und wälzte sich.

Insgesamt gab es in unserer Straße acht doppelstöckige Häuser und dazwischen einige verwilderte Freiflächen, die uns, neben den unendlich weiten Margeritenfeldern, als Abenteuerspielplatz dienten. Die meisten Häuser des alten Konstantinopel waren aus Holz gebaut. Manche hatten am Eingang Marmortreppen und schmiedeeiserne Geländer. Zwei Orte liebte ich in diesen Häusern: die mit großen Sofas und weichen Kissen ausgestellten Erker, von denen aus man die ganze Straße überblickte, und die großen, mit orientalischen Bodenfliesen ausgelegten Küchen, in denen es einen tief in die Erde eingelassenen Brunnen gab. Seit der Verlegung von Wasserleitungen waren diese Brunnen stillgelegt. Für Notfälle hingen jedoch weiterhin Eimer an einem dicken Seil über den Brunnen.

Für die Kinder erfüllten diese Brunnen einen ganz anderen Zweck: Hier konnten wir unsere Bedürfnisse nach Magie und Zauberei ausleben. Zum Beispiel ein mit vierzig Nadeln gespicktes Seifenstück in den Brunnen des zu verzaubernden Menschen zu werfen garantierte die Erfüllung von Liebeswünschen.

Die Bewohner unserer Straße waren, auch im Geiste des alten Konstantinopel, von unterschiedlichster Nationalität. Neben Armeniern und Griechen sind mir exotische Figuren in Erinnerung geblieben. Am neugierigsten waren wir auf die weißrussische Familie mit vier erwachsenen Söhnen, mit kurzen Hosen und langen Bärten. Sie trugen ihre langen, dicht gekräuselten Haare offen. Geheimnisvollerweise waren die Fenster dieser Familie stets verschlossen. Oder die etwa hundertjährige französische Mademoiselle. Sie trug stets sehr geschmackvolle schwarze Kostüme, die ihre besten Jahre schon hinter sich hatten. Hinter ihrem schwarzen Hut mit Tüllschleier war sie immer stark geschminkt. Unsere ganze Bewunderung galt jedoch den weißen Teppichen der Amerikaner, die von einer für uns unvorstellbaren Dichte und Flauschigkeit waren. Keiner dieser exotischen Menschen ging jemals eine Beziehung zu den Bewohnern unserer Straße ein. Jeder von ihnen lebte geheimnisvoll für sich, hinter geschlossenen Türen und Fenstern.

Jedoch für uns, wie überall im Orient, waren die Nachbarschaftskontakte sehr wichtig. Außer zu unseren armenischen Nachbarn hatten wir, dank der Sprachkenntnisse meiner Mutter und Tante, auch eine enge Verbindung zu unseren griechischen Nachbarn. Unser Kontakt zu den wenigen türkischen Familien war sehr zurückhaltend. Eine oberflächlich freundliche Distanz der Erwachsenen überdeckte die Vorsicht und das Mißtrauen. Obwohl ich schon in den ersten Schuljahren wußte, was *Gavur* (türkisches Schimpfwort für die «Gottlosen», die Nicht-Muslime) bedeutet und durch die Gespräche in der Familie die Vergangenheit kannte, war ich trotzdem daran interessiert, mit den einzigen gleichaltrigen Mädchen in unserer Straße, den Enkeltöchtern eines Hodschas, zu spielen.

Jahr für Jahr bewunderten sie unseren bunt geschmückten Weihnachtsbaum. Mit glänzenden Kinderaugen begutachteten sie die vielen schönen, glitzernden Kugeln am Baum und die unter dem Baum ausgelegten Süßigkeiten und Spielsachen, die wir als Geschenke erhielten. Ohne zu verstehen, warum sie das alles nicht haben durften, überredeten sie anscheinend eines Tages erfolgreich ihre Mutter, einen Tannenbaum in die Wohnung zu holen. Abends beobachteten wir dann, wie ein ungeschmückter grüner Tannenast aus dem Fenster flog, begleitet von den lauten Beschimpfungen des Vaters, der keinen Baum der *Gavur* in seinem Haus dulden wollte.

An einem warmen Septembertag herrschte plötzlich Unruhe in unserer Straße. Die Frauen waren besorgt und redeten leiser miteinander. Es lag eine schwere Drohung in der Luft. Wir Kinder hörten die Gespräche der Erwachsenen und versuchten, das Geschehen zu begreifen. Wir lebten etwas abseits, im asiatischen Teil der Stadt. Schnell erfuhren wir, daß im Zentrum der Stadt etwas Schreckliches vor sich ging. Wir wußten zwar im einzelnen nicht, was dort wirklich geschah, wußten aber, daß unsere Väter dort arbeiteten und folglich auch bedroht waren.

Wir erfuhren, daß der öffentliche Verkehr in der Stadt stillgelegt worden war, daß die Fähre als einzige Verbindung zwischen den Stadthälften nicht mehr verkehrte, daß Militärpolizei eingesetzt worden war, die das Straßenbild beherrschte. Nun hatten wir Gewißheit, daß etwas Bedrohliches vor sich ging. Es war der Ausnahmezustand ausgerufen worden.

Uns wurde untersagt, auf der Straße zu spielen. Ich mußte mich mit dem Blick aus dem Fenster begnügen. So wurde ich Zeugin, als die Mutter der beiden türkischen Spielkameradinnen sich aus dem Fenster zu einer anderen Türkin vorbeugte und, mit dem ausgestreckten Zeigefinger ihrer Linken am Hals entlangfahrend, die Worte aussprach: *Bu gece Ermenileri…* – heute abend die Armenier…

Eine junge, angeblich gottesfürchtige, fromme Muslimin, Schwiegertochter eines Hodschas, die ihre Abneigung gegen uns nie verheimlicht hatte, schreckte nun nicht zurück, offen ihre Zustimmung zu den geplanten Pogromen kundzutun. Wir wußten, daß sie informiert war und uns, ohne es zu beabsichtigen, vor den bevorstehenden Schreckensstunden warnte.

Gegen Abend wurde der Fährverkehr wiederaufgenommen. Die Männer kamen von der Arbeit und berichteten von Unruhen und Plünderungen in der Stadt. Eine ganze Horde türkischen Pöbels war unterwegs, zertrümmerte Schaufenster und plünderte die Geschäfte der Griechen und Armenier. Auf der Istiklal Caddesi, der Hauptstraße im Zentrum, gehörten zu dieser Zeit viele Läden Armeniern und Griechen. Ungehindert konnte der Mob vor den Augen der Gendarmen die Geschäfte plündern. Auch ein junger türkischer Student aus der Nachbarschaft, Sohn eines ehemaligen kemalistischen Offiziers, kam an diesem Abend mit einer großen Arzttasche aus braunem Leder nach Hause, über deren wertvollen Inhalt wir viel später erfuhren. Eine zum Islam konvertierte Armenierin, die in dieser Familie als Hausmädchen diente, berichtete uns, daß er einen Juwelierladen geplündert habe.

Die Häuser der Griechen und Armenier waren, wie viele andere in dieser Gegend, alt und aus schwarz gebeiztem Holz. Brände waren deshalb verheerend und aufgrund der primitiven Holzöfen nicht selten. Nun ängstigte uns diese Gefahr am meisten. Ein Streichholz genügte, um sehr viele Familien mit ihrer wenigen Habe obdachlos zu machen. Die Griechen von nebenan schlossen ihre große hölzerne Haustür und kamen für die nächsten zwei Tage nicht mehr heraus. Die armenischen Familien, die in der Mehrzahl waren, tauschten gegenseitig Neuigkeiten aus. Dabei hörten wir mit Erstaunen von der tollkühnen Tat eines Armeniers – ein ungeliebter Lehrer von mir –, der während der Schreckensstunden kurzerhand seine türkische Offiziersuniform anzog, die türkische Fahne am Fenster des Hauses hißte und sich vor die Haustür setzte. So wartete er, «gut gerüstet», auf den Mob. Seine alte Mutter beobachtete verängstigt das Geschehen aus den hinteren Räumen des Hauses. Wir bewunderten seinen Mut und seine Tollkühnheit. Denn obwohl er nach seinem Äußeren tatsächlich für einen türkischen Offizier gehalten werden konnte, wäre es nicht auszudenken, was alles hätte geschehen können, wenn offenbar geworden wäre, daß er in Wahrheit ein Armenier war.

Die große Katastrophe trat erst in der späten Nacht ein. Wir mußten mitansehen, wie das Haus einer griechischen Familie auf einem nahe gelegenen Hügel ausbrannte. Der im Erdgeschoß befindliche Lebensmittelladen dieser Familie wurde zuerst geplündert, dann in Brand gesetzt. Das gesamte Haus brannte vollständig nieder. Noch Schrecklicheres erfuhren wir am folgenden Tage: Der Sohn des Hauses, ein Medizinstudent, war in jener Nacht vor dem blutrünstigen Mob in die Berge geflüchtet und hielt sich dort versteckt. Niemand sah ihn je wieder. Es hieß, er habe in jener Nacht den Verstand verloren.

Diese Familie und viele andere Griechen wanderten nach dem Pogrom vom 6. und 7. September 1955 aus, den man im Türkischen verharmlosend als «Ereignisse vom 6. und 7. September» (6 / 7 *Eylül olaylari*) bezeichnet. Armenier, die Angehörige im Ausland hatten, verließen die Türkei. Zurück blieben die Alten und Mittellosen.

Nach den Plünderungen und dem Vandalismus, die viele armenische und griechische Existenzen zerstört hatten, tauchten nun in allen öffentlichen Verkehrsmitteln kleine Schilder mit der Aufschrift *Vatandas Türkçe Konus* auf, was soviel hieß wie: «Bürger, sprich türkisch!» Es waren mahnende Aufforderungen an die in der Stadt lebenden Minderheiten, denen mit neuen Repressalien das Leben immer schwerer gemacht werden sollte. Als Schülerinnen litten wir darunter besonders, da wir auf unserem täglichen Schulweg verschiedene Verkehrsmittel benutzen mußten. In dieser feindlich gesonnenen Umwelt mußten wir unsere eigene Sprache, unsere Identität mehr als bisher verheimlichen, sie verleugnen. Notgedrungen fingen wir an, Lösungen zu suchen: Etwas abseits sitzend flüsterten und in der Masse schwiegen wir. Die Kleineren wurden von den Erwachsenen mit einem Handzeichen – Finger vor den gespitzten Lippen – zum Schweigen aufgefordert.

Noch schwieriger wurde es für die Berufstätigen, zumeist Männer. Da den Armeniern nicht erlaubt war, sich als Angestellte oder Beamte im öffentlichen Dienst zu betätigen, blieb den meisten außer privatem Handwerk und Kleingewerbe nicht viel zum Lebensunterhalt übrig. Hier war es undenkbar, mit dem eigenen armenischen Namen öffentlich aufzutreten. So mußten alle, die im täglichen Publikumsverkehr standen, sich einen türkischen Rufnamen zulegen, der meist ähnlich wie ihr armenischer Name lautete.

Trotz dieser und vieler anderer Repressalien hatten es die in der Stadt lebenden Armenier verstanden, mit viel Geschick eine kulturell blühende Diaspora-Gemeinde am Leben zu erhalten. Es herrschte eine klare Vorstellung von der Bedeutung des Armenierseins. Allein in unserem näheren Wohnumfeld befanden sich zwei armenische Grundschulen mit einem gemeinsamen Kulturhaus für Schulfeste und Veranstaltungen, zwei Kirchen, zwei Friedhöfe sowie ein Internat für männliche Jugendliche aus den ehemaligen armenischen Gebieten in Ostanatolien. Es waren Waisenkinder, die das damalige armenisch-apostolische Patriarchat nach Istanbul geholt hatte, um ihnen eine armenische Schulbildung zuteil werden zu lassen.

Der Besuch armenischer Schulen galt für alle Kinder als selbstverständlich. Die Grundschulen lagen in der Nähe und waren zu Fuß zu erreichen, Oberschüler und Gymnasiasten mußten aus verschiedenen Stadtteilen zusammengelegt werden. Finanziert wurden die Schulen ausschließlich von den Armeniern selbst, durch Spenden oder ein monatliches Schulgeld, dessen Höhe vom Einkommen der Familie abhing. Für Bedürftige jedoch war der Schulbesuch beitragsfrei.

Die Lehrinhalte unterlagen allerdings der Kontrolle durch türkische Aufsichtsbehörden. Die Unterrichtsfächer waren vorgegeben. Bis auf die «Kulturfächer» durfte der Unterricht zu dieser Zeit noch in armenischer Sprache stattfinden. Für die «Kulturfächer» wurden ab der dritten Klasse türkische Lehrerinnen eingesetzt, die die Behörden selbst bestimmten. Sie unterrichteten neben Türkisch auch Geschichte, Geographie und Landeskunde. Ab der 9. Klasse kam Militärische Erziehung hinzu, die von einem türkischen Offizier unterrichtet wurde. Die Inhalte dieser Fächer folgten ausschließlich den staatlichen Vorgaben. Nirgends tauchte dabei ein Wort über Armenien oder Armenier auf.

Eine Hauptaufgabe der türkischen Lehrerinnen der Kulturfächer waren die Organisation und Überwachung des wöchentlichen Fahnenappells. Jeden Montagmorgen vor Unterrichtsbeginn und jeden Freitagnachmittag nach Schulschluß mußten sich alle Schüler und

Lehrer im Hof versammeln. Ein älterer Schüler hielt die Fahne am großen Mast fest, die übrigen nahmen Haltung an und sangen, dem Ritual gemäß, zuerst die Nationalhymne, dann sprachen sie einstimmig den Eid auf Atatürk: «Ich bin Türke, ich bin ehrlich, ich bin fleißig…»

Die türkischen Lehrerinnen waren im armenischen Kollegium nie wirklich integriert. Sie wurden den armenischen Lehrern als Eindringlinge vorgesetzt und daher auch nur zwangsweise geduldet. Sie waren überwachende und kontrollierende Organe, der lange Arm des Staates. Schüler wie Lehrer wurden häufig getadelt, weil wir unsere Stimmen beim Fahnenappell nicht kräftig und überzeugend genug einsetzten. Dies waren einige der seltenen Momente, in denen wir Schüler und Schülerinnen stille, heimliche Freude und Genugtuung bei einem Tadel empfanden. Die wunschgemäß disziplinierte Durchführung dieser Zeremonie brach eines Tages völlig zusammen, als während des Appells Alarm ausgelöst wurde: Die alte, baufällige Schule war derart in ihren Grundfesten verrottet, daß sie sofort geräumt werden mußte. Wir grübelten noch lange über die Frage, ob die Räumung nicht um wenige Minuten hätte hinausgeschoben werden können und unter welchen Umständen die türkischen Lehrer ihre Zustimmung dazu gegeben hatten.

Unterricht in armenischer Geschichte und Literatur war nicht zugelassen. Dieser fand, falls überhaupt, in der Familie statt. Je nach individuellem Kenntnisstand las man in vielen Familien Bücher, die man untereinander austauschte. Später im Gymnasium fand sich hin und wieder ein Lehrer mit genügend Kenntnissen und einem Vertrauensverhältnis zu seiner Klasse, der auf diese Themen einging. So erfuhr ich in der 9. Klasse zum ersten Mal etwas über Sowjetarmenien durch unseren Biologielehrer, der es sensationellerweise geschafft hatte, mit seinem türkischen Reisepaß als Urlauber nach Armenien zu gelangen. Wir hörten seinen Erzählungen über «unsere Heimat» mit märchenhafter Verzücktheit zu, als ob er von einem imaginären Ort spräche.

Armenische Bücher, Restbestände eines alten armenischen Verlages, wurden nach dem Tode des Verlegers von seiner Witwe trotz der herrschenden politischen Strenge weiter verkauft. Die Käufer kamen stets im Dunkeln und waren unbekannt. Die drohenden Folgen solchen Handels waren jedoch allen bewußt. Trotz all dieser Einschränkungen hatten die Schüler in den armenischen Schulen einen erheblichen Freiraum. Singen von Liedern, Lernen von Gedichten und Märchen sowie der Religionsunterricht in der Muttersprache machten die Schule zu einem identitätsstärkenden und -bildenden Ort von immenser Bedeutung.

Weil das Wohngebiet der Armenier zusammenhing, lebten auch die Lehrer in der Nachbarschaft ihrer Schüler. Das intensive Gemeindeleben führte zu zahlreichen Freundschaften der Familien untereinander. So konnten die Schüler ihren Lehrern auch außerhalb der Schule in ihren ganz persönlichen, angstfreien Räumen begegnen. Dadurch verlor die bedrohliche Außenwelt in der Schule etwas von ihrer Wirkung. Es herrschte ein Bündnis, das stärker war als die Repressalien der türkischen Schulaufsichtsbehörden.

Und trotzdem wünschten sich viele Armenier die Auswanderung. Für eine Zukunft in Sicherheit wurde der Zerfall von Familien und Freundschaften in Kauf genommen. Nahezu alle hatten Verwandte, die verstreut auf der ganzen Welt lebten. Wir Kinder kannten diese Verwandten aus fernen Ländern oft nur von Fotos, die sie geschickt hatten. Und mit jedem im Ausland lebenden Angehörigen erhöhten sich die Chancen zur eigenen Auswanderung, die Verwandten im Ausland wurden zu Hoffnungsträgern für die eigene Emigration.

In den sechziger Jahren eröffneten sich auch für die Armenier Möglichkeiten zur Arbeitsemigration, für wenige junge Leute gab es Auslandsstipendien. Jeder griff nach der ersten sich bietenden Gelegenheit. Auch meine Familie bekam eines Tages unerwartete Möglichkeiten zur Emigration, die die Familienmitglieder in weit voneinander entfernte Länder führte.

Angekommen im christlichen Ausland, was gleichbedeutend war mit Lebenssicherheit, machten wir eine erste überwältigende Erfahrung: das angstfreie Sprechen unserer Sprache in aller Öffentlichkeit. Hemmungslos genossen wir dieses überschwengliche Gefühl allerorts, in Cafés, Restaurants, auf der Straße. Ganz im Bewußtsein der sehnlichst erwünschten Freiheit, genossen wir das in vollen Zügen. Übertroffen wurde dieses Gefühl noch durch ein Erlebnis einige Monate später auf einer Reise nach Paris. Dort in der Weltmetropole, im Louvre, sprach eine Frau zu ihren Kindern auf armenisch, ohne zu flüstern! Vor Erstaunen wie versteinert, beobachteten wir den Vorgang mit großen Augen. Nun war es ganz eindeutig: Wir brauchten unsere Identität nie mehr zu verheimlichen.

In Deutschland sollte uns jedoch eine neue, große Enttäuschung nicht erspart bleiben. Kaum jemand kannte hier die Armenier und ihre Situation. Sogar die geographische Zuordnung des Landes bereitete vielen Schwierigkeiten. So ordnete man uns einfachheitshalber nach unseren Reisepässen dem Herkunftsland Türkei zu. Plötzlich im Ausland, im langersehnten Zufluchtsland, bekam unsere Identität neue Brüche. Hier wurden wir schließlich zu Türkinnen gemacht, während wir in der Türkei aufgrund des Umstands, daß wir es nicht waren, viel Leid ertragen mußten. Der Widerspruch war unerträglich. Bei jeder neuen Bekanntschaft fand eine mühselige Aufklärung statt, die bis heute nicht beendet ist.

Raffi Kantian

Armenische Spuren in Istanbul –
eine verdrängte Geschichte

Ich will beginnen auf dem Bahnhof von Yesilköy, einem ehemaligen Vorort von Istanbul. Heute ist es ein Teil des Molochs Istanbul, der keine Grenzen mehr zu kennen scheint. In meiner Kindheit, Anfang der fünfziger Jahre, fuhren wir wie viele andere zur Sommerfrische nach Yesilköy. Den halben Haushalt auf einen Lastwagen gepackt, verließen wir die Stadt. Felder trennten die einzelnen Vororte voneinander. Heute verlassen manche Yesilköyer ihren Wohnort, um weiter weg zur Sommerfrische zu fahren. Wir stehen auf dem Bahnsteig des Bahnhofs von Yesilköy, wo wir damals vom Rauch der vorbeifahrenden Dampfloks tränende Augen bekamen, bis sie gegen Ende der fünfziger Jahre von E-Loks abgelöst wurden. Das ist bis heute so, unverändert wie der Bahnhof. Unterhalb des Bahnhofs beginnt die Istasyon Caddesi, die türkische Variante der Bahnhofstraße. Sie ist leicht abschüssig und beherbergt einen der wenigen Zeugen aus der Vergangenheit, als Yesilköy noch San Stefano hieß und die Istasyon Caddesi den schwungvollen Namen Avenue de la Gare trug. Übriggeblieben aus jener Zeit ist das große, reich mit Schnitzwerk überzogene Haus mit dem großen, achteckigen Holzturm. Anderes ist verschwunden, abgerissen, mutwillig vernichtet. Auch das Haus der armenischen Familie Dadjan fast am Ende der Istasyon Caddesi, wo im Frühjahr 1878 das siegreiche zaristische Rußland und das geschlagene Osmanische Reich den Vertrag von San Stefano unterzeichneten.

Der Vertrag von San Stefano schrieb Reformen in den armenischen Provinzen des Reiches fest. Später muß in einigen türkischen Köpfen die Idee gereift sein, das Haus der Dadjans, diesen stummen Zeugen des schändlichen Vertrages von San Stefano, ein für allemal aus dem Weg zu schaffen. Das Vorhaben ist wohl in den Jahren des Ersten Weltkrieges in die Tat umgesetzt worden. Ein kleines Stück weiter ist ein Parkplatz für Lastkraftwagen, dort sind Mitglieder der Familie Dadjan beigesetzt. Es ist das Gelände der armenischen Heiligen-Stefanus-Kirche, 1826 von Simon Dadjan gestiftet. Der Legende nach soll die Ortschaft San Stefano von Sultan Mahmud II. der Familie Dadjan geschenkt worden sein. Die Dadjans waren so etwas wie die Krupps des Osmanischen Reiches, besaßen zahlreiche Fabriken und waren die ersten und zeitweilig die einzigen Industriellen des Reiches. Immerhin konnte die Familie es sich leisten, auch die Baukosten der nur einen Steinwurf entfernten griechisch-orthodoxen Kirche zu übernehmen. Und weil das Geld reichlich vorhanden war, schenkte sie der katholischen Gemeinde das Grundstück für ihre gewaltige Kirche.

Wieder auf der Istasyon Caddesi, eile ich zurück zum Bahnhof und schaue nach links. An der Straße, die parallel zur Gleisanlage verläuft, kurz vor der Unterführung, hatte vor wenigen Jahren die Plattenfirma «His Masters Voice», auf gut türkisch *Sahibinin Sesi*, eine Produktionsstätte. Dort, hatte mir einmal ein älterer Freund erzählt, befand sich noch Anfang der dreißiger Jahre eine russische Feldhaubitze, die das im Frühjahr 1878 über Bulgarien auf Istanbul zu marschierende siegreiche russische Heer als östlichsten Markierungspunkt hinterlassen hatte: «Ich hab sie damals noch oft gesehen, als ich mit meinem Vater spazierenging. Später, während des Zweiten Weltkrieges war es, glaube ich, ist sie verschwunden.»

Mit dem Vorortzug, den ich als Schüler so oft benutzt habe, fahre ich in die Stadt. Kurz nach Yesilköy auf der rechten Seite der Bahnstrecke steht die alte Dadjanische Munitionsfabrik. Heute wirkt sie unscheinbar, ganz anders die erdrückend große, gesichts- und geschichtslose Siedlung Ataköy, die kurz danach anfängt. Sie ist gewissermaßen die Fortsetzung von Bakirköy, des Kupferdorfs, wo die armenische Heilige-Muttergottes-Kirche steht, in deren Hof der Stifter Howhannes Dadjan und andere Mitglieder der Familie bestattet sind. Vorbei an Yenimahale und Zeytinburnu, der neuzeitlichen Slumsiedlung Istanbuls. Dort in Zeytinburnu gab es einmal, vielleicht da wo jetzt zahlreiche Textilfabriken stehen, Eisengießereien, deren armenische Arbeiter Howhannes Dadjan baten, eine Kirche in Bakirköy zu errichten.

Schon vom Bahnsteig der nächsten Haltestelle des Vorortzuges sehe ich das Denkmal, das sich Harutjun Bezdjian in Gestalt des Erlöserkrankenhauses, das der armenische Volksmund kurz Nationalkrankenhaus nennt, gesetzt hat. 1834 primär für die Armenier gebaut, versorgt es heutzutage zu einem großen Teil die türkische Bevölkerung der Umgebung. Und als Dank dafür wird es vom Staat mit keinem Pfennig unterstützt. Es lebt und überlebt dank der Spendenfreudigkeit der Istanbuler Armenier. Diese Spendenfreudigkeit war es auch, die schon im 18. Jahrhundert die Gründung von weltlichen armenischen Schulen in Istanbul ermöglichte. Anfang des 19. Jahrhunderts existierte sogar eine Handelsschule für Mädchen. Für türkische Verhältnisse war das geradezu revolutionär.

Oft bin ich in Kazliçezme ausgestiegen. Vor dem Krankenhaus, dessen Dienste wir, wie viele andere, in Anspruch genommen haben, warte ich auf ein Taxi und fahre zum nahe gelegenen Balikli. Die alte griechische, auch schon zu byzantinischen Zeiten genutzte Anlage bietet im Schatten der theodosianischen Landmauern gleich drei Glaubensgemeinschaften, wenn auch durch Mauern voneinander getrennt, eine letzte Ruhestätte. Wenigstens nach dem Tode liegen sie friedlich beieinander: die Türken, worunter ich sämtliche Muslime zähle, die Griechen und die Armenier.

Durch das Tor des armenischen Friedhofs schreitend, bog ich nach rechts und machte mich auf die Suche nach den Gräbern meiner Großeltern mütterlicherseits. Ein wenig unsicher suchten meine Augen jedesmal den Obelisken, der, so die Inschrift, ein «Denkmal zu Ehren der armenischen Märtyrer» sein sollte. Nur die Jahreszahlen 1895–1908 machten zumindest klar, wann diese Märtyrer zu beklagen gewesen waren. Aber eine Erklärung, warum und wodurch sie den Märtyrertod sterben mußten, fehlte.

Als ich noch in Istanbul lebte, wunderte ich mich darüber nicht sonderlich, stand doch im gymnasialen Geschichtsbuch der lakonische Satz, daß es im besagten Zeitraum so etwas wie ein «armenisches Problem» gegeben habe. Nie wurde im Unterricht darüber ausführlich gesprochen, und keiner meiner zumeist türkischen Klassenkameraden – die Deutsche Schule in Istanbul wurde damals mehrheitlich von Türken besucht – fragte weiter nach. Zumindest hatte ich dieses Gefühl, daß es eine jener Situationen war, bei der jeder weiß, worum es geht, aber niemand es zur Sprache bringen möchte. Eigentlich wußte ich selbst auch nicht viel mehr, als daß damals die Türken «uns massakriert hätten», wie man so sagte. Und irgendwann vertraute meine Großmutter, die auf diesem Friedhof liegt, mir an, daß bei der Metzelei des Jahres 1895 ein türkischer Freund Großvater versteckt und ihm so das Leben gerettet habe. So gesehen verdankte ich meine Existenz diesem mir unbekannten Türken. Als ich das erste Mal diesen Gedanken faßte, freute ich mich darüber. Doch im nächsten Augenblick fiel mir ein, daß viele, die heute nicht existieren, ihre Nichtexistenz dem Nichtvorhandensein eines türkischen Freundes verdankten. Und schon ließ meine Freude merklich nach.

Viel mehr als daß ein Massaker stattgefunden hatte, wußte ich also nicht. Gerne hätte ich erfahren, was meine türkischen Klassenkameraden von ihren Eltern gehört hatten. Ich hätte auch meinen Geschichtslehrer danach fragen können. Allein die Vorstellung hätte mir damals Herzklopfen verursacht. Heute weiß ich, daß Angst eine der besten Unterdrückungsmethoden ist, daß die Schere im Kopf vielleicht schlimmer ist als die Schere des Zensors. Jetzt bedauere ich es, obwohl ich sehr genau weiß, daß bei Gesprächen mit türkischen Freunden und Nachbarn dieses Thema peinlichst gemieden wurde. Daran hat sich nichts geändert, auch wenn heute die türkischen Medien im Gegensatz zu meiner Schulzeit sehr viel über Armenier berichten, freilich in den wenigsten Fällen wirklich ausgewogen.

Bei privaten Kontakten beschränkte und beschränkt man sich auf Probleme des Alltags, auf ein wenig Klatsch und Tratsch, nebenbei wandert man heimlich mit der Familie aus oder schickt die Kinder ins Ausland, weil man nie weiß, was in diesem Lande so alles passieren kann. Es ist sozusagen eine Abstimmung mit den Füßen, die wenig bis nichts mit der wirtschaftlichen Lage des Landes zu tun hat. Ein tiefsitzendes Gefühl der Unsicherheit führte dazu, daß Bibliotheken voller armenischer Bücher freiwillig dem Feuer preisgegeben wurden.

Nur zu lebhaft erinnere ich mich an einen entfernten Freund, der in Frankreich lebte und einem Istanbuler Freund einen Koffer mit armenischen Bildbänden aus den achtziger und neunziger Jahren des 19. Jahrhunderts anvertraut hatte. Als er um die Zusendung dieses Koffers bat, schwieg der Freund zunächst, kam dann mit durchsichtigen Ausreden, um zum Schluß die Wahrheit zu gestehen: Er habe den Koffer eines Tages an einer menschenleeren Stelle mit Benzin übergossen und verbrannt, erst danach habe er sich wohl fühlen können.

Überhaupt waren wir, meine Klassenkameraden und ich, damals politisch sehr zurückhaltend. Ich weiß noch, wie einer meiner Klassenkameraden, der als Sonnyboy verschrien war und durch seine Paul-Anka-Imitationen auffiel, im Unterricht mit einem Mal die Frage stellte, ob Atatürk, der legendäre Gründer der Türkischen Republik, nicht ein Diktator gewesen sei. Ich erinnere mich daran, daß viele von uns nervös auf ihren Stühlen hin- und herrutschten. Damals wie heute galten bezüglich Atatürks Leben und Wirken feste Glaubenssätze, die anzutasten keiner so recht wagte. Ich als Armenier schon gar nicht, kannte ich doch neben vielen Straftatbeständen auch den, den man «Beleidigung des Türkentums» nannte. Und der kam, wie ich wußte, manchmal sehr schnell zur Anwendung, besonders, wenn Nichttürken im Spiel waren. So hörten wir alle stumm den Ausführungen des Lehrers zu, wenn dieser, vor einer überdimensionalen Weltkarte stehend, mit weit ausholenden Armbewegungen ausführte, wie die Türken von Zentralasien ausgehend so ziemlich alle Gegenden dieser Welt besiedelt und fast alle bedeutenden Kulturen der Weltgeschichte hervorgebracht hätten. Heute weiß ich, daß das ausgemachter Unsinn ist, damals vermutete ich es allenfalls.

Noch bevor ich auf dem Friedhof Balikli den Obelisken fand, der mir den Weg zum Grab meiner Großeltern wies, kam ich am Grab des 1908 mit 22 Jahren verstorbenen Dichters Missak Medsarenz vorbei. Statt eines Kreuzes stand dort eine überdimensionale Lyra mit einem Porträt des Dichters. Das schien mir durchaus zur zarten Sprache der symbolistischen Naturlyrik von Missak Medsarenz zu passen, die die westarmenische Literatur so bereichert hatte. Einige seiner zeitgenössischen Dichterkollegen hatten vor der finsteren Zensur des Despoten und Armenierschlächters Sultan Abdul Hamid II. die Flucht ergriffen. Der paranoide Sultan hatte ganze Wörter auf den Index gesetzt: «Freiheit», «Stern» (er wohnte in einem Palastkomplex, der diesen Namen trug, in ständiger Angst vor Attentätern). Medsarenz galt selbst den Schnüfflern des Sultans als zu unpolitisch, als daß er Verfolgungen zu befürchten hatte.

Andere, deren Gräber weder in Balikli noch sonstwo zu finden sind, wie der unerreichte Meister der westarmenischen Lyrik, Taniel Waruschan, hatten es vorgezogen, erst nach der Absetzung von Abdul Hamid II. 1908 ins Land zurückzukehren. Es war das Jahr, in dem die Erbauer des Obelisken die Zeit für seine Aufstellung wohl für gekommen hielten, da doch die Erlöser in Gestalt der Jungtürken Gleichheit, Freiheit und Brüderlichkeit versprachen. Etwas Skepsis herrschte offenbar schon damals, denn die Erbauer verzichteten darauf, die näheren Umstände des Märtyrertodes der Beklagten, aber auch die Tätergruppe anzudeuten. Es kam allerdings schlimmer, als viele im Freudentaumel des Frühjahrs 1908 erahnen konnten. Der Genozid von 1915, dem die Dichter Waruschan, Sohrab, Siamanto und ein Großteil der Westarmenier zum Opfer fielen, gönnte den Verstorbenen nicht einmal eine ordentliche Bestattung. Mehr noch, selbst die Erinnerung an sie sollte ausgelöscht werden.

Kein Denkmal, keine Gedenktafel, weder auf dem armenischen Friedhof von Balikli noch sonstwo in der Türkei, erinnert an die Leiden all der Berühmten und Namenlosen. Als sich 1984 der Geburtstag Waruschans zum 100. Mal jährte, war die öffentliche Würdigung seines Lebens und seiner Kunst ein Wunsch vieler Armenier in Istanbul. Kopfzerbrechen bereitete, wie das gewaltsame Ende seines Lebens «angemessen» (das heißt: möglichst unauffällig) darstellbar sei, ohne sich selbst zu gefährden.

Zwar hatte aufgrund der vor allem im Ausland geführten Diskussion und der dort erschienenen Publikationen ab Mitte der siebziger Jahre eine erzwungene Auseinandersetzung mit dem Völkermord eingesetzt, aber die Gralshüter der regierungsoffiziellen Darstellung hatten sich allenfalls auf die Benutzung des verharmlosenden Wortes «Deportation» geeinigt, das Wort «Genozid» bleibt bis heute verboten.

Ich kam auch zum Grabe des 1946 im Alter von 26 Jahren gestorbenen Dichters Garbis Dschandschigjan, der die letzte Zeit seines Lebens im armenischen Krankenhaus von Kazliçzme verbrachte. Freunde des Dichters, die auch für die posthume Publikation seines Lyrikbandes «Von Tag zu Tag» sorgten, stifteten als Denkmalskulptur ein geschlossenes Buch aus Marmor. Für mich ein Zeichen des nahenden Endes der kulturellen Präsenz der Armenier in Istanbul. Die Schwindsucht, diese Modekrankheit des 19. Jahrhunderts, an der Dschandschigjan litt, erinnerte mich an den gegenwärtigen Zustand der armenischen Kultur in Istanbul, die sich wie schwindsüchtig verzehrt. Eigentlich ist die armenische Kultur, insbesondere die Literatur und die Literaten, in Istanbul auf den Friedhöfen zu besichtigen – abgesehen von den letzten lebenden Vertretern in Gestalt von Zahrad, Zareh Chrachuni oder Rober Haddeciyan. Die in den Glanzzeiten des ausgehenden 19. Jahrhunderts an die 250 000 Personen umfassende Gemeinde ist durch Genozid und mehrere Wellen der Emigration auf ein Fünftel dieser Zahl reduziert, kulturell ausgezehrt, vom Sprachverlust akut bedroht.

Vorbei die glanzvollen Zeiten, als Armenier die gutenbergische Erfindung schon im 16. Jahrhundert in Istanbul einführten, Hamparzum Limondschjan mit seinem Notensystem reüssierte, womit auch türkische klassische Musik erfaßt wurde, Hagop Wartowjan (Güllü Hagop) das Osmanische Theater gründete, Dikran Tschuchadschjan die erste türkische Operette schuf und F. Usginjan den ersten türkischen Film drehte. Ganz zu schweigen von der Architektendynastie der Baljans, die eine alte armenische Tradition fortsetzten, zu deren Höhepunkten unter anderem die Grüne Moschee und das Grüne Mausoleum gehören, beide in Bursa, der ersten Hauptstadt des Osmanischen Reiches.

Einige der prächtigsten Bauten, die Istanbul schmücken, kann man sich ohne die Familie Baljan nicht vorstellen. So gehen der Dolmabahçe-Palast, der Yildiz-Palast (er löste den Topkapi-Palast als Wohnsitz des Sultans ab), der Beylerbeyi-Palast, der erst vor einigen Jahren wiederaufgebaute Tschiragan-Palast, die Universität von Istanbul sowie eine Vielzahl von Moscheen, Kirchen und Wohnkomplexen auf die Familie Baljan zurück. Bis vor wenigen Jahren gaben lokale Reiseführer als Architekten des Dolmabahçe-Palastes den Italiener (!) Baliani an.

Zurück zum Armenischen Krankenhaus von Kazliçezme und von dort wieder den Vorortzug benutzend, fahre ich weiter, vorbei am Graben der theodosianischen Mauern, die wohl seit Jahrhunderten als Gemüsegärten benutzt werden. Vorbei am Goldenen Tor und am Pege-Tor, heute bekannt unter dem Namen Silivri-Tor. Dort nahm im Sommer 1261 die Rückeroberung Konstantinopels von den «Lateinern» ihren Anfang. Der Vorortzug schlängelt sich weiter bis Samatya. Eigentlich heißt diese Haltestelle heute Koca Mustafapaşa, doch bis vor wenigen Jahren nannte man sie noch Samatya. Koca Mustafapaşa gab seinen Namen der ehemaligen byzantinischen Klosterkirche des Heiligen Andreas en Krisei, jetzt als Moschee in Benutzung. In unmittelbarer Nähe dieser Moschee befindet sich die heutige armenische Kirche Surb Gework (Hl. Georg). Als 1461 Sultan Mehmed der Eroberer das armenische Patriarchat gründete, schenkte er diese ehemals byzantinische Kirche (bis 1641 Patriarchalkirche) den Armeniern.

Nach dem Fall von Konstantinopel zogen viele Armenier aus allen Teilen Anatoliens in die eroberte Stadt, wohnten besonders in Samatya, das für nahezu zwei Jahrhunderte ihr religiöses Zentrum bildete. Die Gründung des Patriarchats durch den Sultan geschah nicht ohne Hintergedanken. Armenier standen im Ruf, hervorragende Handwerker zu sein, die man in der gerade eroberten Stadt gebrauchen konnte. Außerdem sollte ein christliches Gegengewicht zu den in der Stadt verbliebenen Byzantinern geschaffen werden. Zwar waren seit dem 6. Jahrhundert Armenier nach Konstantinopel gekommen, und schon früher traf man armenische Kaufleute, Adelige und Heerführer in byzantinischen Diensten an, doch zahlenmäßig war das nicht bedeutend. Auf die Abfahrt des Vorortzuges wartend, dachte ich darüber nach, wie viele Armenier noch in Samatya wohnen mochten.

Meiner Gewohnheit entsprechend stieg ich bei der übernächsten Station, Kumkapi, aus. Die Straße hatte man den Touristen zuliebe adrett mit Platten gepflastert, zu beiden Seiten befinden sich bis heute berühmte Fischrestaurants, einige davon von Armeniern betrieben. Ich erinnere mich an die Zeiten, als diese Straße noch mit Kopfsteinpflaster ausgelegt war und ich an einem regnerischen Tag von Stein zu Stein hüpfte, um nicht in eine der Pfützen zu treten. Am Ende der Straße hält man sich links und ist mittem im alten Armenierviertel. Es hat schon bessere Tage gesehen. Der Putz blätterte von den Häusern ab und frische Farbe hatten sie auch nötig. Kleine Schilder wiesen sie als Eigentum des Armenischen Patriarchats aus, das angesichts des Geldmangels und – vielleicht noch wichtiger – eines überaus eifrigen staatlichen Aufsehers in Gestalt des Amtes für religiöse Stiftungen, das jegliche Reparatur von Kircheneigentum systematisch erschwerte, vermutlich noch lange in diesem Zustand ausharren muß. Wie mochten diese Häuser im 19. Jahrhundert ausgesehen haben? Was für Menschen wohnten hier damals? Wo befand sich die unter Kennern berühmte armenische Teppichmanufaktur? Irgendwo hier in einer Seitenstraße muß der Dichter Siamanto zur Schule gegangen sein, der 1915 umkam, an den kein Grab erinnert.

Irgendwo hier durch die Straßen von Kumkapi müssen 1848 armenische Demonstranten gezogen sein, um gegen die Willkür der *Amiras* zu protestieren. Das waren armenische Mitglieder der städtischen Oberschicht, die dem osmanischen Establishment eng verbunden, den Nöten ihres Volkes jedoch entfremdet waren. Und allzu gerne wäre ich am 27. Juli 1890 in der Muttergotteskirche gewesen. Zu gern hätte ich gehört, wie an jenem Tag Harutjun Dschanguljan, ein Mitglied der Partei der Hntschaken, zu der Menge sprach und seine Protestresolution vorlas, mit der er im Sinne des Berliner Kongresses (1878) Reformen verlangte. Hätte den Tumult miterlebt, das Klirren der Fensterscheiben gehört, die von empörten Demonstranten zerschlagen wurden. Gesehen, wie Patriarch Choren I. im Schutz der ihn umgebenden Geistlichen fluchtartig die Kirche verließ, um zu seinem gegenüberliegenden Amtssitz zu eilen. Zuvor hatte er Harutjun Dschanguljan das Rederecht verweigert, der nun seine Pistole auf ihn, den Patriarchen, richtete. Heute kamen keine Soldaten mehr aus den Seitenstraßen, dafür stand ein Polizeihäuschen am Tor des Patriarchats, aus dem ein Beamter mit unsicheren Bewegungen heraustrat und mich skeptisch beobachtete.

Am Beyazit-Platz hingen im Juni 1915 20 Armenier am Galgen,

Anhänger der Hntschaken-Partei, in den weißen Gewändern der Tod-
geweihten. Im Frühjahr 1960 strömten hier Studenten in Scharen aus
ihrer Universität, das einst von den Baljans erbaute Kriegsministe-
rium, demonstrierten gegen die damals herrschende Demokratische
Partei und wurden so zu Vorboten des Militärputsches vom 27. Mai
1960. Und im Februar 1992, als die Armenier erste militärische Erfolge
in Berg Karabach meldeten, wollten Sympathisanten der Aseris hier
vor dem Armenischen Patriarchat lautstark demonstrieren. Polizeiein-
heiten haben sie daran gehindert. Vom Beyazit-Platz sieht man den
Eingang des Geschlossenen Basars, Kapali Çarşi. Oft bin ich darin gewesen, habe mir die rotgelb glänzenden Auslagen der Goldschmiede
angesehen und mich gewundert, wo die vielen armenischen Goldschmiede geblieben sind. Irgendwann ist mir klargeworden, daß sie
sich hinter türkisch klingenden Namen, den sogenannten Basarnamen,
verstecken, wenn sie nicht nach Kalifornien ausgewandert sind.

Ich gehe nach rechts, folge der Janitscharen-Straße und komme
schließlich zu einer größeren Grabmalsanlage. In einem Hof befinden
sich malerische türkische Grabstellen. Hier liegt Mahmud II. begraben,
der erste große Reformator des Osmanischen Reiches, Freund der Familie Dadjan und Schlächter der Janitscharen im Jahre 1826. Ich betrete
das Areal, gehe auf das Mausoleum zu. Ich möchte hineingehen. Einem
Schild am Eingang entnehme ich, daß hier nicht nur Mahmud II., sondern auch sein Sohn Abdul Aziz und sein Enkel Abdul Hamid II., der
Schlächter der Armenier, beigesetzt sind. Von zwiespältigen Gefühlen
geplagt, zögere ich ein wenig, drehe mich kurzerhand um und verlasse
das Gelände.

Weiter wandere ich durch die von der byzantinischen Geschichte
geprägten Viertel der Stadt, die mit der Hagia Sophia die schönste und
größte Kirche der Christenheit beherbergen. Ich wollte nun auf die europäische Seite, nach Sirkeci. Auf dem Weg dorthin kam ich an der Hohen Pforte vorbei. Der Sitz der osmanischen Regierung war das Ziel einer Demonstration am 30. September 1895. Wären dabei nur einige
der etwa 2000 armenischen Teilnehmer ums Leben gekommen, die auf
die seit dem Berliner Kongreß 1878 unverändert dramatische Lage ihres Volkes aufmerksam machen wollten, wäre diese Demonstration

eine von den vielen gewesen, die man rasch vergessen hätte. Sie wurde aber zum Auftakt der bis dahin größten Vernichtungsaktion, die Armenier im Osmanischen Reich zu erdulden hatten. Tagelang wütete das Abschlachten in den Straßen von Istanbul und in den armenisch besiedelten Teilen des Reiches, und Sultan Abdul Hamid II., auf dessen Konto dieses Morden ging, konnte gewiß sein, die Armenier für eine gewisse Zeit «befriedet» zu haben. Das war die sogenannte Armenische Affäre, von der mein Schulgeschichtsbuch kryptisch berichtete.

Mein Großvater, der damals nur durch die Hilfe eines türkischen Freundes überlebte, hatte 1922, nach der Befreiung Istanbuls von alliierter Besatzung durch türkische Truppen unter Mustafa Kemal, das Glück nicht mehr auf seiner Seite. Er wurde fristlos aus dem Staatsdienst entlassen, weil er eben Armenier war. Mein Weg führte mich an der Hauptpost vorbei, wo er jahrelang gearbeitet hat. Nach der Entlassung verbrachte er seine Zeit mit der Betreuung von armenischen Waisenkindern, von denen es nach 1915 reichlich gab, und mit Prozessen gegen den neuen Staat, der ihm auch noch seine Pension vorenthalten wollte.

Von Sirkeci nach Galata, jenseits des Goldenen Horns, ist es nicht sehr weit. Die alte Galatabrücke, dieses Wahrzeichen Istanbuls, gibt es nicht mehr. Von der Anlegestelle der großen Dampfer auf der Galata-Seite aus fuhren viele unserer Freunde für immer weg, und einige kamen, von Sehnsucht getrieben, zurück, wenn auch nur für wenige Wochen. Später, Anfang der sechziger Jahre, verabschiedete man sich größtenteils am Flughafen von Yesilköy voneinander. Unsere reichen Verwandten entstiegen schon in den fünfziger Jahren den viermotorigen Super Constellations, die Taschen voller Dollar, wie wir vermuteten. Schenken ließen wir uns nichts davon, das war damals verboten. Leute sind wegen des Besitzes von zehn US-Dollar verhaftet worden.

Hier in Galata befindet sich die Kirche des Heiligen Gregor des Erleuchters, mit den Patriarchen-Gräbern in der Krypta. Sie ist heute die einzige armenische Kirche in Istanbul im klassischen Stil. An dieser Stelle entstand im 14. Jahrhundert das erste armenische Gotteshaus in Konstantinopel. Hier gründete 1910 Gomidas (Komitas), nachdem er Etschmiadsin, dem religiösen Zentrum der Armenier, den Rücken gekehrt hatte, seinen Chor. Und gegenüber lehrte er in einer der bedeutendsten Bildungseinrichtungen der Armenier in Istanbul, im Getronagan-Gymnasium, das es seit 1886 gibt. Die Mitglieder seines Kussan (Gussan) genannten Chors waren – wie die Elite der armenischen Literatur – Schüler dieser Schule.

Auf der Galata-Seite führt die Voyvoda-Straße von der Kirche des Heiligen Gregor des Erleuchters zum Zentrum der Neustadt, Pera, heute besser bekannt als Beyoglu. Ich kenne sie unter der alten Bezeichnung Bankalar Caddesi, die Straße der Banken. Dunkel durch die massigen alten Bank- und Geschäftshäuser und eng, steigt sie langsam, aber stetig an. Am 26. August 1896 besetzten Anhänger der armenischen Daschnaken-Partei hier die Osmanische Bank, die damals allenfalls dem Namen nach osmanisch, ansonsten aber fest in der Hand der Franzosen und der Engländer war, um mit dieser spektakulären Aktion die europäischen Mächte wachzurütteln. Wachgerüttelt wurden andere: die Schergen des Sultans, die nach bewährtem Muster ein Blutbad veranstalteten. In der Folge verließen an die 80000 Armenier Istanbul für immer, darunter auch Sarkis Gulbenkjan, der später mit Erdölgeschäften zum Multimillionär und Philanthropen wurde.

Langsam komme ich Beyoglu näher. Ich passiere Pera Palas, wie es auf türkisch heißt, eines der beiden Prachthotels von Alt-Istanbul. 1898 von der Betreibergesellschaft des legendären Orient-Express für die verwöhnte Kundschaft erbaut. Ich saß einige Male in der Bar, wo auch Ernest Hemingway sich aufhielt, vermutlich auf einem der Barhocker, und gewiß auch Agatha Christie, wenn sie nicht auf ihrem Zimmer an ihrem Roman *Mord im Orient-Express* arbeitete. Im großen Saal feierte die Partei «Einheit und Fortschritt» nach ihrer Machtergreifung 1908 rauschende Feste, an denen vermutlich auch der armenische Parlamentarier und Schriftsteller Sohrab teilnahm, dem die Vertrautheit mit Talaat, einem der Urheber des Genozids, 1915 freilich nichts nutzte.

Nur noch ein Katzensprung ist es bis zum britischen Generalkonsulat, dessen ehrfurchterregende, in Maria-Theresia-Gelb gestrichene Mauern gewiß auch früheren Generationen den nötigen Respekt abverlangt haben. Auf der anderen Straßenseite hatte das heutige Generalkonsulat, damals Botschaft der Weltmacht Großbritannien, die mächtigste armenische Partei, die Daschnakzutjun, zum Nachbarn. Dort befand sich ihre Parteizentrale und auch die Redaktion ihres Organs, der Zeitung «Asatamard» (Freiheitskampf). Sie erscheint heute noch, freilich nicht mehr in Istanbul. Gebäude sind sehr diskrete Zeugen, sie schweigen unentwegt, und nur unser Wissen um ihre Vergangenheit kann sie gelegentlich zum Reden bringen. Johannes Lepsius zum Beispiel war im Sommer 1913 hier, als er im Auftrage des Deutschen Reiches Reformen für die armenischen Provinzen im Osten des Reiches auf den Weg bringen wollte. Waruschan war hier, gewiß auch Siamanto.

Ein paar Schritte noch, und wir sind mitten in Pera (Beyoglu). Hier lebte einmal ein kosmopolitisches Völkergemisch: Griechen, Armenier, christlich-maronitische Libanesen, Franzosen und Italiener, die es vor langer Zeit oder auch kurz vorher hierher verschlagen hatte (später nannte man sie Levantiner), Russen. Und später in immer größerer Zahl Türken. Meine nachhaltigsten Kinoerfahrungen machte ich hier in Beyoglu. James Dean in «Denn sie wissen nicht, was sie tun» lief im *Lale* (Tulpen)-Kino, Marilyn Monroe im *Lüks* (Luxus)-Kino… Und meine Bekanntschaft mit der Welt der Bücher, mit Tom Sawyer, Jane Eyre, Onkel Tom und all den anderen habe ich in einer Buchhandlung gemacht, die sich unbescheiden, aber wahrheitsgemäß *Kitap Sarayi* (Bücherpalast) nannte. Von meiner Mutter, die mich dorthin begleitete, wußte ich, daß dort früher das «Café Moscou» war, eine Reminiszenz an die Zeiten, als die Oktoberrevolution russische Emigranten hierher verschlagen hatte.

Damals wußte ich nicht, daß in einer Seitenstraße, im Sommer 1896, der Dichter Taniel Waruschan, damals ein 12jähriger Schüler, vom Fenster seines Klassenraumes aus Zeuge wurde, wie Armenier von den Schergen des Sultans Abdul Hamid II. auf offener Straße umgebracht wurden. Sein Gedichtband *Erschütterungen* wäre ohne diese Eindrücke undenkbar. Auch nach 1908 blieb er diesem Viertel treu. Hier muß er nervös zur österreichisch-ungarischen Botschaft gegangen sein, wo er vor Beginn der Deportation am 24. April 1915 ein Visum zu bekommen erhoffte. Er wurde enttäuscht. Hier kam Generalissimus Enver im Kabrio die Pera-Straße, heute heißt sie Istiklal Caddesi (Straße der Unabhängigkeit), heruntergefahren zum Tokatlyan-Hotel, um den Nachmittagstee zu sich zu nehmen, an seiner Seite ein deutscher Offizier, vielleicht Generalstabschef Hans von Seeckt. Im Tokatlyan-Hotel, heute eine schlichte Ladenpassage im Erdgeschoß, verhandelte Johannes Lepsius mit armenischen Vertretern und versuchte sie für die Reformpläne zu gewinnen, während im Hauptsaal die Partei Einheit und Fortschritt rauschende Feste feierte. Auch Mustafa Kemal läßt sich hier blicken, bevor er 1919 nach Anatolien zieht, um von dort aus den Kampf gegen die Alliierten aufzunehmen, der eigentlich ein Kampf gegen die Griechen und die Armenier war. Zehn Jahre später war Trotzki in diesem Hotel, bevor er ins mexikanische Exil ging. Mit meinen eigenen Augen gesehen habe ich die geplünderten Läden von Beyoglu am 7. September 1955, der türkischen Variante der Reichspogromnacht.

Etwas weiter, in Richtung des Galatasaray-Gymnasiums gehend, versammeln sich Armenier, bilden eine Masse, unter die sich Türken, Griechen und Levantiner mischen. Sie halten türkische Fahnen in den Händen und Spruchbänder in armenischer und arabischer Schrift. «Freiheit, Gleichheit, Gerechtigkeit» lese ich auf einem armenischen Spruchband, die arabischen kann ich nicht entschlüsseln.

Ich träume von einem hoffentlich nicht allzu fernen Tag, an dem Armenier wie Türken sich friedlich versammeln werden wie an jenem Tag im Frühjahr 1908, als sie mit überschwenglicher Freude den Fall des blutigen Sultans Abdul Hamid II. feierten. Sich versammeln werden wie an jenem Tag, um in aller Stille der Opfer des Genozids von 1915 zu gedenken, um so die Überlebenden vom jahrzehntelangen Alptraum zu befreien, zu erlösen, um ihnen ihre geraubte Geschichte zurückzugeben. Ich träume von diesem Tag, weil ich weiß, daß Träume, zumindest einige von ihnen, irgendwann doch wahr werden.

Gerayer Koutcharian
Im Land der Rosen und Nachtigallen
Eine armenische Jugend im Iran

«Mein goldener, goldener Iran,
mein fernes, fernes Nairi»
(Jerische Tscharenz)

Eigentlich sollte ich in Schiras, der Stadt der Rosen und Zedern, zur Welt kommen. Aber meine Mutter durfte dort als Christin nicht im Krankenhaus gebären. Mein Vater brachte sie deshalb in die Armeniersiedlung Nor Dschura bei Isfahan, wo ich 1948 als Sohn armenischer Flüchtlingseltern zur Welt kam. In Schiras geboren, wäre ich bestimmt zum Dichter geworden, ein bescheidener Nachfahre des großen Saadi und Hafes. In Nor Dschura geboren, wurde ich zwangsläufig zum echten Armenier.

Meine Freunde in Deutschland verstehen es nicht auf Anhieb, wenn ich sage, daß ich mich 500 Jahre alt fühle. Tatsächlich mußte ich in den 19 Jahren meiner Jugend eine Entwicklung durchlaufen, für die europäische Völker und Staaten Jahrhunderte zur Verfügung hatten, eine Entwicklung, die vom Mittelalter bis in die Industriezeit reicht.

Über meiner Kindheit lag noch die ganze Poesie des asiatischen Mittelalters. Nor Dschura, heute als Stadtteil in die schöne Stadt Isfahan eingemeindet, war als rein armenische Siedlung für die von Schah Abbas I. zwangsumgesiedelten Armenier entstanden. Ihr Name leitet sich von der Stadt Dschura in Nachitschewan her, einem alten armenischen Gebiet, das die Sowjets an Aserbeidschan abgaben. Die Perser nennen sowohl das alte als auch das neue Dschura bei Isfahan Dschulfa.

Ich verbrachte meine Kindheit in einer rein armenischen Welt, wie sie heute nicht mehr besteht, einer Welt voller Aberglauben und Magie. Viele Menschen in Nor Dschura glaubten noch fest an Geister, die auf dem Grunde tiefer Brunnen lauern sollten. Uns Kinder schreckten die Erwachsenen mit dem Boboch, einem tiergestaltigen Butzemann, der im Dunkel hauste. Ich stellte mir den schrecklichen Boboch als eine Art Ziegenbock vor, denn die Ziegen tauchen ebenso geisterhaft plötzlich an den unerwartetsten Stellen auf: auf Flachdächern, Bäumen und sonstwo. Und ihre klugen bernsteinfarbenen Augen können einen wahrhaft teuflischen Ausdruck von Spott und Überlegenheit annehmen.

So wuchs ich, armenisch sprechend, christlich getauft, in einem armenischen Ghetto auf und hielt das Ghetto für die Welt. Ungefähr mit fünf Jahren fiel mir auf, daß die Männer, die uns mit ihren Kamelkarawanen Holzkohle, Mehl und im Winter Brennholz brachten, anders als wir gekleidet waren, Bärte trugen und eine unverständliche Sprache sprachen. Ich fragte meine Mutter danach. «Das sind Perser, mein Kind!» antwortete sie. «Dies ist ihr Land.» – «Und wo ist unser Land?» – «Weit, weit von hier, Söhnchen!» Ich begriff auf einmal, daß unsere armenisch-christliche Welt von Nor Dschura nur eine winzige Insel in einem persisch-islamischen Meer war, daß wir und nicht die Perser die Fremden waren, und daß wir uns ihnen und nicht sie sich uns anzupassen hatten. Beispielsweise war es unerläßlich, ihre Sprache, das Farsi (Neupersisch), zu lernen. Denn wir Armenier bildeten im Iran mit höchstens 220000 (Stand 1979) eine unbedeutende Minderheit. Noch später begriff ich, daß auch das Staatsvolk der Perser eine Minderheit darstellte, nämlich nur 40 Prozent der iranischen Gesamtbevölkerung. Kurden sowie die turkstämmigen Aserbeidschaner sind mit 6,7 bzw. 5 Millionen – nach Angaben aserbeidschanischer Nationalisten sogar 17 Millionen – die stärksten Volksgruppen neben den Persern. Der Iran war schon immer ein Vielvölkerstaat.

1960 zogen meine Eltern von Nor Dschura / Isfahan in die iranische Hauptstadt Teheran. Verglichen mit Nor Dschura oder gar der aserbeidschanischen Hauptstadt Tabris, war die Teheraner Armeniergemeinde vergleichsweise jung. Aus den älteren Stadtgemeinden, aber auch den armenischen Dörfern, von denen es in der Provinz Isfahan heute nur noch sieben gibt, zogen vor allem im 20. Jahrhundert immer mehr Menschen nach Teheran. 1978 lebten bereits vier Fünftel der Armenier des Iran in der Hauptstadt. Teheran fehlte das Alter, die Kultur und die Würde Isfahans. Die Stadt war schnell und unorganisch gewachsen, auf leichtem Hanggefälle. Im Süden, also unten, lebten die Armen, oben im Norden, wo die Luft reiner war, die Reichen, wir Armenier mittendrin, auch in sozialer Hinsicht. Wenn es überhaupt so etwas wie eine iranische Mittelschicht gab, dann hatten die armenischen Handwerker, Lebensmittelfabrikanten, Ärzte und Künstler einen erheblichen Anteil daran. Wie im gesamten Orient, erfreuten sich die armenischen Juweliere, Schneider, Kürschner und Mechaniker von Teheran des allerbesten Rufes. Aber entgegen dem in Asien wie Europa verbreiteten Vorurteil waren die Armenier keineswegs reich. Im Gegenteil, vor allem vor dem Erdölboom in den sechziger Jahren ging es vielen Armeniern ausgesprochen schlecht. Im Iran ließ sich kein Geld verdienen. Ich bekam deshalb meinen Vater nur selten zu sehen. Als Tiefbauingenieur mußte er der Arbeit hinterherreisen, sie kam nicht zu ihm. So wechselten für meinen Vater Phasen der Arbeitslosigkeit im Iran mit Kontrakten als «Gastarbeiter» auf Großbaustellen in Kuweit, Saudi-Arabien und anderen Staaten der Golfregion.

Die Armenier entstammten, ihrer Herkunft und dem Grad ihrer Verwurzelung im Iran nach, drei unterschiedlichen Gruppen. Da waren zuerst die wirklich autochthonen Einwohner von «Parskahajk», Persisch-Armenien, wie wir bis heute jenen Landstreifen von ca. 100 km Länge und 40 km Breite nennen, der im Osten vom Arax begrenzt wird. Seine Westgrenze entspricht der heutigen iranisch-türkischen Staatsgrenze. Bis zum Ersten Weltkrieg war Parskahajk von etwa einer halben Million Armeniern bevölkert, obwohl viele Armenier bereits nach dem iranisch-russischen Friedensschluß von Turkmantschaj (22.2.1828) von der Möglichkeit Gebrauch gemacht hatten, in die von Rußland beherrschten transkaukasischen Gebiete Armeniens auszuwandern.

Ein altes armenisches Siedlungsgebiet ist auch der heutige Landkreis Maku (armenisch Artas), der einst zum südostarmenischen Königreich Waspurakan gehörte. 20 km von der Stadt Maku entfernt liegt ein bedeutendes armenisches Wallfahrtskloster, das Kloster des Apostels Judas Thaddeus. Er soll nach 23jähriger Missionstätigkeit in Armenien um das Jahr 66 den Märtyrertod erlitten haben. An der Stätte seines Martyriums wurde schon im 6. Jahrhundert ein Kloster gegründet, dessen heutige Bauten allerdings aus dem 12. bis 19. Jahrhundert stammen. Das befestigte, einst auch als Fürstensitz dienende Kloster war stets eine wichtige Rast- und Zufluchtsstätte für unsere Fidajin und alle Karawanen auf dem vom Iran nach Kleinasien über die armenische Stadt Wan verlaufenden Handelsweg. Bemerkenswerterweise haben die persischen Monarchen ebenso wie ihre muslimischen Nachfolger, die Mullahs, das armenische Thaddeus-Kloster unangetastet gelassen. Der letzte Schah, Resa Pahlewi II., ließ sogar auf Staatskosten die Pilgerstraße ausbauen. Bis heute besuchen alljährlich etwa 10 000 Armenier das Kloster. Auch duldet die Regierung der Islamischen Republik Iran seit einigen Jahren die kunstgeschichtliche Erforschung und Instandsetzungsmaßnahmen an armenischen Kirchen und Kapellen in Parskahajk sowie im Gebiet von Maku. Diese Toleranz unterscheidet die weltlichen wie geistlichen Herrscher des Iran erheblich von der türkischen Regierung, die aus offenkundig nationalistischen Gründen sakrale wie weltliche Kulturdenkmäler nicht-türkischer Völker systematisch vernichtet.

Parskahajk und das Gebiet von Maku haben ihre armenische Ursprungsbevölkerung im Ersten Weltkrieg verloren: Zwischen 1915 und 1918 drang die türkisch-osmanische Armee in diese Region ein und massakrierte die Christen – Armenier sowie nestorianische Assyrer – in derselben brutalen Weise wie später in Westarmenien. Der Feldzug des notorisch armenierfeindlichen Dschewdet-Bej, eines Schwagers des jungtürkischen Kriegsministers Enver, ging den westarmenischen Massakern voraus. Im Januar 1915 nahmen die Türken den Russen Süd-Aserbeidschan und dessen Hauptstadt Tabris vorübergehend ab; Armenier und Assyrer, denen die Flucht in die Grenzstadt Dschura (Nachitschewan) nicht gelang, wurden von den Türken abgeschlachtet. Ähnliches wiederholte sich auf dem türkischen Rückzug in Choj und im Bezirk Salmas am Nordwestufer des Urmia. Militärisch verlief Dschewdets Iran-Expedition von 1915 jedoch glücklos, denn er wurde von den Russen geschlagen. An deren Seite kämpfte unser Freiheitsheld Andranik. So trug Dschewdet diese Niederlage den Armeniern nach, als er im Februar 1915 zum Gouverneur der Provinz Wan ernannt wurde. In der Erfahrung von Dschewdets Schreckensherrschaft in Iranisch-Aserbeidschan und -Armenien gründet der Aufstand der Waner Armenier vom Frühjahr 1915, der wiederum die Absicht der Jungtürken, die «Armenische Frage» durch die Vernichtung des armenischen Volkes zu «lösen», vorantrieb. Nach den Massakern waren die Armenier in Parskahajk und Maku zu einer bedeutungslosen Minderheit geworden. Nach dem Zweiten Weltkrieg zählte man nur noch 500 armenische Familien außerhalb der Stadtmauern von Choj.

Die zweite Gruppe der Iran-Armenier stammte von jenen ab, die Schah Abbas I. und Nadir Schah im 17. und 18. Jahrhundert hauptsächlich aus den Bezirken Wan, Jerewan und Nachitschewan sowie aus der Stadt Tabris massenhaft in den Iran verschleppen ließen. Insgesamt sollen 300 000 bis 500 000 Menschen zwangsumgesiedelt worden sein. Vertreibungen und Zwangsumsiedlungen wurden nicht erst von den Türken in Armenien eingeführt. Bereits im Altertum deportierten persische Herrscher Armenier in den Iran, Schah Artaschir im 3. und Schahpur II. im 4. Jahrhundert. Diesem Beispiel folgten die byzantinischen Kaiser. Sie ließen ab dem 7. Jahrhundert die Bevölkerung ganzer Landstriche auf den Balkan umsiedeln. Die persischen Schahs der Neuzeit setzten diese Methode fort. Was aber bei den Türken Teil eines Vernichtungsplans war, wurde von den Byzantinern zur Disziplinierung der als rebellisch und freiheitsliebend verrufenen Armenier eingesetzt. Die Perser schließlich deportierten aus militärstrategischen Erwägungen. Zwei Jahrhunderte lang hatten sie sich mit den osmanischen Türken in und um Armenien erbitterte Kämpfe geliefert. Zu den persischen Taktiken gehörte es, den nachrückenden Türken verbrannte, verwüstete und von der armenischen Bevölkerung entleerte Gebiete zurückzulassen. Brunnen wurden vermauert, Obstbäume abgehackt – nicht nur wegen der Türken, sondern auch, um eine Wiederansiedlung der Armenier zu verhindern. Die trieb man in aller Eile in den Iran. Schah Abbas I. versprach sich vom armenischen Gewerbefleiß einen kräftigen Aufschwung für die Wirtschaft. Aber längst nicht alle der unglücklichen Deportierten erreichten den Iran. Als Abbas I. nach der erfolglosen Belagerung Jerewans im Winter 1603 etwa 100 000 Armenier über den Arax treiben ließ, ertrank ein Zehntel in den eisigen Fluten des Grenzflusses. Den Überlebenden wies Abbas die Städte Hamadan, Schiras sowie Isfahan zu. 1606 gründeten etwa 50 000 Armenier aus Nachitschewan meine Geburtsstadt Nor Dschura bei Isfahan; in der Umgebung, bei Peria und Tscharmahal, entstanden viele armenische Dörfer, von denen 30 sogar bis zur Repatriierung von 1948 überdauerten. Schah Abbas erließ den Neusiedlern den Frondienst und stattete die glaubensfremden Armenier mit mancherlei Wirtschaftsprivilegien aus, so daß sich seine Erwartungen erfüllten: Die Armenier Nor Dschuras und der umliegenden Dörfer prosperierten. Sie stellten besonders gute Goldschmiede, Juweliere, Kürschner, Schreiner und Winzer, dienten dem Schah auch als Dolmetscher, Ratgeber, Diplomaten und sogar als Militärbeamte. Ihre Kaufleute dominierten den Fern- und Transithandel, vor allem den Handel mit Seide, bei deren Herstellung und Verarbeitung Armenier eine sehr lange Tradition besitzen.

Die alten Kaufmannshäuser Nor Dschuras mit schattigen Innenhöfen und weitläufigen Gärten belegen diesen Reichtum ebenso wie die Erlöserkirche (1658–1662), ein sowohl für das armenische Spätmittelalter als auch für den armenisch-persischen Mischstil typischer Bau. Äußerlich paßt die Kirche sich mit ihrer Ziegelbauweise, Kielbögen, blauem Kachelschmuck und einer birnenförmigen Kuppelhaube auf niedrigem Tambour der Umgebung und dem Geschmack Isfahans und der Safawidenzeit an. Im Innern dominieren Wandmalereien zu neu- und alttestamentarischen Sujets. Schwer zu sagen, ob die Armenier Nor Dschuras mit ihren von den Traditionen und dem Geschmack armenischer Steinbaukunst erheblich abweichenden Lehm- und Ziegelbauten freiwillig dem Stil der Safawidenhauptstadt Isfahan folgten oder ob sie sich als Minderheit auch architektonisch den Machtverhältnissen anpassen mußten. Ihre immense Bautätigkeit belegt die kulturelle Bedeutung, die Nor Dschura gewann. Mit dem Bischofssitz von Nor Dschura entstand nicht nur die Kirche, sondern auch eine Schule sowie ein Priesterseminar und schon 1641 die erste armenische Druckerei des Iran, die die erste Asiens überhaupt war.

Das alles verhinderte nicht, daß sich die meisten in den Iran verschleppten Armenier dort lange Zeit nicht heimisch fühlten. Trotz aller Gefahren, Verbote sowie mancher Privilegien versuchten sie darum immer wieder, in ihre Heimat zurückzugelangen. Doch bis zum Ende des 18. Jahrhunderts lebten sie in der Rolle von Gefangenen. Sie besaßen keine Reise- sowie Bewegungsfreiheit. Eine Flucht war gefährlich und kostspielig. Frauen war das Reisen generell verboten, Männern gelang es bisweilen unter dem Vorwand einer Pilgerfahrt, sich einer Karawane anzuschließen, nachdem der Karawanenführer bestochen worden war. Selbstverständlich konnten für eine solche Flucht keine auffälligen und aufwendigen Vorbereitungen getroffen werden, alles mußte heimlich, unter Zurücklassung der gesamten Habe geschehen. Die meisten flohen über Basra und Bagdad und weiter nach Indien, dessen bedeutende Armeniergemeinden in Madras und Kalkutta im wesentlichen auf Armenier aus dem Iran zurückgehen. Ein geringerer Teil entkam über Hamadan nach Rußland.

Außer der unstillbaren Sehnsucht nach Armenien gab es zahlreiche konkrete, materielle Gründe zu fliehen: Die Privilegien des Schah Abbas I. waren nur dem armenischen Kaufmannsstand gewährt worden. Die Handwerker Nor Dschuras und der umliegenden Dörfer dagegen waren nicht einmal zu allen Zünften zugelassen worden. Überdies gaben die späteren Herrscher die Privilegierungspolitik des klugen Abbas allmählich auf, verstärkten gleichzeitig aber den Steuerdruck auf die Armenier. Als der aus dem turkmenischen Stamm der Afscharen gebürtige Nadir Schah auf den persischen Thron gelangte, setzte er 1740 die Deportationspolitik von Schah Abbas fort. Seine Herrschaft brachte zwar einerseits eine Stabilisierung der politischen Lage. Andererseits schröpfte der geldgierige Schah die armenische Einwohnerschaft Nor Dschuras ebenso erbarmungslos wie seine Vorgänger.

Nadirs Ermordung 1747 stürzte den Iran ins Chaos. Jeder Prätendent auf die politische Macht preßte zunächst einmal den Armeniern Steuern und Tribute ab. Die Steuereintreiber folterten zahlungsunfähige oder -unwillige Armenier so heftig, daß viele ihrer Opfer die

Torturen nicht überstanden. Ende des 18. Jahrhunderts, als die Dynastie der Kadscharen auf den Thron gelangte, erreichte das soziale Elend in Nor Dschura seinen Höhepunkt. Die Ärmsten litten besonders während der Hungersnot von 1815–1818. In den Jahren des russisch-persischen Krieges sowie nach dem Friedensschluß von Turkmantschaj (1828), der den Christen Irans das Recht auf freie Auswanderung in die russischen Neuerwerbungen in Transkaukasien einräumte, verließen allein zwischen 1828 und 1830 45 000 Armenier den Nordiran. Für viele Familien war es eine Rückkehr in jene Ursprungsgebiete, aus denen ihre Vorfahren vor über 200 Jahren verschleppt worden waren, seltener auch vor der Willkür lokaler turkstämmiger Despoten in den Iran geflüchtet waren. Sie kehrten zurück nach Arzach (Karabach), in die Ararat-Ebene und nach Nachitschewan. Mitte des 19. Jahrhunderts wurden nur noch 20 000 Armenier im Iran gezählt – jene, die zum Bleiben festentschlossen waren. Schließlich sind zwei Jahrhunderte Aufenthalt in einem Land eine lange Zeit. Auch ließ das russische Interesse an einer Erhöhung des christlichen Bevölkerungsanteils in Transkaukasien bald nach. Und außerdem verbesserte sich unter den Kadscharen die soziale Lage Irans allmählich. Den neuen Herrschern lag daran, das Land aus der wirtschaftlichen Stagnation herauszuführen. Zur Wiederbelebung von Handel und Handwerk hoben sie zahlreiche Restriktionen auf und unterbanden die gewaltsame Islamisierung. Das Steuerwesen erhielt eine gesetzliche Grundlage, und Armenier wurden wieder in den Staatsdienst aufgenommen, so daß sich ihre Anzahl im Iran Ende des 19. Jahrhunderts auf 80 000 erhöht hatte.

Die dritte und jüngste Gruppe der Iran-Armenier umfaßt die Flüchtlinge des 20. Jahrhunderts: einige Zehntausende Westarmenier vor allem aus dem Gebiet von Wan, die vor den Massakern und Deportationen von 1915 in den Iran geflüchtet waren, sowie etwa 20 000 Armenier aus der Sowjetunion, die oft unter Lebensgefahr den Grenzfluß Arax überquerten.

Zu dieser Gruppe gehörten auch meine Eltern. Die Familie meiner Mutter stammte aus dem Gebiet von Musch in Südarmenien und war während des Genozids fast vollständig von Kurden vernichtet worden. Mein Vater wurde in dem legendären Arzacher Dorf Tschardachlu geboren. Bereits 1923 willkürlich aus dem Autonomen Gebiet Berg-Karabach ausgegrenzt, hat sich Tschardachlu stets den Aserbeidschanern besonders heftig widersetzt. Nicht eine einzige Aserbeidschanerfamilie konnte in diesem Ort Fuß fassen, so sehr auch die Behörden mit allen erdenklichen Druckmitteln die Armenier Tschardachlus zur Aufnahme von Aserbeidschanern zu zwingen versuchten. Erst während der Pogrome vom November 1988 gelang ihnen die Vertreibung der widerspenstigen Armenier. Die Flüchtlinge aus Tschardachlu, auch meine Verwandten väterlicherseits, siedelten sich am Nordufer des Sewan-Sees in den vormals aserbeidschanischen Dörfern Sewanadsor und Babadschanjan an. Ihre Einwohner waren in die umgekehrte Richtung nach Aserbeidschan geflüchtet, als sich die armenisch-aserbeidschanische Krise nach dem Armenierpogrom von Sumgait immer mehr zuspitzte.

Mein Vater Aram aber hatte Armenien schon Ende der zwanziger Jahre verlassen müssen. In die Kämpfe und den Widerstand Arzachs gegen Aserbeidschan verwickelt, konnte er seit Beginn der stalinistischen Verfolgungen seines Lebens nicht mehr sicher sein. Menschen wie er galten damals nicht als Patrioten oder Freiheitskämpfer, sondern als bürgerliche Nationalisten, die im Zuge der zwangsweisen Erziehung Transkaukasiens zum Internationalismus bestenfalls langjährige Lagerhaft, meist aber die Todesstrafe erwartete. In seinem Exilland Iran ist mein Vater nie heimisch geworden. Zeit seines Lebens quälte ihn das Heimweh nach Armenien, wo er seine erste Frau und zwei Kinder zurücklassen mußte.

Ende der vierziger Jahre, als Sowjetarmenien bei den Auslandsarmeniern um «Repatrianten» warb, um seine Kriegsverluste an Einwohnern und Arbeitskräften auszugleichen, verließen Zehntausende Armenier den Iran, meist aus ärmeren Schichten oder der Landbevölkerung. Der Andrang vor der sowjetischen Botschaft in Teheran war so groß, daß man die Bewerber gleich gruppenweise fotografierte. Auch mein Vater bewarb sich damals um die Einwanderung nach Armenien. Ein armenischer Botschaftsangestellter aber erkannte ihn auf dem Gruppenbild, nahm ihn beiseite und warnte: «Sowie du sowjetischen Boden betrittst, Aram, wirst du verhaftet!» Meine Eltern blieben also im Iran. Und das schien auch gut so angesichts des schlimmen Schicksals, das viele «Rückkehrer» in der Sowjetunion erwartete. Denn viele gelangten nie nach Armenien, sondern wurden gleich nach Sibirien verfrachtet. Ganz zu schweigen davon, daß ihnen ihr Hab und Gut, ihr Viehzeug und landwirtschaftliches Gerät, ihr Werkzeug, zu dessen Mitnahme sie eigens von den sowjetischen Behörden ermutigt worden waren, schon an der Grenze weggenommen wurden. Selbst in den fünfziger Jahren riskierten auslandsarmenische Repatrianten, in der Sowjetunion als «ausländische Agenten» verfolgt zu werden, sofern sie Kontakte mit Landsleuten und Verwandten im Ausland unterhielten oder dessen verdächtigt wurden.

Mein Vater ist an der Trennung von Armenien buchstäblich zugrunde gegangen. Obwohl er herzkrank war, schlug er ärztliche Warnungen in den Wind, aß armenischen *Chorowaz* aus Schweinefleisch, rauchte und trank, bis er vorzeitig starb. Seine Familie verstand: Es war ein halbbewußt vollzogener, langsamer Selbstmord. Als Erbe blieb mir Vaters alter, karierter Wollschal, den er immer umband, wenn es ihm schlecht ging, seine Liebe zu Tschardachlu, das ich vielleicht nie sehen werde, denn lange Jahre war es so unerreichbar wie das mythische Land Nairi unserer Vorväter, meine iranische Jugend sowie mein Taufpate Tewan, der Schrecken und Held von Arzach. Denn natürlich bestand mein Vater darauf, daß ich einen Landsmann, einen Arzacher, zum Paten erhielt. Und er fand Tewan, ein bekannter Kämpfer und Rächer für die den Arzachern zugefügten Grausamkeiten.

Wie aber lebten wir mit den Persern? Als ich entdeckt hatte, daß es auf der Welt nicht nur Armenier gab, mußte ich auch feststellen, daß Rangunterschiede Menschen unterschiedlicher Sprache und verschiedenen Glaubens trennen. Zu meinen Kindheitserinnerungen gehört, daß ein persischer Bäcker meiner Mutter auf die Finger schlug, weil sie ein Brot berührt und damit für den weiteren Verkauf verdorben hatte. Nicht aus hygienischen Gründen, sondern weil sie Christin war. Ein anderes Mal wäre meine Mutter bei einer Überlandreise beinahe von einer aufgebrachten schiitischen Menschenmenge gesteinigt worden, als sie in der heiligen Pilgerstadt Ghom aus dem Bus stieg. Der Fahrer entriß sie im letzten Augenblick den Glaubenseiferern, schleuderte sie in den Bus und gab Vollgas. «Machen Sie das nie wieder, Madame», sagte er, nachdem sie glücklich entronnen waren, «steigen Sie nie wieder in Ghom aus. Als Christin sind Sie dort nicht sicher.» Als Christin wurde meine Mutter nicht mit dem persischen *chanum*, sondern wie eine Europäerin und Fremde angeredet: Madame.

Die Unterschiede in der Behandlung zwischen uns und den Persern waren zahlreich, gehörten aber so sehr zum Alltag, daß wir sie kaum noch registrierten, zumal wir Armenier keine Normalität kannten, in dem glaubens- und sprachverschiedene Menschen wirklich gleichberechtigt und ohne Diskriminierung miteinander lebten. Außerdem: Nach den Greueln, die uns die Türken angetan hatten, erschien uns jede Behandlung, die nicht auf Genozid und Pogrome hinauslief, als erträglich und normal. Völker, die durch die Hölle gegangen sind wie das unsere, verlieren in gewisser Weise die Urteilskraft und den Maßstab. Sie werden sehr anspruchslos und entwickeln zugleich Überempfindlichkeiten. Erst wenn man uns das Messer an die Kehle setzt, fühlen wir uns bedroht, aber wir träumen jede Nacht, daß dies geschehen könnte.

Selbstverständlich hatte ich persische Freunde. Doch es wunderte mich auch nicht, als mir mein bester persischer Freund einmal entgegnete, daß er mir nie seine Schwester zur Frau geben würde. Seine Mutter pflegte das von mir benutzte Geschirr und die Stellen, auf denen ich gesessen hatte, noch in meiner Gegenwart zu reinigen, um sie dadurch für «Rechtgläubige» wieder benutzbar zu machen. Mich kränkte das nicht, wußte ich doch, daß sie mich von Herzen gern hatte. Darum bedauerte sie oft, daß ich kein Muslim sei: «Dann würde so ein guter Mensch wie du nach seinem Tod sofort in das Paradies gelangen!» Meinem Freund, der mit mir viel reiste, verdanke ich es, den Iran wirklich kennengelernt zu haben. Auch daß wir uns sehr häufig mit persischen Jugendlichen auf der Straße prügelten, gehörte zum Alltag. Kaum ein halbwüchsiger Armenier aus dem Iran, der sich dabei nicht das Nasenbein brach. So lebten wir neben den Persern, nicht eigentlich mit ihnen.

Wir Armenier hatten uns in Teheran unsere eigene Welt geschaffen. Teheran war, neben Tabris und Nor Dschura, Sitz einer der drei Diözesen der armenisch-apostolischen Kirche im Iran. Unsere Nationalkirche verwaltet auch 23 der 32 armenischen Grund- und Oberschulen Teherans, die restlichen neun werden aus Mitteln auswärtiger Stiftungen wie etwa der Galust-Gulbenkjan-Stiftung in Lissabon unterhalten. Außerdem gab es in Teheran armenische Kultur- und Sportvereine. Anders als in Istanbul, wo nur wenige armenische Kinder die noch vorhandenen armenischen Schulen besuchen, schicken fast alle Eltern in Teheran ihre Kinder auf armenische Schulen. Das liegt wohl daran, daß die Teheraner Schulen die Bezeichnung armenisch noch wirklich verdienen.

Ich selbst besuchte zunächst eine armenische Oberschule, danach ein Seminar für armenische Lehrerstudenten, denn es war damals mein großer Wunsch, selbst den verantwortungsvollen, doch undankbaren und chronisch schlecht bezahlten Beruf eines armenischen Diaspora-Schullehrers auszuüben. Ich lernte natürlich auch, unsere Beziehungen zu den Persern in historischen Dimensionen zu begreifen. Ich verstand, daß wir, von unseren georgischen Nachbarn abgesehen, mit keinem anderen Volk so lange und intensive Beziehungen besessen haben wie mit den Persern. Oder genauer, mit dem Iran und den dort herrschenden Völkern: den Medern, dem altpersischen Reich der Achämeniden, sodann den Parthern, deren Herrscher Wararsch (Vologeses) I. im Jahre 53 seinen Bruder Trdat (Tiridates) zum Herrscher über Armenien erhob.

Nachdem die persische Dynastie der Sassaniden 228 erst die parthische Königsfamilie der Arschakiden im Iran vernichtet und 428 auch die armenisierte Arschakiden-Nebenlinie in Armenien ausgeschaltet hatte, herrschten zwischen 430 und 634 wieder die Perser über Armenien. Das war eine Zeit grausamer Verfolgungen, denn das Sassanidenreich versuchte, Armenien erneut den Elementenkult des Masdaismus aufzuzwingen. Armenien erstritt sich die 485 gewährte Religionstoleranz der Perser, übrigens das erste historische Beispiel für völkerrechtlich zugesicherte Duldung eines anderen Glaubens. Der erfolgreiche Kampf der militärisch unterlegenen, jedoch von großer Opferbereitschaft beseelten Glaubenskämpfer war ein so einschneidendes, bewegendes Ereignis in unserer Geschichte, daß die armenischen Gläubigen es seit tausendsechshundert Jahren alljährlich feiern. Dieser Gedenktag heißt «Fest der Wardanjaner» (Wardanank). Gemeint ist die vom legendären Heerführer Wardan Mamikonjan am 26. 5. 451 auf der Ebene von Awarajr in Parskahajk (heute Kreis Maku) gegen eine dreifache persische Übermacht gelenkte Schlacht. Wardan, acht weitere Heerführer und 1026 armenische Krieger fielen und wurden von unserer Kirche zu Märtyrern erklärt. Wardans Neffe Wahan Mamikonjan setzte den Kampf fort und entfesselte 481 einen dreijährigen Aufstand gegen die Perserherrschaft.

624 drangen die muslimischen Araber im Iran ein, töteten die Hälfte der männlichen Bevölkerung und zwangen den Überlebenden den Islam buchstäblich mit Feuer und Schwert auf. Die bis heute bald offen, bald unterschwellig fortdauernde arabisch-persische Gegnerschaft besitzt ihre tiefen Wurzeln in dieser blutigen Bekehrungsgeschichte, die letztlich wohl auch die Hinwendung der Perser zur Schia und zum Mystizismus verursacht hat. Die ursprünglich starke Religionsgemeinschaft des Masdaismus (Zoroastrismus) besitzt nur noch etwa 40 000 Anhänger im Iran; weitere Gemeinden in Nordindien sind als Parsen – von «Perser» – bekannt.

Erst im Spätmittelalter, nachdem sich das Land von den Verwüstungen der Mongolen und des mittelasiatischen Schreckensherrschers Timur Lenk (Tamerlan) erholt hatte, war Iran wieder in der Lage, in Transkaukasien und Armenien eine Rolle als regionale Hegemonialmacht einzunehmen. Doch selbst die dynamische Dynastie der Safawiden, die Anfang des 16. Jahrhunderts auf den persischen Thron gelangte, konnte nicht mehr verhindern, daß sich der Iran Macht und Reichtum mit den osmanischen Türken teilen mußte.

Die Meder sowie die persischen Reiche der Achämeniden, Sassaniden und Safawiden hat Armenien tributpflichtig ertragen und erduldet, aber auch gehaßt und bekämpft, wenn der persische Bekehrungseifer unerträglich wurde. Ein iranisches Volk aber haben unsere Vorfahren offenbar tief geliebt: die Parther. Vielleicht rührt diese Zuneigung daher, daß die parthischen Herrscher dieselbe hellenistische

Kultur besaßen wie unser Adel und die armenischen Könige der Vorgängerdynastie der Artaschiden. Beide waren wohl Nachfolger jener östlich-hellenistischen Kultur, die Alexander der Große in das nördliche Vorderasien getragen hatte. Auf jeden Fall waren Mischehen mit den wegen ihrer Schönheit und ihres hohen Wuchses gepriesenen Parthern in Armenien begehrt. Viele iranische Worte sind über das Parthische in das Armenische entlehnt worden, parthische Vor- und Herrschernamen wie Partew, Arschak, Wararsch oder Trdat bis heute gebräuchlich. Die Parther sind offenbar in Armenien nie als Fremde oder gar Usurpatoren empfunden worden. Im Gegenteil, ohne die parthisch-armenische Synthese hätte Armenien geistig wie geistlich niemals seine Gestalt gefunden. Denn es war die Dynastie der in Armenien herrschenden und dort assimilierten parthischen Arschakiden, denen Armenien seine wichtigsten kultur- und geistesgeschichtlichen Leistungen verdankt: die Annahme des Christentums als Staatsreligion unter König Trdat III., die Einführung eines Nationalalphabets und die Übersetzung der Bibel ins Armenische im Jahre 405 unter König Wramschapuh und dem Katholikos Sahak Partew, dem Parther. Beide, König wie Kirchenführer, stammten aus ursprünglich parthischen Familien; den Untergang ihrer Nation und der Arschakiden im Iran vor Augen, förderten sie in Armenien alles, was der Festigung des geistigen Zusammenhalts der Nation dienlich schien.

Viel Zeit blieb nicht – ein Vierteljahrhundert nach der Einführung des Nationalalphabets liquidierten die Sassaniden die Reste des armenisch-arschakidischen Staatswesens. Doch das von den Arschakiden seit 301 eingeleitete Werk erwies sich als tragfähig: Selbst in den finstersten Zeiten politischer Abhängigkeit bewahrte Armenien, trotz und gegen alle Unterdrückung, den christlichen Glauben und festigte unter dem Druck der Eroberer seine Kultur. Und als das einst mächtige Sassanidenreich unter dem Ansturm des Islam zusammenbrach, hielt Armenien, obwohl politisch ohnmächtig, auch diesen Eroberern und Usurpatoren stand, zwar nicht als Staat, aber als Kultur- und Glaubensgemeinschaft. Die Strukturen, die es fest und flexibel zugleich gemacht hatten, verdanken wir den armenisierten Parthern auf unserem Thron und dem Heiligen Stuhl des Katholikos im 4. und frühen

5. Jahrhundert. Parthien, als Volk und Land längst verschwunden, hat sich vielleicht sein bedeutendstes Kulturdenkmal in uns gesetzt. Das Land Parthien selbst war ein nur lose von den Arschakiden zusammengefügter Verbund kleiner Feudalstaaten und entsprach dem späteren Chorassan.

Doch auch mit den Persern verbinden uns alte Gemeinsamkeiten. Denn bevor wir Christen und die Perser Muslime wurden, teilten wir sogar einige Götter, allen voran die indoiranische Wasser- und Fruchtbarkeitsgöttin Anahit sowie den masdaistischen Licht- und Sonnengott Mithras, den wir unter dem Namen Mihr anbeteten, und dessen Vater Aramasd, den iranischen Schöpfergott Ahuramasda. Die Verehrung der Sonne bzw. von Feuer und Licht ist im Armenischen Hochland bis in die frühe Bronzezeit nachweisbar, sicherlich gibt es noch ältere Wurzeln. Der iranische Elementenkult sowie die ihm entspringende altiranische Religion des Zarathustra (6. Jahrhundert v. Chr.) waren unseren Glaubensvorstellungen sehr wesensverwandt. Armenischem und altiranischem Denken lag ein tiefer Dualismus zugrunde, ein Glaube an den allumfassenden Wettstreit zwischen dem Guten und Lichten, dessen Vorkämpfer Mithras / Mihr ist, und dem Bösen und Dunklen. Der Masdaismus war eine ausgeprägte Erlösungsreligion und ernsthafter Konkurrent des jungen Christentums bis nach Nieder-Germanien hinein. Unser König und Adel wählten jedoch das Christentum, um sich von den Staatskulten ihrer westlichen wie östlichen Hegemonialmacht abzugrenzen: von den Römern und ihren aus dem hellenistischen Griechenland entlehnten olympischen Göttern und von den sassanidischen Persern mit Zarathustras masdaistischer Lehre. Im Glauben des einfachen Volkes aber lebte der Sonnengott und Erlöser Mithras-Mihr als Christus fort.

Im Alltagsbewußtsein heutiger Armenier und Perser spielt all dies keine Rolle mehr. Diese Dinge sind zu reinem Bildungswissen geworden, weit über dem üblichen Schulniveau. Was unser Leben im Iran wirklich bestimmte, war unser Kampf um Rechte und staatsbürgerliche Gleichstellung. Wir haben in dieser Hinsicht im 20. Jahrhundert sehr unterschiedliche Erfahrungen gemacht, doch insgesamt gilt, daß das Verhältnis des iranischen Staates zu der kleinen armenischen Minderheit entspannter ist als zu den zahlenmäßig bedeutenden Territorialvölkern der Kurden und Aserbeidschaner. Im Unterschied zu ihnen haben wir niemals territoriale Ansprüche an den Iran gestellt. Parskahajk ist für uns, im Gegensatz zum türkisch beherrschten Westarmenien oder den ostarmenischen Gebieten von Ardahan, Kars sowie Arzach und Nachitschwan in Aserbeidschan, ein rein historischer Teil unseres einst ausgedehnten Siedlungsraumes. Außerdem haben wir uns jeglicher Missionstätigkeit enthalten, eine Muslim- oder Juden-Mission, wie sie die Westkirchen im Orient zu betreiben versuchten, haben wir nie durchgeführt. Wir waren ja froh, wenn uns niemand zu seinem Glauben zu bekehren versuchte.

Wie alle wirklich kleinen und politisch ohnmächtigen Völker bzw. Streuminoritäten waren wir geradezu gezwungen, fortschrittlich zu denken und zu handeln. Wir waren darum Anhänger und Vorkämpfer der iranischen Bewegung für eine moderne Verfassung, denn wir versprachen uns davon unsere Gleichstellung als iranische Staatsbürger. Als der Schah 1908 versuchte, mit einer Gegenrevolution die Verfassung wieder außer Kraft zu setzen, wurde er 1909 von einer kleinen Streitmacht der Konstitutionalisten in Teheran bezwungen. Diese Truppe setzte sich nicht zufällig international zusammen: Außer Persern und Armeniern gehörten ihr auch Georgier an, deren Vorfahren Schah Abbas I. im 17. Jahrhundert zeitgleich mit den Armeniern aus dem ostgeorgischen Kachetien in den Iran hatte zwangsumsiedeln lassen. Im Unterschied zu uns leisteten die Georgier der Assimilierung kaum Widerstand; bis zum 20. Jahrhundert hatten alle Iran-Georgier den Islam angenommen. Diese Streitmacht der Konstitutionalisten führte Jeprem Chan (Jeprem Dawidjan; 1871–1912) ins Feld, ein aus Jelisawetpol (Gandsak) stammender Armenier. Gandsak (Gandsche Kirowabad) im östlichen Transkaukasus, dem heutigen Aserbeidschan, war damals noch eine überwiegend von Armeniern bewohnte Stadt.

Wirklich entscheidend für unsere Lage im Iran waren indes weniger unsere verfassungsmäßig verankerten Rechte, als das Selbstverständnis der verschiedenen Regierungen und ihre Einstellungen zum Islam. Ein Rückschlag in der recht freizügigen Haltung, die iranische Herrscher im 19. Jahrhundert eingenommen hatten, erfolgte 1936, als Schah Resa Pahlewi I., nach einem Treffen mit Kemal Atatürk, im Zuge der nationalistischen Iranisierung sämtliche armenischen Schulen schloß. Sie durften erst nach seinem Tod in den Jahren 1942 und 1943 wieder öffnen, doch wurde seither das Armenische, ähnlich wie in der Türkei, auf die Fächer Religion, Muttersprache und, in einigen Schulen, auf Geschichte beschränkt, was die Aufrechterhaltung der kulturellen armenischen Identität erheblich erschwerte.

Das Modernisierungsbestreben Mohammad Resa Pahlewis II. und die innenpolitische Orientierung an der vorislamischen Vergangenheit Irans begünstigten einen vorsichtigen, nicht in erster Linie muslimisch orientierten Nationalismus, in dem insbesondere kleine Minderheiten wie Juden (ca. 80 000), Armenier und sogar die sonst als «muslimische Ketzer» brutal verfolgten Bahai (ca. 500 000) ihr Auskommen fanden. Es gab dennoch Restriktionen gegen Nicht-Muslime im höheren Staats- und Militärdienst, die aber nicht immer gleich streng durchgeführt wurden. Mit ihrem im iranischen Maßstab überdurchschnittlichen Bildungsniveau paßten die Armenier zudem gut in die Pläne des Schahs von einer «weißen Revolution» und Modernisierung des Landes. Unter Resa Pahlewi II. führten die Armenier mithin ein relativ geschütztes und oft auch materiell erfolgreiches Leben, zumals sie sich Existenznischen im iranischen Kultur- und Unterhaltungsgeschäft schaffen konnten, vor allem aber bei der Herstellung der sehr beliebten, für Muslime allerdings offiziell verbotenen Schweinswürstchen sowie von Wein, Weinbrand, Bier und Konserven.

Doch die Modernisierungsversuche Resa Pahlewis II. und sein Rückgriff auf das altpersische Achämenidenreich stießen auf das Unverständnis seiner armen, oft analphabetischen Landsleute. Dieses Volk wußte kaum etwas vom Glanz der altpersischen Hauptstadt Persepolis, die für den Schah Inbegriff der einstigen und wiederherzustellenden Größe Irans war. Dieses Volk hungerte, litt und starb an Krankheiten, die europäische Ärzte nur noch aus Lehrbüchern kennen. Und es folgte in Massen dem Religionsführer Chomeini, als er sich im Februar 1979 daranmachte, die Dynastie der Pahlewis zu stürzen. Chomeini war ein erbitterter Greis aus einem Großgrundbesitzerclan, der einst unter Enteignungsmaßnahmen der Pahlewis gelitten hatte. Seine Parolen waren simpel, seine Schuldzuweisungen und Rezepte ebenfalls. Die prowestliche, vor allem an die USA angelehnte Außenpolitik Resa Pahlewis II. wurde als Ausverkauf nationaler Interessen verdammt, die Rückkehr zu muslimischen Grundwerten als Allheilmittel gepriesen. Das Land änderte seine Verfassung und seinen Namen. Es wurde zur Islamischen Republik Iran und beansprucht seither eine Vorbildrolle für den gesamten Nahen und Mittleren Osten.

Die anfängliche Chomeini-Begeisterung, die nicht nur die einfachen Massen, sondern auch große Teile der bürgerlichen Intelligenz Irans ergriffen hatte, wich bald der Erkenntnis, daß die islamische Regierung den Iran international isolierte und innenpolitisch wichtige Reform- und Liberalisierungsansätze zunichte machte. Doch da war es für Widerstand schon zu spät. An die Stelle des gefürchteten, allwissenden «Sawak», der Geheimpolizei des Schahs, traten die selbsternannten muslimischen Revolutionswächter, die allgegenwärtigen «Pasdaran». Sie prügelten und folterten nicht schlechter als ihre Vorgänger. Zu Zehntausenden verschwanden Menschen in den Gefängnissen, wurden gedemütigt, mißhandelt, vergewaltigt, hingerichtet, gesteinigt: für nichts, auf willkürliche Denunziationen hin, für Bagatellen wie eine unter dem Kopftuch hervorgerutschte Locke bei Frauen oder weil sie tatsächlich den Mut gehabt hatten, die Welt anders zu sehen als die regierende Priesterkaste.

Für Minderheiten waren die Anfangsjahre der Mullah-Herrschaft besonders schwierig. Die Bahai, die einen erheblichen Anteil an der gebildeten, beruflich gut qualifizierten Mittel- und Oberschicht Irans stellten, waren als «Ketzer» vogelfrei; hingerichtet, verbrannt, auf tausendfache Weise gequält, schwammen sie buchstäblich in ihrem eigenen Blut. Den Juden und christlichen Minderheiten ging es vergleichsweise besser, obgleich die bis zur Paranoia mißtrauischen und fremdenfeindlichen Machthaber auch in ihnen Handlanger imperialistischer Mächte witterten. So galten die Juden als Werkzeuge des Zionismus bzw. des verhaßten Israel, die Armenier hingegen als fünfte Kolonne Moskaus und des Westens, wo sie in den USA und Frankreich große Exilgemeinden besitzen. Der Verdacht, prosowjetisch orientiert zu sein, war um so stärker, als tatsächlich die Armenier in der sowohl vom Schah als auch den Mullahs verfolgten und verbotenen moskauorientierten Tudeh-Partei überrepräsentiert waren. Armenische Tudeh-Mitglieder fanden sich denn auch zahlreich in Gefängnissen oder im Exil wieder.

Noch mehr Armenier verloren nach der iranisch-muslimischen Revolution ihre Arbeit. Der religiöse Fundamentalismus sorgte sofort für den Herstellungsstop tabuisierter Lebensmittel. Im Staatsdienst, besonders im Schulwesen, im Kultus- und Sportministerium tätige Armenier verloren ihre Stellungen ebenso wie die in der Ölindustrie und der Isfahaner Gießerei Beschäftigten. Alle Musliminnen mußten den entstellenden Körperschleier, den *Tschador*, tragen. Den Christinnen und Jüdinnen wurde ein weit geschnittener Mantel, der die Körperformen zu verhüllen hatte, sowie der *Russari*, ein großes Kopftuch, vorgeschrieben – selbst bei der Arbeit und bei Sommertemperaturen von 40 Grad. Oft genug wurden sie trotzdem entlassen. Schah Resa Pahlewi II. hatte sich bemüht, die Iranerinnen in das öffentliche Leben und die Berufstätigkeit zu holen, zum Beispiel als Verkehrspolizistinnen, die Mullahs entfernten sie wieder. Von Entlassungen und Arbeitslosigkeit waren unsere Frauen besonders betroffen. Armenierinnen waren aufgrund ihrer Mehrsprachigkeit und guten Ausbildung als Dolmetscherinnen und Sekretärinnen begehrt, doch nach dem Februarumsturz schlossen viele der ausländischen Firmen und Gesellschaften.

Viele Armenier begannen, sich nach der Herrschaft des Schahs zurückzusehnen und sie im nachhinein zu verklären. Ihre Wortführer hingegen richteten Ergebenheitsadressen an die neuen Machthaber. Islamischem Völkerrecht entsprechend wurden die Armenier in Artikel 13 der Verfassung von 1979 als «Volk des Buches», das heißt als religiöse Gemeinschaft mit einer Offenbarungsreligion, neben Juden und Zoroastrern toleriert. Die Anerkennung als Volksgruppe blieb ihnen wie im iranischen Kaiserreich versagt. Zwei Abgeordnete vertreten im Parlament die Armenier des Nord- bzw. Südiran. Sie konnten allerdings nicht verhindern, daß es vor allem in der ersten Hälfte der achtziger Jahre in der Schulpolitik zu antiarmenischen Maßnahmen kam, die mehr nationalistisch denn religiös motiviert waren und der repressiven Kulturpolitik der Türkei stark ähnelten. So kam es zeitweilig zum Verbot des Armenischen als Unterrichtssprache, was 1983 abgemildert wurde. In den armenischen Schulen können seitdem nur noch zwei statt bisher acht bis 12 Wochenstunden Armenisch unterrichtet werden. Armenische Schulen in Teheran mußten schließen, Schulleiter und Lehrer wurden entlassen bzw. durch Perser ersetzt. Armenische Selbstverwaltungsgremien wie Elternräte wurden bei ihren Wahlen behindert. Die Koedukation der Geschlechter, ein fortschrittliches Element des armenischen Schulwesens, fiel als erstes den religiösen Moralvorstellungen der persischen Kultusbeamten zum Opfer. Sie verlangten sogar, daß armenische Schülerinnen nur von weiblichen Lehrkräften unterrichtet werden durften.

Wunderbarerweise haben diese Schikanen und Repressionen den Iran-Armeniern, die bis dahin teilweise geglaubt hatten, in der besten aller orientalischen Welten zu leben, das Selbstbewußtsein und den Rücken gestärkt. Der Schulkampf brachte große Teile der armenischen Minderheit, nämlich sämtliche Eltern, auf die Beine und in direkten Konflikt mit dem Staat, vertreten durch die Kultus- und Schulbürokratie. Die armenischen Eltern wehrten sich mit lautstarkem Protest, sekundiert von der Kirche, und organisierten den Schulstreik ihrer Kinder, so daß einzelne Maßnahmen zurückgenommen bzw. abgemildert werden mußten.

Doch insgesamt blieb das Leben im Iran kompliziert, insbesondere für Minderheiten. Aufmerksam und mit Sorge verfolgten wir Armenier die Schwankungen der iranisch-türkischen Außenbeziehungen. Im ersten Golfkrieg, der unter anderem im Namen der muslimischen Rechtgläubigkeit geführt wurde, schickten sowohl der Iran als auch der Irak ihre Minderheiten an die Front. Armenische und assyrische Christen mußten auf ihre Brüder schießen. Das wiederholte sich natürlich beim zweiten Golfkrieg 1991, der die armenischen Gemeinden in Kuweit und im Irak hart traf. Der Iran blieb diesmal Zaungast des Kriegsgrauens.

Ich war schon 1967 aus dem Iran ausgereist, hatte mich in Deutschland jahrelang in einer Menschenrechtsorganisation für meine Landsleute in der Türkei, der Sowjetunion sowie im Iran eingesetzt, woher seit 1979 zunehmend Flüchtlinge in Europa eintrafen, viele davon mit der festen Absicht zur Weiterreise in die USA. Der Exodus der Armenier aus dem Nahen und Mittleren Osten in das transatlantische Exil hatte damit Verstärkung erhalten. Das armenische Volk entfernt sich seit dem Zweiten Weltkrieg immer weiter von seiner historischen Heimat und seinen traditionellen «Gastländern» im Nahen und Mittleren Osten.

Als ich selbst am Ende meiner Jugend den Iran verließ, um in Deutschland zu studieren, tat ich dies in der Absicht, nie wieder in das Land meiner Kindheit zurückzukehren. Ich hielt damals den Iran für mein rein zufälliges Geburtsland, in dem ich – unglücklicherweise – nur deshalb zur Welt gekommen war, weil es das geographisch nächst gelegene Zufluchtsland für meinen Vater und die Pflegeeltern meiner Mutter gewesen war. Ich sehnte mich nach Europa, von dem ich, wie viele orientalische Christen, naiverweise annahm, es würde mich mit offenen Armen empfangen und mit Solidarität und Wärme ausgleichen, was wir als Minderheitenangehörige in unseren orientalischen Ghettos inmitten muslimischer Völker entbehrt hatten. Ich hatte mich gründlich getäuscht. Ich geriet in eine materialistisch orientierte Industriegesellschaft, der meine Herkunft, mein Schicksal und meine Religion völlig gleichgültig schienen. Ich war als Ausländer ebenso willkommen oder unwillkommen wie jeder Türke, Kurde, Araber oder Perser in diesem Land. Im Iran hatten wir Armenier stets geglaubt, unser Unglück und Elend bestehe darin, physisch in Asien präsent zu sein, während wir uns doch geistig und kulturell als Europäer begriffen, als Europas Vorposten in Asien. Heute sehe ich auch dies anders.

Tatsächlich sind wir nicht nur Fleisch vom Fleische Asiens, wir sind auch seines Geistes. Wie schon im Iran, habe ich in Deutschland persische Freunde, unter ihnen Muslime, Bahais, Zoroastrer. Ihre Religion spielt für mich keine Rolle mehr. Aber ich habe, bei allen Unterschieden, mit ihnen mehr gemein als mit den meisten Europäern, wenige wirkliche Weltbürger ausgenommen. Wir Asiaten teilen zahlreiche Wert- und Moralvorstellungen sowie einen spezifischen Konservatismus. Wir können und wollen nicht so schnell vergessen wie das schnelllebige, junge Europa. Wir haben einen langen Weg hinter uns und andere Vorstellungen von der Zukunft. Ich bin froh, nicht mehr im Land meiner Kindheit leben zu müssen, froh, seiner politischen Willkür für immer entronnen zu sein. Unwiederbringlich wie die Kindheit ist für mich auch das Land vergangen, in dem sie sich vollzog. Aber ich weiß heute, daß dieses Land kein beliebig austauschbares war, weder in meiner Entwicklung noch in der meines Volkes. In Deutschland lebend, antworte ich auf die Frage nach meiner Herkunft und meiner Art wahrheitsgemäß auf armenisch: *Jes parskahaj jem* – ich bin ein Iran-Armenier.

Der Ararat und Jerewan

Das Denkmal erinnert an die Schlacht von Sardarapat 1918 zwischen Türken und Armeniern. Hier nahm die erste Republik 1918–1920 ihren Anfang.

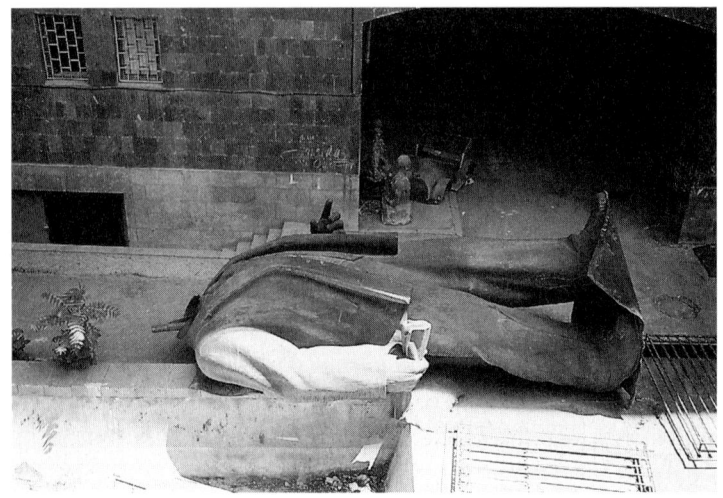

Von 1920 bis 1992 gab es die Sozialistische Sowjetrepublik Armenien.

Der Weg in die Unabhängigkeit. Jerewan im Sommer 1988, der Anfang
der Karabachbewegung.

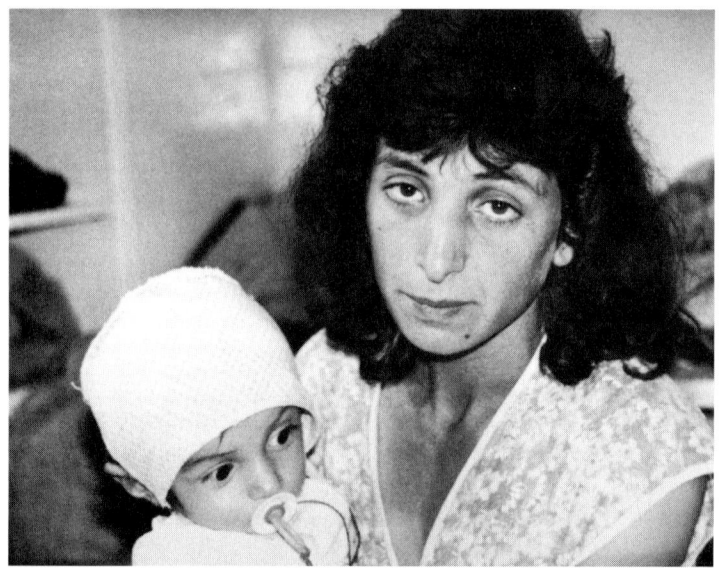

Der Arzach-Krieg und seine Opfer. Frau Schuschani, eine Armenierin, wurde Augenzeugin eines Massakers, das Aserbaidschaner 1992 unter ihren Nachbarn anrichteten.

Tessa Hofmann
Armenien zwischen Erster und Zweiter Republik

«Das Pferd und der Maulesel stritten miteinander.
In ihrer Mitte verreckte der Esel.»

Diese bissige Redensart umfaßt die armenische Geschichtserfahrung – Armenien war (und ist) Opfer der Vormachtskämpfe seiner Nachbarn und Austragungsort ihrer Kriege. Die jahrhundertealte Hoffnung, daß die Unabhängigkeit Sicherheit und Frieden garantieren würde, blieb bis heute unerfüllt.

Am Ende des 19. Jahrhunderts – zwischen Russen und Osmanen

Bis Ende 1991 standen sich in Armenien NATO und Warschauer Pakt hochgerüstet gegenüber. In dieser Konfrontation wirkten Konflikte zwischen Rußland und der Türkei nach, deren Ursprünge bis weit vor das 19. Jahrhundert zurückreichen. Die christlichen Armenier hatten vier Jahrhunderte unter osmanischer Herrschaft gelebt und neigten nach diesen Erfahrungen Rußland als kulturell verwandter Großmacht zu. In den drei türkisch-russischen Kriegen des 19. Jahrhunderts (1828/29, der «Krimkrieg» von 1855, 1877/78) standen die Armenier in beiden Teilen ihres Vaterlands den Russen nicht nur mit dem Herzen, sondern auch mit Taten zur Seite.

Seit Peter dem Großen hatten russische Zaren versucht, die Grenzen ihres Reiches nach Süden auszudehnen. Im Zuge dieser Südexpansion geriet Rußland nicht nur mit den osmanischen Türken, sondern auch mit Persien in Konflikt, dem es im Oktober 1827 die ostarmenischen Gebiete Nachitschewan und Jerewan abnahm.

1828 faßte Zar Nikolaj I. den Großteil der russischen Neuerwerbungen zu einem «Armenischen Gebiet» zusammen. Die Hoffnung vieler Armenier, dieses «Gebiet» werde zum Vorläufer eines neubelebten armenischen Staatswesens unter russischem Schutz, stützte sich auf eine zunächst sehr moderate, die armenischen Wünsche nach Eigenständigkeit weitgehend berücksichtigende Politik der Russen. Allerdings war diese liberale Phase nur von sehr kurzer Dauer. Spätere Verwaltungseinteilungen im Transkaukasus führten schon ab 1840 grundsätzlich zum Verzicht auf eine auf ethnisch-historischen Kriterien beruhende Verwaltung.

Die schlechten Erfahrungen mit der russischen Herrschaft ernüchterten allmählich zahlreiche Armenier. Besonders nach der Ermordung des liberalen Zaren Alexander II. verschärften sich nach 1881 die Russifizierungsmaßnahmen drastisch. Die Selbständigkeit der armenischen Kirche wurde zunehmend ausgehöhlt. Parallel dazu wurde eifrig zugunsten der russisch-orthodoxen Kirche «missioniert»: Landlosen Armeniern in der Provinz Jerewan wurde sofort nach ihrem Übertritt zur russischen Kirche Grundbesitz zugeteilt. Russisch-orthodoxe Priester suchten in den Gefängnissen Armenier auf und versprachen, sie vor der Verbannung nach Sibirien zu retten, falls sie zum russischen Glauben überträten.

Das Schulwesen war seit dem Anschluß Ostarmeniens an das russische Reich der Aufsicht der Kirche unterstellt worden, offenbar in der Annahme, daß es der konservative Klerus zu einem unwirksamen Mittel werde verkommen lassen. Statt dessen entwickelten sich die armenischen Schulen zu Zentren des Widerstands gegen die Russifizierungspolitik.

Nach 1886 wurden die im zaristischen Staatsdienst eher überrepräsentierten Armenier in nicht-armenische Gebiete versetzt und neue Bewerber nicht mehr zugelassen. Ein Quotensystem beschnitt ab 1900 der armenischen Jugend den Zugang zu russischen Hochschulen, während gleichzeitig die Gründung einer Universität oder polytechnischen Hochschule im Transkaukasus verweigert wurde.

1882 war das Amt des Kaukasischen Statthalters aufgehoben und im April 1883 durch einen Apparat ersetzt worden, dessen Leiter zugleich Kommandierender der Truppen des kaukasischen Militärdistrikts und Heeresataman der kaukasischen Kosaken war. Dieser Vizekönig erhielt weitreichende militärische und zivile Befugnisse. Der zwischen den Armeniern und der russischen Regierung schwelende Konflikt wurde noch durch die rigiden Repressionen des Vizekönigs Prinz Grigorij Golizyn verschärft. Auf Golizyns Geheiß ließ Zar Nikolaj II. die armenischen Kirchengüter konfiszieren sowie der Kirche die Jurisdiktion über die armenischen Schulen entziehen. So ordnete der Zar im Juni 1903 die Beschlagnahmung sämtlicher nicht für die unmittelbare Religionsausübung benötigten Kirchenschätze an. Das Ergebnis war eine noch breitere Solidarisierung der Armenier mit ihrer Nationalkirche.

Die 1890/92 gegründete sozialrevolutionäre Daschnakenpartei, die bis dahin ihre Aktivitäten auf die Befreiung der westarmenischen Landbevölkerung vom osmanischen Joch konzentriert hatte, verübte nun auch Vergeltungsschläge gegen russische Beamte und armenische Zuträger. Im Jahre 1904 beteiligten sich armenische Delegierte an einem Treffen finnischer, lettischer, georgischer und polnischer Oppositioneller in Paris, wo man sich trotz aller sachlichen und politischen Meinungsdifferenzen darin einig war, daß die zaristische Autokratie zerschlagen und durch eine demokratische, konstitutionelle Staatsform ersetzt werden müsse.

Unter dem Eindruck der russischen Sozialrevolution von 1905 lenkte der Zar vorübergehend auch in der Kaukasuspolitik ein. Dennoch beruhigte sich die Lage im multiethnischen Transkaukasus nicht. Massaker, Plünderungen und Vertreibungen von Minderheiten waren im gesamten 20. Jahrhundert regelmäßige Begleiterscheinungen sozialer und politischer Krisen. Das war 1905 zur Zarenzeit ebenso wie nach dem Zerfall des Russischen Reiches zur Zeit der «demokratisch-bürgerlichen» Republiken 1918–1920 und schließlich in der Perestroika-Ära unter Michail Gorbatschow.

Jahrhunderte islamischer Vorherrschaft hatten dazu geführt, daß selbst in vielen Gebieten des historischen Armenien ein hoher Anteil an Muslimen lebte; meist Aserbeidschaner und Kurden, aber auch Türken und Perser. Im Russischen wurden die turksprachigen Muslime bis in die dreißiger Jahre des 20. Jahrhunderts abschätzig als «Tataren» bezeichnet. Sie stellten die Mehrheit der Großgrundbesitzer und der Landbevölkerung, während die Armenier erhebliche städtische Minderheiten bildeten, sowohl als Arbeiter und Handwerker als auch im Handels- und Industriekapital. In Baku, das seit Ende des 19. Jahrhunderts dank seiner Erdölvorkommen zur wichtigsten Industriestadt des Kaukasus wurde, machten zum Beispiel Armenier und Russen über die Hälfte der Bevölkerung aus. Mit Billigung russischer Beamter und teilweise sogar von ihnen provoziert, fielen dort «Tataren» über die armenische Minderheit her, plünderten und töteten. Den Armeniern blieb nur die bewaffnete Selbstverteidigung, auf die sie im Unterschied zu ihren Landsleuten in Türkisch-Armenien besser vorbereitet waren. Von Baku weitete sich der «armenisch-tatarische Krieg», wie man diese ersten ethnischen Zusammenstöße nannte, rasch auf die benachbarten Gouvernements aus: auf Nachitschewan, Jelisawetpol bzw. Karabach sowie die Gouvernements Tiflis (Ostgeorgien) und Jerewan (Ostarmenien). Erst Ende 1906 griff das Militär ein. Bis dahin waren über 2000 Menschen umgekommen, davon etwa zwei Drittel Armenier. Hier war ein Dreieckskonflikt zwischen der russischen Staatsmacht, den armenischen Minderheiten im östlichen Transkaukasus und der «tatarisch»-aserbeidschanischen Mehrheit deutlich geworden, der sich in der Zerfallsperiode des Sowjetreiches blutig wiederholen sollte. In diesem wie in vielen anderen Fällen hatten die sowjetischen Machthaber keine Lehren aus dem Versagen ihrer zaristischen Vorgänger gezogen.

Die russischen Machthaber reagierten immer wieder inadäquat auf Spannungen, die nicht allein aus ethnischen, sozialen und religiösen Gegensätzen, sondern auch aus der bewußten Parteinahme des zentralen Verwaltungsapparates heraus entstanden waren. Dazu gehörte die massenhafte Festnahme und Einkerkerung von Armeniern in der Restaurationsperiode – 1908 bis 1912 –, die auf die Revolution von 1905 folgte (auch dies wiederholte sich, als Ende 1988 die Führer der sowjetarmenischen Karabach-Bewegung festgenommen wurden). Im

Umgang mit den Angeklagten manifestierten sich damals wie 1989 die Schwankungen der russischen Armenierpolitik. 1912 kam es zu einem großangelegten Daschnakenprozeß gegen 150 Angeklagte, von denen jedoch nur 52 verurteilt wurden. Der Grund für die plötzliche Milde lag im Ausbruch türkisch-russischer Spannungen und in einer erneuten Wende in der Außenpolitik Rußlands, das nun an einer Zusammenarbeit mit den armenischen Revolutionären interessiert war.

Die Haltung Rußlands gegenüber den Armeniern läßt sich mithin keineswegs als einseitige Begünstigung beschreiben, wie dies Aserbeidschaner und Türken bis heute argwöhnen. Außenpolitisch galt Rußland zwar als Fürsprecherin der orientalischen Christen. Seit dem 19. Jahrhundert hatten sich russische Diplomaten wiederholt für Reformen in den «Armenierprovinzen» des Osmanischen Reiches eingesetzt. Es ging den Russen freilich in erster Linie um das Land der Armenier und nicht um die Armenier selbst. Vor allem die Amtszeit des russischen Außenministers Fürst Alexej Lobanow-Rostowskij (1824–1896) sowie des Vizekönigs Golizyn steht für die Idee eines «Armeniens ohne Armenier». Der Nachfolger Lobanows, S. D. Sassonow, kehrte wieder zu den Grundsätzen früherer russischer Protektionspolitik zurück.

Rußlands militärisches Eingreifen in Kleinasien zwischen 1915 und 1917 konnte nicht verhindern, daß die Türkei eine Politik des «armenierfreien Armeniens» vollstreckte. Dazu kehrten übrigens auch die Russen wieder zurück, wie ein britisch-russisches Geheimabkommen vom Mai 1916 belegt: Für den Fall eines Entente-Sieges sah dieses Abkommen zwar vor, daß der Großteil des Armenischen Hochlandes an Rußland kommen sollte, das allerdings dem armenischen Volk keine Autonomie gewährt hätte. Vielmehr bestanden für die Nachkriegszeit Pläne zur Ansiedlung russischer Bauern und Kosaken in Armenien. Aus diesem Grund verbot wohl auch die zaristische Regierung den westarmenischen Flüchtlingen die Rückkehr in ihre Heimat.

Erst nach der Abdankung des Zaren wurde am 26. April (9. Mai neuen Stils) 1917 ein Dekret der Provisorischen Regierung veröffentlicht, das eine Zivilverwaltung in Westarmenien vorsah, in der den Armeniern wichtige Funktionen eingeräumt wurden. Ende 1917 waren beinahe 150 000 Westarmenier mit Zustimmung der Provisorischen Regierung in Petrograd in ihre Heimatprovinzen Wan, Erzurum, Bitlis und Trapesunt zurückgekehrt und hatten sich dort an den Wiederaufbau gemacht, ohne zu ahnen, daß der türkische Vormarsch sie wenige Monate später erneut zur Flucht treiben würde. Das Drama von Rückkehr und abermaliger Vertreibung bzw. Verfolgung wiederholte sich in den Jahren 1919 und 1920.

Noch einen Schritt weiter als die Provisorische Regierung ging das am 29.12.1917 (11.1.1918 neuen Stils) vom Rat der Volkskommissare der RSFSR verabschiedete «Dekret über Westarmenien», das nicht nur den Abzug sämtlicher Truppen aus Westarmenien vorsah, sondern auch die ungehinderte Rückkehr der Flüchtlinge und Auslandsarmenier. In einem freien Referendum sollte das armenische Volk über das weitere Schicksal Westarmeniens entscheiden. Dieses Bekenntnis zum Selbstbestimmungsrecht täuscht über die wichtige Tatsache hinweg, daß sich zu jenem Zeitpunkt die russische Armee bereits abgesetzt hatte, ohne deren Schutz die Westarmenier verloren waren.

Die Erste Republik 1918–1920

Zusammen mit Georgien und Aserbeidschan bildete das ehemalige Russisch-Armenien seit November 1917 ein sogenanntes Transkaukasisches Kommissariat, aus dem am 22.4.1918 eine von (Sowjet-)Rußland nunmehr völlig unabhängige Transkaukasische Föderative Republik hervorging. Ihre Hauptstadt war das georgische Tiflis (georg.: Tbilissi), und auch politisch wurde die Republik von Georgiern dominiert. Daß dieser Zusammenschluß der politisch, kulturell und religiös ohnedies entzweiten transkaukasischen Völker zerbrechen mußte, schien vorherbestimmt: die weitgehend turksprachige, muslimische Bevölkerung Aserbeidschans neigte eher den Türken zu als den christlichen Armeniern und Georgiern. Armenien und Georgien wiederum waren trotz jahrtausendealter Nachbarschaft und enger geistes-, kirchengeschichtlicher und dynastischer Verbindungen in territorialen Fragen zerstritten. Unter Berufung auf historische Besitzverhältnssse im Mittelalter und in der zweiten Hälfte des 19. Jahrhunderts verlangten Wortführer der georgischen Nationalbewegung das Armenien gehörige, seit jeher mehrheitlich von Armenien bewohnte Lori. Wegen dieses und anderer nordarmenischer Gebiete war es 1918 sogar zu einem Kleinkrieg zwischen den beiden christlichen Völkern gekommen.

Armenien besaß als das kleinste und schwächste der drei transkaukasischen Länder auch politisch das geringste Gewicht. Dem durch die Massenflucht der russischen Soldaten Ende 1917 ermutigten türkischen Vormarsch auf Baku waren die Armenier als erste preisgegeben. Es gelang ihnen nicht, die langgezogene ehemalige russisch-türkische Front zu halten. Der Zeitraum von Anfang 1917 bis Sommer 1918 gleicht daher einer einzigen Kette von Niederlagen und Verlusten.

Erst der armenische Sieg beim Dorf Sardarapat in der Ararat-Ebene brachte den weiteren türkischen Vormarsch vorübergehend zum Stillstand. Vom 22. bis 26. 5. 1918 tobte die erbitterte Entscheidungsschlacht armenischer regulärer und Freiwilligenverbände gegen die dritte Osmanische Division, die, entgegen dem Friedensvertrag von Brest-Litowsk, die alte Vorkriegsgrenze im März 1918 überschritten hatte. Sie versuchte, nach der Einnahme der Städte Ardahan, Kars und Alexandropol durch Armenien nach Baku vorzudringen. Damit bedrohten die Türken die Ararat-Ebene, die Hauptstadt Jerewan und die Residenz des armenischen Katholikos in Etschmiadsin, wo sich über 300 000 Flüchtlinge aus den von den Türken besetzten Gebieten Transkaukasiens bzw. aus Westarmenien aufhielten. Sie wußten, daß sie im Falle eines türkischen Sieges dasselbe Schicksal zu erwarten hatten wie ihre Landsleute in Westarmenien drei Jahre zuvor. Große Teile der Bevölkerung hatten sich aus Furcht vor den Türken in höher gelegene Regionen zurückgezogen. Da konnte, inmitten der allgemeinen Panik und Rückzugsbewegung, der türkische Vormarsch gestoppt werden. Frauen, Halbwüchsige und selbst Mönche aus dem nahe gelegenen Kloster Etschmiadsin beteiligten sich an der Schlacht von Sardarapat und verliehen ihr damit den Charakter eines Volkskrieges.

Während die Armenier bei Sardarapat um ihr Leben kämpften, war die Transkaukasische Föderation zerfallen. Aserbeidschan und Georgien hatten sich zu unabhängigen, eigenständigen Republiken erklärt.

Armenien blieb keine andere Wahl, als nachzuziehen und am 28.5.1918 ebenfalls seine Unabhängigkeit auszurufen. Die armenischen Politiker waren nüchtern genug, um zu erkennen, daß ohne ausländischen Schutz nicht allein die Existenz ihrer Republik auf dem Spiel stand, sondern auch die Sicherheit der Bevölkerung. Ebenso wie Georgien versuchte darum Armenien, den Schutz Deutschlands zu erbitten, doch, im Unterschied zu den Georgiern, erfolglos.

Damit war die Katastrophe der folgenden 18 Monate vorgezeichnet. Die erste Republik Armeniens, die zum Beginn (Juni 1918) und zum Ende (Dezember 1920) etwa nur so groß wie das spätere Sowjetarmenien war, scheiterte qualvoll und unaufhaltsam, vor allem weil das Flüchtlingselend nicht zu bewältigen war. Die türkischen Invasionen von 1918 und 1920 verschärften die Situation des vollständig ausgeplünderten Landes. Die Bevölkerung der Republik setzte sich Anfang August 1918 aus 1006700 Altansässigen sowie 300000 Flüchtlingen zusammen, deren Zahl Mitte 1919 auf eine halbe Million anstieg. Mithin war jeder zweite Einwohner Armeniens Flüchtling und somit obdachlos und unterernährt.

Hunger und Kälte, Typhus und Cholera quälten die Armenier. Einem Regierungsbericht vom Januar 1919 zufolge gab es in Jerewan kaum einen Haushalt ohne ein Typhusopfer. Allein in den ersten sechs Monaten nach dem Friedensschluß von Batumi am 4.6.1918 starben in der Republik Armenien 180000 Menschen an Hunger und Seuchen. Allein in der Hauptstadt Jerewan, wo sich 40000 Flüchtlinge drängten, fielen im Jahre 1919 10000 Menschen Hunger- und Seuchen zum Opfer. Insgesamt sank die Zahl der Einwohner der Republik Armenien von 1306700 im Jahre 1918 um 40,5 Prozent auf 774000 gegen Ende 1920. Rechnet man die Opfer der Massaker bei der türkischen Rückeroberung Westarmeniens seit Ende 1917 hinzu, wird man von einer Gesamtzahl von einer halben Million Opfer zwischen 1917 und 1920 sprechen müssen.

War die Republik Armenien im Frühsommer 1918 aus dem Zerfall der «Randgebiete» des ehemaligen Zarenreiches sowie dem unerwarteten Sieg bei Sardarapat hervorgegangen, so ging sie auch an Krieg und politischen Wirren zugrunde. Anfang September 1920 stimmte

Mustafa Kemal, unter dessen Führung die Türkei sich sowohl politisch als auch militärisch von ihrer Kriegsniederlage 1918 erholte, dem neuerlichen Angriff zu. Am 23. 9. 1920 rückte General Kiazim Karabekir mit 30 000 Mann auf einer Frontbreite von 700 km gegen Armenien vor.

Der Untergang der Republik Armenien gleicht einem Lehrstück der politischen Unmoral: Obwohl die europäischen Alliierten – vor allem England und Frankreich – während und nach dem Ersten Weltkrieg verschiedentlich versprochen hatten, sich für die Schaffung eines armenischen Staates in gesicherten Grenzen und unter dem Schutz der Alliierten einzusetzen, unternahmen sie nach Kriegsende keine ernsthaften Schritte in diese Richtung. Die Türkei, wiewohl Kriegsverliererin, wurde nach der Kapitulation Ende Oktober 1918 nicht entschieden zum Rückzug aus dem besetzten Armenien gedrängt, so daß sich die militärische Räumung allein des Transkaukasus bis zum 6. 12. 1918, in Kars und Umgebung sogar bis April 1920 hinzog. In diesen Monaten nutzte die Türkei ausgiebig die Gelegenheit, buchstäblich alles, was nicht niet- und nagelfest war, zu plündern und die Bevölkerung der besetzten Gebiete, vor allem aber die westarmenischen Flüchtlinge, zu terrorisieren.

Seit Anfang 1919 tagte die Pariser Friedenskonferenz. Eine Hauptforderung der gesamtarmenischen Delegation lautete dort auf gesicherte Rückführung der Flüchtlinge nach Westarmenien. Das hätte sowohl zur Entlastung der Republik Armenien geführt als auch dem Wunsch der Flüchtlinge entsprochen, die sich in Ostarmenien bzw. der Republik nicht zu Hause fühlten und diese abschätzig als «Ararat-Republik» bzw. «Republik Jerewan» bezeichneten. Während sich die Pariser Konferenz ergebnislos dahinschleppte, häuften sich Anfang Januar 1919 alarmierende Nachrichten. Westarmenische Flüchtlinge, die ihre Heimat in den dem Transkaukasus nächst gelegenen Gebieten Kleinasiens zu erreichen suchten, wurden zurückgetrieben oder massakriert. Anhänger des jungtürkischen Komitees «Einheit und Fortschritt» hetzten die muslimische Bevölkerung auf, die Massaker an den Westarmeniern fortzusetzen. Westliche Augenzeugen meldeten Chaos und andauernde Gemetzel.

Die Unentschlossenheit der Europäer gegenüber der Türkei half der «Befreiungsbewegung» unter Mustafa Kemal, in politischer und territorialer Hinsicht Tatsachen zu schaffen. Wirksame Unterstützung fand die türkische «Rebellenregierung» beim ehemaligen Feind Rußland. Die ebenfalls von der internationalen Gemeinschaft als politische Außenseiter geächteten Sowjetrussen sahen in Mustafa Kemal und der gegen die alliierten Besatzungstruppen gerichteten Bewegung zunächst ein revolutionäres, antiimperialistisches Potential, dessen Vertrauen sie sich durch handfeste finanzielle und materielle Unterstützung zu sichern suchten. Diese Interessenlage Sowjetrußlands führte dazu, daß es nicht nur den bedrängten Armeniern nicht beistand, sondern im Gegenteil deren Vernichtung mitfinanzierte. Insgesamt erhielt die Türkei 70 Millionen Rubel, 30 Flugzeuge, 20 Panzerwagen sowie 400 Lastwagen. Rußland und die Türkei vereinbarten die Ansiedlung von 600000 muslimischen Bauern in der Türkei, die bis Oktober 1922 auf ehemals christlichen Grundstücken in Westarmenien und Kilikien erfolgte.

Ein wirksamer Schutz der Republik Armenien schien erst nach dem Sèvrer Friedensvertrag vom 10.8.1920 gewährleistet. Dieser Vertrag sieht die Schaffung eines eigenständigen armenischen Staates vor, dessen Grenzen der amerikanische Präsident Wilson in einem ihm aufgetragenen Entscheid schließlich am 22.11.1920 festlegte. Das den Armeniern zugedachte Staatsgebiet umfaßte zwar nicht sämtliche, wohl aber die wichtigsten historischen Siedlungsgebiete mit den westarmenischen Städten Wan, Erzurum und Bitlis. Allerdings fand sich zu jener Zeit kein Staat mehr bereit, Mandatsaufgaben für Armenien zu übernehmen. England zog sich schon 1919 aus der Region zurück. Amerika, humanitär stark für die Armenier engagiert, scheute die Belastungen eines derartigen überseeischen Engagements. Auch der Völkerbund wies ein Mandat mit der Begründung zurück, daß er kein Staat sei und keine Armee besitze.

Es kam nicht mehr zur Verwirklichung der vom Sèvrer Vertrag vorgesehenen Regelungen. Als Wilson seinen Entscheid bekanntgab, sah sich die Regierung Armeniens bereits gezwungen, mit den siegreichen türkischen Eroberern auf Gedeih und Verderb zu verhandeln. Im Friedensvertrag von Alexandropol, den Armenien am 3.12.1920 unterschrieb, verzichtete es auf seine Ansprüche aus dem Sèvrer Vertrag. Diese Verzichtserklärung wurde von Feuer und Schwert diktiert: Bei der Eroberung von Kars am 30.10.1920 ermordeten die Türken 6000 Armenier. Am 11.5.1921 barg eine Untersuchungskommission im Dorf Kultachtschi 11836 Leichen, zu 90 Prozent Frauen und Kinder. Sie waren tierisch abgeschlachtet worden. Zu ähnlichen Massakern mit 1200 bis 1500 Opfern kam es in Karaklis, wo die ältesten männlichen Opfer 14 Jahre alt waren. Im gesamten Gebiet von Alexandropol wurden 50000–60000 Menschen ermordet, davon zur Hälfte Frauen und Kinder. 22000 weitere verhungerten, 19000 wurden verschleppt. Von den 10000 jungen Armeniern, die die Stadtväter von Alexandropol den Türken zum Eisenbahnbau stellen mußten, kehrten nach einem Jahr nur noch 230 zurück. Ähnlich grauenvoll war das Schicksal armenischer Kriegsgefangener, deren Zahl sich nach unterschiedlichen Quellen auf 9000 bis 18000 belief.

Bevor die Armenier mit den Türken in Alexandropol verhandelten, hatten sie bereits Verhandlungen mit den Sowjetrussen aufgenommen, nach deren Scheitern die Rote Armee ab dem 5.7.1920 Armenien in einer Zangenbewegung von Norden und Südosten her angriff. Das türkisch-russische Einvernehmen kühlte ab, je näher sich die Truppen im Transkaukasus gekommen waren. Am Ende gewann Rußland den Wettlauf um die Macht, weil es den Armeniern bis dahin weniger Leid zugefügt hatte. Premierminister Wrazjan verglich die Stellung seiner Republik zwischen Türken und Sowjetrussen als Lage zwischen «Hammer und Amboß». In der Nacht vom 2. zum 3. Dezember 1920 übergab die Regierung der Republik Armenien ihre Geschäfte an ein kommunistisch kontrolliertes Militärisches Revolutionskomitee. In Punkt 3 des die Machtübergabe regelnden Abkommens erkannte Sowjetrußland folgende Gebiete als armenisches Territorium an: das ehemalige Gouvernement Jerewan, Teile der Provinz Kars, den Bezirk Sangesur, einen Teil der Bezirke Kassach und Tiflis. Die armenischen Verhandlungen in Alexandropol hatten als taktisches Manöver gedient. Es sollte verhindert werden, daß die Türken im Augenblick der Machtübergabe auch noch Jerewan und Etschmiadsin überrannten.

Der Westen nahm die Entscheidung der Armenier für die Sowjetisierung zum Anlaß, sich endgültig von diesem unglücklichen Volk abzuwenden. Ebenso wie Sowjetrußland ging es den Alliierten damals in erster Linie um Einflußnahme auf die nach Millionen zählenden muslimischen Völker des Nahen und Mittleren Ostens. Das zur Hälfte ermordete und nur noch knapp drei Millionen zählende Volk der Armenier war für die Großmachtinteressen belanglos geworden. Darum verhallten die Hilferufe der seit ihrer Entstehung existentiell bedrohten Republik Armenien ungehört.

Die Sowjetrepublik Armenien

Die Sowjetisierung Ostarmeniens bzw. des ehemaligen Gouvernements Jerewan verhinderte zwar die vollständige Vernichtung und Vertreibung der Armenier auch in diesem Teil ihrer Heimat, brachte gleichwohl neue Entbehrungen, politische Wirren und Verfolgungen. Überwiegend wurden die Bedingungen, die zwischen der Regierung der Republik und dem Revolutionskomitee vereinbart worden waren, schon kurz darauf gebrochen. Ab dem 25. 12. 1920 wurden sämtliche 1600 armenische Offiziere in das Jerewaner Regierungsgebäude gelockt, verhaftet und in Gewaltmärschen nach Rußland deportiert, wo sie in der mittelrussischen Stadt Rjasan Zwangsarbeit leisten mußten. Bereits am 6. 12. 1920 wurde eine Abteilung der Geheimpolizei Tscheka in Jerewan eingerichtet. Im Februar 1921 setzte eine Verfolgungswelle ein, 2500 Intellektuelle, Mitglieder und Anhänger der ehemaligen Regierung wurden festgenommen. Auf dem Höhepunkt der Verfolgungen erschlugen im Sold der Jerewaner Militärgarde stehende Aserbeidschaner nachts im Zentralgefängnis 52 armenische Intellektuelle.

Rigide Beschlagnahmungen, bei denen Bauern selbst Kleider und Hausrat abgenommen wurden, lösten am 25. 12. 1920 die Erhebung des Gebiets Sangesur im Südosten der Sowjetrepublik Armenien aus, das sich der Roten Armee im Sommer 1920 zunächst freiwillig geöffnet hatte. In Jerewan gründete Simon Wrazjan am 17. 2. 1921 ein «Komitee zur Befreiung des Vaterlandes». Seine antisowjetische Gegenregierung war jedoch von Anfang an politisch isoliert und zum Untergang verurteilt, nachdem die Rote Armee die Hauptstadt Georgiens, Tiflis, am 25.2.1921 eingenommen hatte. Sie konnte sich anschließend in Ruhe der endgültigen Unterwerfung Armeniens zuwenden. Am 1.3.1921 gelang es den Daschnaken zwar nochmals, den sowjetischen Angriff abzuwehren, doch am 3.4.1921 marschierten die Sowjets in Jerewan ein. Tausende Armenier flohen damals in den Iran oder nach Sangesur. Dort hatte Geworg Nschdeh, ein berühmter Volksheld der Daschnaken, eine Quasi-Republik «Lernahajastan» («Gebirgsarmenien») ausgerufen. Sie leistete den Sowjets noch bis zum Juli 1921 Widerstand. Danach kam es zu einer erneuten Fluchtwelle in den Iran. Die Verfolgung von Mitgliedern und Anhängern der Republik Armenien machte aus den ursprünglich sozialistisch orientierten Daschnaken, die diese Regierung dominiert hatten, erbitterte Verfechter eines prowestlichen Antisowjetismus.

Die Sowjetmacht wurde in Armenien durch den für die gesamte Sowjetunion verbindlichen Übergang vom Kriegskommunismus zur «Neuen Ökonomischen Politik» (1921) gefestigt, die das offizielle Bündnis des Staates mit der Bauernschaft und «kleinbürgerlichen Zwischenschichten» erlaubte sowie ein Nebeneinander sozialistischer und kapitalistischer Wirtschafts- und Eigentumsformen duldete. Ende Februar 1921 rief Lenin persönlich die armenischen Kommunisten zu einem gemäßigteren Verhalten auf.

Ein Rückschlag setzte mit der Zwangskollektivierung (1928–1934) ein, als etwa 25000 Bauern sich dieser Maßnahme widersetzten und deportiert wurden. Mit dem Ende des politischen und wirtschaftlichen Liberalismus der NÖP begann in den späten zwanziger Jahren in der Sowjetunion der innerparteiliche Kampf gegen «linke» und «rechte» Abweichler, für deren Positionen jeweils die Namen Trotzkij und Bucharin standen. Zugleich wurde der Kampf gegen die «bürgerlichen Spezialisten» aufgenommen, auf deren loyale Zusammenarbeit sich die Partei nun nicht mehr angewiesen glaubte. Wie überall in der UdSSR fanden in Armenien zwischen 1936 und 1939 «Säuberungen» der Partei und des Regierungsapparates von Altbolschewiken und anderen politisch oder persönlich in Ungnade gefallenen Menschen statt.

Im Transkaukasus war «Nationalismus» ein beliebter und dehnbarer Vorwand für die «Liquidierung» echter oder vermeintlicher Regimegegner. In die angeblich «nationalistischen Verschwörungen», die Ende 1937 «aufgedeckt» wurden, waren selbst höchste Führer Sowjetarmeniens verstrickt.

In jene Jahre zwischen 1936 und 1939 fällt auch der Höhepunkt von Russifizierungsversuchen. Obwohl Armenien Ende 1936 zu einer eigenständigen Unionsrepublik erklärt worden war, der die Verfassung Kultur- und Sprachautonomie garantierte, wurde das Lehrpersonal für Russisch an den Schulen verdreifacht, Armenisch in den Lehrplänen zurückgedrängt und die offizielle und publizistische Sprache durch zahlreiche Russismen «bereichert».

Eine weitere Welle der Verfolgung galt in den Jahren 1948 bis 1953 vor allem den «Repatrianten», also Diaspora-Armenier vornehmlich aus dem Iran und Nahen Osten. Um deren Einwanderung hatte sich die sowjetarmenische Regierung angesichts der hohen Kriegsverluste Sowjetarmeniens und des dadurch hervorgerufenen Bevölkerungsrückganges nach dem Zweiten Weltkrieg bemüht. Nun wurden diesen Neu-Bürgern Verbindungen mit westlichen Geheimdiensten und der 1923 in Sowjetarmenien offiziell aufgelösten Partei Daschnakzutjun vorgeworfen. Auch heimgekehrte Kriegsgefangene wurden verfolgt, denen man Vaterlandsverrat unterstellte, außerdem Intellektuelle und Künstler, die sich allzu sehr auf die seit 1943 gewährten Zugeständnisse gegenüber dem Nationalgefühl der von Moskau beherrschten Völker verlassen hatten. Was unter Kriegsbedingungen als «Sowjetpatriotismus» geduldet wurde, solange es nur die Verteidigungsbereitschaft der sowjetischen Völker stärkte, galt nun als «Chauvinismus» bzw., in Tateinheit mit Kontakten zu auslandsarmenischen Zuwanderern, als «Kosmopolitismus».

Entgegen allen Deklarationen über das Selbstbestimmungsrecht der Völker hat Sowjetrußland in Armenien dasselbe Eigennutzdenken gezeigt wie zuvor die Ententestaaten. Um der Sicherheit seiner Staatsgrenzen willen machte es im Moskauer Vertrag vom 16.3.1921 der Türkei weitreichende Zugeständnisse und verzichtete nicht nur freiwillig auf die Bezirke Kars und Ardahan, sondern auch auf das armenische Gebiet Surmalu, das niemals zum Osmanischen Reich gehört hatte.

Der Moskauer Vertrag wurde auf der Konferenz in Kars (16.9.–13.10.1921) ratifiziert, an der auch Vertreter der inzwischen sowjetisierten Republiken Armenien, Georgien und Aserbeidschan teilnahmen. Sie schlossen separate «Freundschaftsverträge» mit der Türkei, in denen sie den Verzichtsregelungen des Moskauer Vertrages zustimmten. Der Versuch des sowjetrussischen Delegierten Jakow Hanecki, wenigstens die auf dem Westufer des Grenzflusses Achurjan (türk.: Arpa-tschaj) gelegene armenische Ruinenstadt Ani für Sowjetarmenien zu retten, wurde von der Türkei zurückgewiesen. Ani war im 10. und 11. Jahrhundert die Hauptstadt des armenischen Königreiches der Bagratiden und besitzt für Armenier einen ebenso hohen ideellen Wert wie ihr heiliger Berg Ararat, der gleichfalls in türkischen Besitz geriet. Fast die Hälfte des Staatsgebiets, das die Republik Armenien vor dem türkischen Einmarsch von 1920 besessen hatte, wurde einem vermeintlich zuverlässigen Bündnispartner geopfert.

Nur einmal in der späteren sowjetischen Geschichte wurde dieser Gebietsverzicht in Frage gestellt. Unter der Herrschaft des Georgiers Stalin durften Armenien und vor allem Georgien nicht nur die Gebiete von Kars und Ardahan zurückverlangen, sondern sogar Forderungen auf Erzurum und Bitlis erheben. Stalins Nachfolger beeilten sich, zur alten Linie zurückzukehren. Etwa zwei Monate nach Stalins Tod verkündete Molotow offiziell den Verzicht der UdSSR auf die bis dahin von den Sowjetrepubliken Armenien und Georgien verlangten Gebiete. Die Sowjetunion versuchte so, die Türkei im Kalten Krieg zu neutralisieren. Diese Verzichtserklärung wurde im Juni 1963 von Chruschtschow wiederholt, nun offenbar als Belohnung für den türkischen Verzicht auf Beteiligung an der multinationalen atomaren Verteidigung.

Sowjetrußland zwang 1921 Armenien nicht nur zu Gebietsabtretungen zugunsten der Türkei. Auch innerhalb der sowjetischen Staatsgrenzen mußte Armenien etwa 20000 qkm seinen Nachbarn Georgien und vor allem Aserbeidschan überlassen, die nach offizieller Terminologie nun als «Schwesterrepubliken» galten, allen niemals wirklich aufgearbeiteten Konflikten aus vorsowjetischer Zeit zum Trotz. Es handelte sich dabei um das historische armenische Siedlungsgebiet Nachitschewan (5500 qkm), das auf türkisches Verlangen mit Artikel 5 des Moskauer Vertrages als «Autonome Sowjetrepublik» unter aserbeidschanisches Protektorat gestellt wurde, obwohl Nachitschewan keine gemeinsame Grenze mit Sowjetaserbeidschan besitzt. Mit etwa 40 Prozent hatten die Armenier bis zum Sommer 1919 noch die relativ größte Bevölkerungsgruppe in Nachitschewan gebildet. Massaker der Türken und Aserbeidschaner lösten 1919 eine Massenflucht der armenischen Bevölkerung aus. Sowjetaserbeidschan verhinderte die Rückkehr der Flüchtlinge und vertrieb sukzessive die noch verbliebenen Armenier, die letzten etwa 2000 1988.

Eindeutiger als in Nachitschewan lagen die Bevölkerungsverhältnisse zu Beginn der Sowjetzeit in Karabach, der historischen armenischen Provinz Arzach. Dort betrug der Armenieranteil 1921 94,4 Prozent. Der Anschluß Karabachs war Armenien Ende 1920 versprochen worden, um es für Sowjetrußland zu gewinnen, und wurde am 4. Juli 1921 mit einer Mehrheit von einer Stimme noch einmal durch das Kaukasische Büro der KP Rußlands bestätigt. Auf Drängen des aserbeidschanischen KP-Führers Narimanow wurde die Abstimmung am folgenden Tag jedoch wiederholt und fiel nun, dank der Stimme des inzwischen angereisten Nationalitätenkommissars Stalin, zugunsten Aserbeidschans aus. Offenbar sollte die Gefolgschaftstreue Aserbeidschans gegenüber Moskau belohnt und die – vor kurzem noch aufrührerischen – Armenier gefügig gehalten werden, indem ein Teil der armenischen Bevölkerung den Aserbeidschanern als Geiseln überlassen wurde. Ein weiteres Kalkül Moskaus mag darin bestanden haben, Karabach als «Pfahl im Fleische Aserbeidschans» und fünfte Kolonne gegen Aserbeidschan zu benutzen, sollte dieses je abtrünnig werden. All diese Erwägungen wurden niemals ausgesprochen, offiziell galt die Doktrin vom proletarischen Internationalismus. Grenzen schienen unter sowjetischen Machtverhältnissen ohne politische Bedeutung. Tatsächlich aber herrschte eine Hackordnung unter den Sowjetvölkern, die sich im zentralistischen Aufbau der UdSSR widerspiegelte.

An der Spitze dieses Staates stand Rußland, gefolgt von den übrigen 14 Unionsrepubliken. Vom Staatsgebiet her (29 800 qkm) war Armenien das kleinste Mitglied in diesem «Bund freier Republiken», wie er in der sowjetischen Staatshymne gepriesen wurde. Autonome Sowjetrepubliken wie Nachitschewan besaßen im Vergleich zu den Unionsrepubliken nur sehr eingeschränkte gesetzgeberische Befugnisse, autonome Gebiete wie Karabach praktisch keine.

Auch Georgien profitierte von der sowjetischen Teile-und-herrsche-Politik. Es erhielt die nordostarmenischen Kreise Achalzcha (georg.: Achalziche) und Achalkarak (georg.: Achalkalaki), in denen die Armenier spätestens seit 1831 die absolute Bevölkerungsmehrheit bilden. Damals wanderten zahlreiche westarmenische Flüchtlinge aus Erzurum und Alaschkert in das armenisch-georgische Grenzgebiet ein. Von den 49 Dörfern des Kreises Achalziche waren 1970 15 armenisch.

Die armenischen Ansprüche auf den Kreis Achalkarak (2800 qkm) sind historisch begründbar, ist er doch mit dem Bezirk Dschawachk (georg.: Dschawacheti) der altarmenischen Provinz Gugark identisch. Der Armenieranteil Achalkaraks liegt seit 1831 bei über 90 Prozent. Das armenische Nationalbewußtsein in den beiden südgeorgischen bzw. nordarmenischen Bezirken ist ungebrochen, eine Assimilation an die Georgier fand auch in der Sowjetzeit nicht statt. Damals wurden aber im Zuge allgemeiner Religionsunterdrückung und -verfolgung sechs der ursprünglich sieben armenischen Kirchen Achalzchas geschlossen oder zerstört. Die Regierung des unabhängigen Georgien hat weder unter der Präsidentschaft Swiad Gamsachurdias noch Eduard Schewardnadses etwas an diesen Verhältnissen gebessert. Als 1988 die Armenier Achalzchas versuchten, eine zweite Kirche zu nutzen, kam es zu heftigen Auseinandersetzungen mit Georgiern, die das angeblich auf einem georgischen Vorgängerbau errichtete Gotteshaus den Armeniern streitig machten. Nur der kluge Verzicht beider Konfessionen auf diese Kirche verhinderte bewaffnete Auseinandersetzungen.

1989 lebten nach offiziellen Angaben 437 211 Armenier in Georgien. Armenische Organisationen gingen allerdings von einer Zahl bis zu 800 000 aus, bevor der abchasisch-georgische Konflikt seit August 1992 Zehntausende der in Abchasien lebenden Armenier zu Flüchtlin-

gen machte. Drei große armenische Dörfer im abchasischen Bezirk Ot-
schamtschira wurden von georgischen Soldaten entvölkert und geplündert, insgesamt 150 Armenier im Verlauf des einjährigen abcha-
sisch-georgischen Krieges getötet. Die Armenier bildeten bis dahin mit
8 Prozent die größte Minderheit Georgiens. Doch aus dem Staatsdienst
des postsowjetischen Georgien werden sie zunehmend «gesäubert»,
im Zuge der allgemeinen «Georgisierung» des öffentlichen Dienstes.
Bis August 1992 verloren die letzten Armenier mit guten Stellungen
ihre Arbeit, die seither von «zuverlässigen» georgischen Regierungs-
anhängern verrichtet wird. Georgien ist auch unter der Präsidentschaft
Schewardnadses weit von demokratischen Verhältnissen entfernt.
Chaos, Anarchie und eine große Instabilität politischer Machtstruktu-
ren bestimmen die Verhältnisse, unter denen alle Einwohner des Landes zu leiden haben, besonders aber Minderheiten. Indessen üben Armenier gegenüber Georgien weitgehenden Kritikverzicht. Denn von
diesem Land und seiner wohlwollenden Neutralität ist Armenien seit
Ausbruch des Arzach-Konfliktes und ob des aserbeidschanischen Energieembargos abhängiger denn je geworden.

Arzach

Manchmal zeigt sich das Wesen einer Sache in Einzelheiten. So verhält
es sich auch mit dem Gebietsnamen Karabach. Er gibt Auskunft über
Machtverhältnisse, die zur Unterdrückung einer ganzen Region und
ihrer Mehrheitsbevölkerung führten. «Schwarzer Garten» (*kara
bachtsche*) nannten die Turkvölker bzw. Muslime seit dem 14. Jahrhundert den gebirgigen Teil des nordöstlichen Armenischen Hochlandes. Die armenische Bevölkerung spricht dagegen von Arzach und
meint damit die Gesamtheit von Ebene und Bergland: ein Gebiet von
ursprünglich 12 000 qkm, das sich bis zur Kura, dem größten Fluß des
östlichen Transkaukasus, erstreckte. Der Name Arzach läßt sich schon
im Altertum belegen. Das Vorgängervolk der Armenier, die Urartäer,
bezeichnete in Keilinschriften im 8. vorchristlichen Jahrhundert die
Region als *Urteche* bzw. *Urtechini*, woraus im Armenischen Arzach

wurde. Auf die Existenz einer armenischen Mehrheitsbevölkerung und deren Sprachpraxis deutete aber nicht einmal der offizielle Name des sogenannten Autonomen Gebiets hin, das seit 1921 «Nagornyj Karabach» hieß. Unter dieser russisch-türkischen Bezeichnung bzw. als «Berg-Karabach» ist es der Welt bekannt geworden.

Arzach ist ein wasserreicher, fruchtbarer und teils bewaldeter Landstrich. An Bodenschätzen werden hier Kupfer, Gold und sogar Uran gefördert. Arzach ist für seine landschaftliche Schönheit ebenso berühmt wie für seine Pferde, die «goldfarbenen Karabacher», und seine dichten Teppiche mit kräftigen Farben erzielen auf dem internationalen Kunstmarkt die höchsten Preise. Die Einwohner Arzachs gelten als spröde und kämpferisch und standen bei Armeniern stets im Ruf besonderer Freiheitsliebe. An ihrem Widerstand scheiterten bis in die Gegenwart alle Versuche von Türken und Aserbeidschanern, in dieser Region Fuß zu fassen. Arzach begriff sich stets als Bollwerk gegen türkische Invasionen. Es ist heute die einzige bodenständige Gruppe unter der armenischen Weltbevölkerung, die über 7 Millionen umfaßt. Denn in allen anderen Teilen des armenischen Siedlungsgebiets stammt die Bevölkerung von Flüchtlingen und Vertriebenen ab, ganz zu schweigen von der armenischen Diaspora. Darum bildet Arzach nicht nur den Stolz Armeniens, sondern auch eine identifikationsstiftende Vision. Denn so hätte vielleicht die gesamte armenische Gesellschaft ausgesehen, wäre die Geschichte anders verlaufen.

Im Gebirgsteil Arzachs, dem Schwarzen Garten, gelang es den Armeniern länger als irgendwo sonst in ihrer geschundenen Heimat, Freiheit und Unabhängigkeit zu bewahren – auch wenn dies zuletzt nur eine Halbautonomie im Schatten Persiens war. Örtliche Machthaber waren die *Melik* (von arab.: Fürst) genannten Oberhäupter der fünf führenden armenischen Adelsfamilien Arzachs. In Unter-Arzach hatten dagegen schon im 16. Jahrhundert Kurden und, in geringerem Maße, Turkstämme Fuß fassen können. Einer dieser Stämme, der Dschewanschir-Stamm, wurde vom iranischen Schah Nadir nach Chorassan umgesiedelt, von wo er allerdings nach Nadirs Ermordung 1747 zurückkehrte und sich sogar im Süden Arzachs in dessen Hauptstadt Schuschi festsetzen konnte. Der Stammesführer der Dschewan-

147

schir führte hinfort den Titel «Chan von Karabach», auch wenn er nur über zwei der ursprünglich fünf christlich-armenischen Meliktümer Arzachs gebot.

Anfang des 19. Jahrhundert wechselten die Machtverhältnisse im östlichen Transkaukasus grundlegend, als Rußland die bisherige persische Vorherrschaft brach. Im Verlauf des russisch-persischen Krieges von 1804–1813 geriet Arzach schon 1804 unter russische Herrschaft, nicht unfreiwillig, da zahllose Kriege der Perser und Türken das Land verwüstet und beinahe entvölkert hatten und die armenischen Einwohner sich nach Frieden sehnten. Sie bejubelten die russischen Eroberer als vermeintliche Christenbrüder und Befreier, während die muslimisch-turkstämmige Minderheit in ihnen verhaßte Unterdrücker von Islam und Türkentum sah.

Tatsächlich entsprach die russische Kolonialpolitik, wie gesagt, keiner dieser Vorstellungen. Es lag zum Beispiel nicht im russischen Interesse, große Verwaltungseinheiten mit ethnisch eindeutigen Mehrheiten zu schaffen. Arzach wurde darum nicht dem «Armenischen Gebiet» oder dem späteren Gouvernement Jerewan zugeschlagen, sondern 1840 erst dem «Kaspischen Gebiet» und Ende 1867 dem Gouvernement Jelisawetpol. Die politischen Folgen dieser Politik dauern bis heute an. Nach dem Zerfall des Zarenreiches wurde Arzach zwangsläufig zum Zankapfel zwischen Aserbeidschanern und Armeniern, doch fehlte es der Republik Armenien an militärischem Durchsetzungsvermögen. Auswärtige Mächte mischten sich 1918 in die ohnehin schwierigen Verhältnisse Transkaukasiens ein: die Türken mit dem Anspruch, die ihnen aufs engste verwandten aserbeidschanischen «Brüder» von der «Russenherrschaft» zu befreien und in ein alltürkisches Reich einzugemeinden; die Deutschen als Verbündete der Türken und Schutzmacht des christlichen Georgien, das ihnen dafür die Ausbeutung seiner Bodenschätze vertraglich zusicherte.

Die Briten, herbeigerufen von der von Türken und aserbeidschanischen Nationalisten bedrohten prosowjetischen Regierung in der Erdölstadt Baku, wollten deren «schwarzes Gold» weder den Deutschen noch den Sowjetrussen überlassen und warben schon bald um die Gunst der aserbeidschanischen Nationalisten, auf Kosten Armeniens.

So verhinderten die britischen Befehlshaber nicht nur, daß der legendäre General Andranik seinen von den Türken bedrängten Landsleuten in Arzach zu Hilfe eilte, sondern veranlaßten die provisorische Regierung Arzachs, sich der nationalistischen Regierung Aserbeidschans zu unterwerfen. Ein Vertrag sah allerdings ausdrücklich vor, daß das endgültige Schicksal Arzachs auf der Pariser Friedenskonferenz 1919 entschieden werden sollte. Dort jedoch zahlte sich das Wohlverhalten der Armenier nicht aus. Die Konferenz würdigte nicht den zeitweiligen Verzicht auf Arzach zugunsten des weitaus größeren Westarmenien, sondern zeigte sich gegenüber sämtlichen armenischen Gebietswünschen gleichgültig.

Mit der Sowjetisierung Nord-Aserbeidschans im April 1920 geriet auch Arzach unter sowjetische Herrschaft. Immerhin sah der Beschluß des Kaukasischen Büros vom 5.7.1921 vor, daß Arzach eine «weitreichende Gebietsautonomie» gewährt werden sollte. Doch auch dieses Versprechen wurde nie erfüllt. Als 1923 die Grenzen des Autonomen Gebiets Berg-Karabach festgelegt wurden, umfaßten diese nur ein Drittel Arzachs. Das Autonome Gebiet bildete fortan eine künstliche armenische Insel, ohne eine gemeinsame Grenze mit der Sowjetrepublik Armenien. Vor allem im Norden blieben armenische Siedlungsgebiete ausgenommen, in denen bis 1991 noch bis zu 75 Prozent der Bevölkerung Armenier waren.

Doch auch im Autonomen Gebiet selbst verhinderten die Zusicherungen von 1921 nicht, daß Aserbeidschan mit Wissen und Duldung Moskaus Arzach wie eine Kolonie ausplünderte und in wirtschaftlicher Rückständigkeit hielt. Das Autonome Gebiet Berg-Karabach war mit 4400 qkm knapp doppelt so groß wie das Saarland und unterteilt sich bis heute in die fünf Bezirke Schuschi, Hadrut, Martuni, Askeran und Mardakert. Traditionellerweise dominierte die Landwirtschaft mit Obst-und Weinanbau sowie Schaf- und Rinderzucht. Im Handwerk spielte vor allem die Seidengewinnung und -verarbeitung eine große Rolle.

Aserbeidschan sorgte dafür, daß diese vorindustriellen Verhältnisse weitgehend erhalten blieben. An der Industrialisierung, die vor allem in den fünfziger und sechziger Jahren Armenien und Aserbeidschan erfaßte, hatte das Autonome Gebiet kaum Anteil. Seine Industrieproduktion stieg zwischen 1913 und 1973 nur um das 14,8fache, während der Anstieg in Aserbeidschan das 40fache, in Armenien sogar das 221fache betrug. Von den in Arzach erwirtschafteten Überschüssen floß weniger als die Hälfte in den Haushalt des Autonomen Gebiets zurück. Ein Großteil der Investitionen entfiel zudem auf den Bau des Staudamms von Sarsang. Das im fluß- und quellreichen Mardakert-Bezirk gewonnene Wasser diente jedoch der Bewässerung der trockenen Kura-Ebene und damit der aserbeidschanischen Landwirtschaft, während im wasserreichen Arzach paradoxerweise Wasserknappheit herrschte. Für die Arzacher Hauptstadt Stepanakert mit ihren 70 000 Einwohnern stand nur zweimal am Tag Wasser zur Verfügung. Im Stadtgebiet gelegene Quellen durften nicht erschlossen werden.

Auch im Sozial- und Kulturbereich verfuhren die Machthaber eindeutig repressiv. Bis 1988 war es im Autonomen Gebiet Berg-Karabach nicht möglich, sich für die Pflege der armenischen Kultur einzusetzen. Schriftsteller konnten dort nicht veröffentlichen. Auf Anordnung der aserbeidschanischen Regierung wurde «Armenische Geschichte» als Schulfach gestrichen. Es fehlte auch an Lehrbüchern für den muttersprachlichen Unterricht, Kulturbeziehungen mit Armenien waren untersagt. Von den 1600 amtlich registrierten Bau- und Kulturdenkmälern des Autonomen Gebiets wurden nur 64 vom Staat unterhalten, wobei es sich fast ausschließlich um islamische Baudenkmäler des 17. und 18. Jahrhunderts handelte. Die Mehrzahl christlicher Sakralbauten wurde dagegen, wie das im 4. Jahrhundert gegründete Kloster Amaras, dem Zerfall oder sogar der mutwilligen Zerstörung preisgegeben. Der Arzacher Bischof Wrtanes wurde 1930 verhaftet und nach Baku verschleppt. Nach sechs Monaten kam er unter der Bedingung frei, nie wieder nach Arzach zurückzukehren. Zwischen 1929 und 1932 mußten sämtliche 100 Dorfkirchen und die 18 Einsiedeleien Karabachs schließen (1914 gab es in Arzach noch 222 Kirchen). Alle Appelle des armenischen Kirchenoberhaupts, wenigstens zwei oder drei Kirchen wiederzueröffnen, ignorierte die aserbeidschanische Regierung jahrzehntelang.

Die Trostlosigkeit der Lage trieb besonders jüngere Armenier aus

Arzach nach Jerewan oder Moskau, wo inzwischen mehr Auswanderer aus Arzach bzw. deren Nachfahren leben, als Arzach an armenischer Bevölkerung besitzt. Auf diese Weise sank der Anteil der Armenier zwischen 1923 und 1979 von 94,4 auf knapp 76 Prozent bei einer Gesamtbevölkerung von 162 200. Im selben Zeitraum stieg der Anteil der Aserbeidschaner auf 37 200 (23 Prozent der Gesamtbevölkerung).

Diese Bewegungen in der Bevölkerungsstatistik sind staatlich gelenkt. Im Zweiten Weltkrieg war die Zahl der Armenier Arzachs, die zu Fronteinsätzen gezogen wurden, im Verhältnis zu den anderen Völkern der Sowjetunion überproportional groß, die Zahl der Gefallenen doppelt so hoch. Von den insgesamt 45 000 Frontsoldaten aus Arzach stellten die Aserbeidschaner mit lediglich 1400 den weitaus geringeren Anteil. Ab 1949 sorgten Deportationen für einen weiteren Rückgang der armenischen Bevölkerung in Aserbeidschan. Lange vor den ethnischen «Säuberungen» in Bosnien-Herzegowina, auf die die internationale Öffentlichkeit auch heute nur mit halbherzigem Protest reagiert, wurde diese Methode einer minderheitenfeindlichen Bevölkerungspolitik in (Sowjet-)Aserbeidschan praktiziert. 1959 lag der Anteil der Aserbeidschaner an der Gesamtbevölkerung bei 2,5 Millionen (67 Prozent) und stieg bis 1979 auf 4,7 (78,1 Prozent), während der Anteil der Armenier, der größten Minderheit des Landes, von 11,9 auf 7,9 Prozent zurückging. 1993 war der aserbeidschanische Anteil an der Gesamtbevölkerung (7,5 Mio.) sogar auf 83 Prozent (= 6 Millionen) gestiegen.

Die Armenier Arzachs versuchten bereits in den frühen zwanziger Jahren sich zu wehren. Damals entstand eine Geheimorganisation «Karabach für Armenien», die in Flugblättern auf die Unterdrückungsmethoden Aserbeidschans hinwies, bis sie 1927 durch den sowjetischen Geheimdienst zerschlagen wurde. In den dreißiger und vierziger Jahren wurden Protest und Widerstand vor allem von armenischen Kommunisten getragen, die es gelegentlich wagten, das Arzach-Problem im Moskauer Partei- und Regierungsapparat zur Sprache zu bringen.

Die Liberalisierung nach Stalins Tod ermutigte zu Unterschriftensammlungen (1962/63, 1965, 1967, 1977), denen sich immer breitere Bevölkerungskreise anschlossen. Doch Moskau verließ sich auf die alte

Taktik, Probleme eher auszusitzen und der «Selbstregulierung» zu überlassen, als zugunsten der Beschwerdeführer einzugreifen. An dieser Schwerfälligkeit änderten auch Glasnost und Perestroika nichts. Ende 1986 richteten Arzacher Armenier eine erneute Bittschrift an Parteichef Gorbatschow, der sich bis Ende 1987 über 80 000 Arzacher anschlossen. Nach über einjähriger Wartezeit wurde diese Petition von einer untergeordneten ZK-Stelle negativ entschieden. Daraufhin kam es ab dem 11.2.1988 in Arzach zu Massenkundgebungen, Protesten und Streiks. Unter ihrem Eindruck beschloß das oberste «Regierungsgremium» des Autonomen Gebiets, der Gebietssowjet der Volksdeputierten, am 20. Februar 1988 mit überwältigender Mehrheit «die Überprüfung der Zugehörigkeit zu Aserbeidschan». So vorsichtig diese Formulierung gewählt worden war – sie entsprach exakt den geringen gesetzgeberischen und politischen Kompetenzen des Gebietssowjets –, stellte sie doch etwas in der bisherigen Geschichte der UdSSR Einmaliges dar. Ein sowjetisches Gremium versuchte, den Mehrheitswillen der Bevölkerung nach Separation bei gleichzeitiger Achtung bestehender Gesetze zu verwirklichen.

Empört über diese «Unbotmäßigkeit» des Gebietssowjets und aufgestachelt von Meldungen über angeblich mißhandelte aserbeidschanische Flüchtlinge aus Sowjetarmenien, fielen ab Ende Februar 1988 «Rowdies», wie sie unklar in amtlichen Verlautbarungen der UdSSR genannt wurden, über die in Aserbeidschan lebenden Armenier her. In der Arzacher Siedlung Askeran kam es zu schweren Sachbeschädigungen, in den Städten Kirowabad, Baku und Schuschi wurden Armenier bedroht, beschimpft, geschlagen. In dieser äußerst gespannten Situation legten die zentralen sowjetischen Medien sowie der Stellvertretende Generalstaatsanwalt der UdSSR, A. F. Katusjew, in unverantwortlicher Weise nach, indem sie Katusjews Hinweis verbreiteten, daß bei den Zusammenstößen in Askeran zwei junge Aserbeidschaner getötet worden seien. Unerwähnt blieb, daß eines der Opfer von einem aserbeidschanischen Milizoffizier erschossen worden war. Die Umstände, die zum Tod des zweiten Aserbeidschaners führten, sind bis heute nicht geklärt. Unerwähnt blieb auch die Tatsache, daß etwa 500 Armenier aus Askeran von den meist jugendlichen aserbeidschanischen Angreifern (es waren mehrere tausend) aus der nahe gelegenen Kreisstadt Agdam verletzt worden waren. Die einseitige Erwähnung der aserbeidschanischen Opfer, deren Tod zudem indirekt und fälschlich den Armeniern angelastet wurde, ermutigte extremistische Kreise in Aserbeidschan zu einem noch blutigeren Schlag. Am 26. Februar 1988 kam es in der Industriestadt Sumgait, wo Armenier etwa ein Zehntel der 220000 Einwohner stellten, zu einem dreitägigen Pogrom.

«In Gruppen von mehreren Dutzenden aufgeteilt, drangen die Pogromtäter in die Wohnungen ein, die schon vorgemerkt worden waren. Bisweilen hatten Nachbarn mitgeteilt, daß sich Armenier im Haus aufhielten. Man erschlug die Menschen in den Häusern, meistens jedoch brachte man sie auf die Straße oder den Hof, wo man sie öffentlich verhöhnte. Ein vergleichsweise leichter Tod erwartete jene, die mit Äxten oder Messern umgebracht wurden. Sehr viele schlug man jedoch bis zur Bewußtlosigkeit, übergoß sie mit Benzin und verbrannte sie lebendig. Nicht selten kam es zu Gruppenvergewaltigungen. Frauen und Mädchen wurden teilweise vor den Augen ihrer Angehörigen vergewaltigt, bevor man sie umbrachte. Auch Minderjährige wurden vergewaltigt. Überhaupt wurden die sadistischsten Handlungen in Sumgait an Frauen begangen. So wurde eines der Opfer umgebracht, indem man ihm eine Metallstange in die Scheide bohrte. Man ermordete auch Menschen fortgeschrittenen Alters. Unter den Sumgait-Opfern gibt es 70- und 80jährige Greise.»

Die lokale Miliz sah den Verbrechen ohnmächtig, oft gleichgültig zu, ja, spielte den Verbrechern in die Hände. Erst nach drei Tagen traf Militär aus Baku ein, scharf geschossen wurde allerdings erst, nachdem die Soldaten eigene Verluste erlitten hatten.

Die sowjetische Öffentlichkeit erfuhr über das Sumgaiter Armeniermassaker zwei Monate nichts Genaues. Die volle Wahrheit kam auch später nicht ans Tageslicht, als selbst der sowjetische Generalstaatsanwalt von einem Pogrom sprach. Nach offizieller Darstellung starben dabei «nur» 32 Menschen, darunter 26 Armenier. Unabhän-

153

gige Organisationen in Armenien und Rußland gingen jedoch von 400 bis 500 Toten aus. Vermutlich hätte die Zahl der Opfer noch höher gelegen, wenn nicht mutige Menschen – Aserbeidschaner, Russen, Nordkaukasier und Angehörige anderer Völker – es unter Gefahr für das eigene Leben gewagt hätten, armenische Nachbarn bei sich zu verstecken.

Die politisch Verantwortlichen in Sumgait und höheren Orts wurden nicht gerichtlich zur Rechenschaft gezogen. Lediglich 100 Täter, viele von ihnen minderjährig, wurden abgeurteilt, zumeist von aserbeidschanischen Richtern. Am 2. März 1993 schlug das Büro des aserbeidschanischen Generalstaatsanwalts dem damaligen Präsidenten Eltschibej vor, eine Generalamnestie für die Sumgaiter Pogromtäter zu erlassen.

Da der Sumgait-Pogrom weder in Aserbeidschan noch in Moskau politisch oder juristisch angemessen bewältigt wurde, kam es schon bald zu Wiederholungen. So wurden noch im November 1988 die etwa 40 000 Armenier in Kirowabad, der zweitgrößten Stadt Aserbeidschans, angegriffen und vertrieben. Ein Blutbad wie in Sumgait wurde nur dadurch verhindert, daß die Armenier in Kirowabad größtenteils in eigenen Vierteln lebten. Dort suchten Hunderte von Frauen und Kindern aus anderen Stadtteilen Zuflucht in der armenischen Kirche, die von einigen sowjetischen Soldaten geschützt wurde.

Etwa zur selben Zeit mehrten sich antiarmenische Massendemonstrationen in der Hauptstadt Baku. Öffentlich forderten die Demonstranten «Tod den Armeniern». Gewaltakte gegen Armenier häuften sich nun auch in Baku, wo die Lage noch dadurch verschärft wurde, daß sich bis zu 100 000 meist obdachlose aserbeidschanische Flüchtlinge aus Armenien in der Stadt aufhielten. Ende 1989 mußten die Bürger Bakus bei einer behördlichen Fragebogenaktion ihre Nationalität angeben. Mit diesen Daten wurden offensichtlich die Pogromtäter ausgestattet, die vom 12. bis 19. Januar 1990 ihre armenischen Mitbürger in ihren Wohnungen überfielen, mißhandelten und aufforderten, Aserbeidschan zu verlassen. Wer nicht «freiwillig» ging, wurde mit seinem Hausrat aus dem Fenster geworfen. Vier Armenier verbrannte man lebendig, darunter eine Schwangere. Wie in Sumgait versagte auch in

Baku die Polizei. Der verspätete Militäreinsatz am 19. Januar 1990 diente weniger dem Schutz der bedrohten armenischen Minderheit als der Aufrechterhaltung der sowjetischen Staatsmacht und forderte seinerseits etwa 100 Todesopfer. Von der einst 200 000 Angehörige zählenden armenischen Armeniergemeinde Bakus sind vermutlich heute nur noch 1800 geblieben, die meisten leben in bikulturellen Ehen. Sie wurden vollkommen in den Untergrund gedrängt, versteckt und beschützt von ihren nicht-armenischen Familienangehörigen.

Innerhalb von zwei Jahren wurden mithin fast sämtliche in Aserbeidschan lebenden Armenier durch Terror und Gewalt zur Flucht getrieben: etwa 350 000 von 475 000 nach der offiziellen sowjetischen Volkszählung von 1979. Nur in Arzach – dem Autonomen Gebiet sowie den nördlich angrenzenden Bezirken Chanlar und Schahumjan – leisteten die Armenier ihrer Vertreibung weiterhin Widerstand.

Der Weg in die Unabhängigkeit – Die Zweite Republik

Im Ausland galt Armenien bis 1988 als jene Sowjetrepublik, die zwar äußerlich am wenigsten sowjetisch wirkte, aufgrund ihrer territorialen und wirtschaftlichen Bedeutungslosigkeit jedoch bei Strafe des Untergangs dazu verurteilt schien, auf ewig ein russischer Satellit zu bleiben. Eine solche Sicht klammert freilich das zwischen Rußland und Armenien schon seit 1921 bestehende Konfliktpotential aus: die inneren und äußeren Territorialabtretungen zugunsten «der Türken» sowie die Enttäuschung armenischer Hoffnungen auf Sicherheit und Gerechtigkeit. Die unterschwellige Unzufriedenheit der Armenier manifestierte sich öffentlich erstmals am 24. April 1965, dem Jahrestag des Völkermords von 1915. Damals durchlebten die Armenier weltweit eine Wiedergeburt ihres Nationalbewußtseins; diese Stimmung setzte sich auch in Sowjetarmenien durch, wo bis dahin die öffentliche Trauer und das Gedenken an die Opfer des Genozids mit Rücksicht auf die Türkei unterdrückt worden waren. An diesem Tag demonstrierten in Jerewan zahlreiche Sowjetarmenier gemeinsam mit höchsten Parteifunktionären gegen das jahrzehntelange «Verbrechen des Schweigens». Es kam zum außenpolitischen Eklat. Um die Türkei zu beschwichtigen und künftige Spontankundgebungen in Armenien zu unterbinden, setzte Moskau den Ersten und Zweiten Parteisekretär Armeniens kurzerhand ab, ebenso den Kulturminister und zahlreiche andere hochrangige Funktionäre. Klugerweise räumte man aber den Armeniern den Bau eines Mahnmals ein, das, 1967 fertiggestellt, nun zur Demonstrationsstätte für das so lange unterdrückte Trauerbedürfnis wurde. Der 24. April wurde allerdings erst 1988 vom armenischen Parlament zum offiziellen Gedenktag erhoben, unter dem Druck der, damals noch außerparlamentarischen, nationaldemokratischen Opposition.

Die nächste Konfrontation mit Moskau stand an, als 1978 der Entwurf für eine neue Verfassung der Sowjetrepublik Armenien vorlag. Darin sollte dem Russischen eine ebenso wichtige Stellung wie dem Armenischen eingeräumt werden, im Gegensatz zur alten Stalin-Verfassung von 1936, die deutlich die Mehrheitssprachen der Unionsrepubliken zu Amtssprachen erklärt hatte. Zu Beginn der Ära Gorbatschow drückte sich die Unzufriedenheit mit der Zentralregierung sowie den zunehmend als Statthalter Moskaus empfundenen armenischen Kommunisten vor allem in Umweltfragen aus. Es wuchs das Gefühl, teils durch hausgemachte, teils von der zentralen Wirtschaftsplanung zu verantwortende Umweltkatastrophen an den Rand eines Ökozids getrieben worden zu sein. Man begriff, daß Armenien zu klein war, um ernsthafte Umweltbelastungen zu ertragen.

Schon im Oktober 1987 hatte es in Jerewan eine erste, damals von der Miliz allerdings schnell aufgelöste Solidaritätsdemonstration mit den bedrängten Landsleuten in Arzach gegeben. Den Anlaß dazu lieferten die zunehmenden Spannungen in Tschardachlu (Kreis Schamchor), einem jener armenischen Dörfer in Nord-Arzach, die 1923 bei der Festlegung der Verwaltungsgrenzen nicht dem Autonomen Gebiet Berg-Karabach zugeschlagen wurden. Tschardachlus Einwohner besaßen die Eigenschaften, für die die Arzacher Armenier so berühmt sind: Widerstandskraft, Mut und trotziges Beharrungsvermögen. 300 Offiziere und zwei Marschälle der Sowjetunion waren aus Tschardachlu hervorgegangen, einer von ihnen der bekannte Howhannes (Iwan) Bagramjan. Sein armenischer Name lautet deshalb «Marschalawan» – «Marschallsortschaft.» Ebenso wie das Autonome Gebiet entsandte Tschardachlu 1987 eine Delegation nach Moskau, die dort auf die äußerst zugespitzte Beziehung zwischen der Dorfbevölkerung und der aserbeidschanischen Verwaltung und Parteiführung hinwies. Die Abgesandten aus Tschardachlu baten vergeblich um die Entsendung einer Untersuchungskommission. Statt dessen überfiel am 1. Dezember 1987 der aserbeidschanische Bezirksparteisekretär von Schamchor mit 150 Milizionären das Dorf, ließ die Frauen von den Männern trennen und verprügeln – ein für transkaukasische Ehrbegriffe ungeheuerlicher Vorgang, der die Armenier in helle Empörung versetzte. Es kam zu einer Massenschlägerei.

Die Nachrichten aus Tschardachlu erreichten schließlich, trotz durchtrennter Telefonleitungen und einer über das Dorf verhängten Nachrichtensperre, Sowjetarmenien und wurden zur Initialzündung für die Arzachbewegung. Als dann am 20. Februar 1988 der Separationsbeschluß des Arzacher Gebietssowjets in Armenien bekannt wurde, nahm die Protest- und Solidaritätsbewegung Massencharakter an. Erst demonstrierten Hunderttausende, nach wenigen Tagen fast eine Million Armenier auf den Straßen und Plätzen Jerewans und konfrontierten Moskau, Aserbeidschan sowie die eigene kommunistische Regierung mit dem Verlangen *Miazum!* (Vereinigung). Auf dem Höhepunkt dieser größten Massenbewegung der sowjetischen Geschichte empfing Gorbatschow den aus Arzach gebürtigen Publizisten Sori Balajan sowie die populäre Lyrikerin Silwa Kaputikjan zu einer Audienz in Moskau und handelte mit ihnen den Abbruch der Demonstrationen gegen die Zusage aus, die Arzachfrage auf dem nächsten Plenum des Zentralkomitees zu prüfen.

Doch schon am 21. März 1988 leitete das Parteiorgan *Prawda* propagandistisch die Ablehnung des Anschlußbegehrens ein, indem sie die Arzachbewegung als antisozialistisch und vom Westen gesteuert diffamierte. Das oberste Parteigremium der UdSSR, das Politbüro, verurteilte wenige Tage darauf scharf sämtliche «Erscheinungen des Nationalismus», und das Präsidium des Obersten Sowjets, der nominellen Regierung, ließ in seiner Sondersitzung vom 24.3.1988 erkennen, daß mit Territorialveränderungen nicht zu rechnen sei.

Diese Status-quo-Haltung wurde weder in Arzach noch in Armenien akzeptiert. Obwohl Militär und Sondermiliz in Jerewan und Stepanakert seit März 1988 präsent waren, fanden in beiden Städten Massenkundgebungen und -demonstrationen, auch Streiks statt. Unter ihrem Eindruck beschloß die Regierung Sowjetarmeniens am 15. Juni 1988, dem Antrag des Arzacher Gebietssowjets auf Angliederung stattzugeben, während das Parlament Aserbeidschans drei Tage später erwartungsgemäß gegen die Abtretung stimmte.

Beide Länder beriefen sich dabei auf die sowjetische Verfassung, die widersprüchlicherweise sowohl das nationale Selbstbestimmungsrecht als auch die Integrität der Grenzen der Unionsrepubliken garantierte. Diesen Gegensatz von Staats- und Völkerinteressen konnten (und wollten) weder die sowjetische Zentralregierung noch die internationalen Gremien lösen, die seit 1992 mit dem Arzach-Konflikt befaßt sind.

Solange Moskau für das Krisenmanagement im Transkaukasus verantwortlich war, reagierte es weitgehend repressiv, mit Ausgangssperren und Notstandsverordnungen, mit Festnahmen und Drohungen. Gegen Streikende, die Anfang Juli 1988 zeitweilig auch den Jerewaner Zivilflughafen besetzt hielten, wurde Militär eingesetzt. Es kam zum Knüppelexzeß, bei dem ein unbeteiligter Armenier starb. Die politische Enttäuschung der Armenier schlug in Erbitterung um, ihr Vertrauen in eine halbwegs gerechte Regelung des Arzach-Konflikts schwand von Monat zu Monat.

Ab November 1988 trafen Zehntausende armenischer Flüchtlinge aus Aserbeidschan ein, wo es erneut zu armenierfeindlichen Ausschreitungen gekommen war. Darunter waren auch alle 750 Familien aus Tschardachlu. Viele dieser Flüchtlinge starben während des Erdbebens, das am 7. Dezember 1988 Nordarmenien erschütterte. Nach offiziellen Angaben wurden 25 000 Menschen unter Gebäudetrümmern begraben, inoffiziellen Schätzungen zufolge 50 000–100 000. Etwa eine halbe Million Überlebender wurde obdachlos, viele auch arbeitslos. Grimmigste Winterkälte, organisatorisches Unvermögen und mangelnde Koordination der sowjetischen Behörden sowie andauernde Flüchtlingsströme aus Aserbeidschan verschlimmerten das Ausmaß dieser Naturkatastrophe. Mitglieder der Arzachbewegung, die versuchten, in Eigeninitiative Hilfsmaßnahmen zu organisieren, wurden festgenommen, Protestdemonstrationen in Jerewan brutal aufgelöst, und über das Katastrophengebiet wurde der Ausnahmezustand verhängt, während es in Aserbeidschan vielerorts zu spontanen Freudenbekundungen kam. Manche Aserbeidschaner hielten gar die Katastrophe im Nachbarland für ein Gottesgericht.

Da Moskau die Pogrome und Vertreibungen in Aserbeidschan offenkundig als weniger bedrohlich empfand als die friedlichen Demonstrationen in Armenien und es zudem nicht bereit war, das jahrzehntelange Unrecht in Arzach zur Kenntnis zu nehmen, setzte sich in Armenien die Überzeugung durch, daß die Rettung des Landes im Austritt aus der UdSSR bestünde. Damit wandelte sich die Solidaritätsbewegung für Arzach seit 1989 zur Unabhängigkeitsbewegung. Im Sommer 1989 entstand aus mehreren Oppositionsgruppen die Armenische Gesamtnationale Bewegung, die Armenien auf «gesetzlichem Wege» in die Unabhängigkeit führen wollte. Bei den ersten freien Wahlen in Armenien seit 1920 wurde der Kandidat der Gesamtnationalen Bewegung, Lewon Ter-Petrosjan, zum Parlamentspräsidenten gewählt. Am 21. September 1991 stimmten 92 Prozent der wahlberechtigten Sowjetarmenier für den Austritt aus der UdSSR. Kurz darauf, am 17. 10. 1991, wählten sie mit 80 Prozent der abgegebenen Stimmen Ter-Petrosjan zum Staatspräsidenten.

Inzwischen war, nach dem gescheiterten Putschversuch im August 1991, das Ende der UdSSR eingeleitet worden. Wie alle Unionsrepubliken wurde Armenien abrupt und unvorbereitet in die Unabhängigkeit entlassen: ein winziger, politisch wie wirtschaftlich bedeutungsloser Staat, belastet mit den Traumata der armenischen Geschichte sowie dem Erbe der sowjetischen Nationalitätenpolitik.

Armenien verfügt über fast alle äußerlichen Insignien staatlicher Souveränität. Die blau-rote Staatsflagge der Sowjetrepublik wurde um einen orangefarbenen Streifen zur Trikolore ergänzt, wie sie einst das kilikisch-armenische Königreich geführt hatte. Und in München druckte man die künftigen blauen Pässe für die Bürger der Republik.

Doch die Zukunft Armeniens ist ungewiß. In gespenstisch anmutender Weise wiederholen sich die Probleme, die bereits 1920 das Ende der ersten Republik Armenien besiegelten: Flüchtlinge, Armut und außenpolitische Isolation. Jeder siebte der derzeit etwa 3,7 Millionen Einwohner ist Flüchtling, jeder dritte arbeitslos.

Die Armenier haben schon früh erkennen müssen, daß staatliche Unabhängigkeit allein noch keine Freiheit gewährt. Erdrückende Sachzwänge bestehen vor allem in der Außenpolitik sowie in der Wirtschaft. Von den unmittelbaren Nachbarn sind nur Georgien und der Iran im besten Fall neutral zu nennen. Aserbeidschan dagegen betrachtet Armenien als seinen eigentlichen Gegner im Arzach-Konflikt. Schon seit Januar 1990 kommt es an den langen armenisch-aserbeidschanischen Grenzen immer häufiger zu Übergriffen Aserbeidschans, seit Sommer 1992 auch zu Luftangriffen. Besonders exponiert ist dabei Sangesur, das sich wie ein Keil zwischen Aserbeidschan und Nachitschewan schiebt und deshalb von aserbeidschanischen Nationalisten als ärgerliches Hindernis ihrer Vereinigungswünsche angesehen wird.

Das Verhältnis Armeniens zur Türkei ist nicht nur durch die Verfolgungen und den Völkermord stark belastet, sondern auch durch die offene Parteinahme der Türkei für Aserbeidschan im Arzach-Konflikt. Das Machtvakuum, das mit dem Zerfall der UdSSR im Transkaukasus und in Mittelasien entstand, hat die politischen Ambitionen der Türkei geweckt und die Idee des Pantürkismus neu belebt. Der türkische Präsident Süleyman Demirel, damals Ministerpräsident, schwärmte 1992 von einem Groß-Türkenreich «von der Adria bis China». Das Minimalprogramm des Pantürkismus, der Oghusianismus, sieht die Vereinigung der Völker der südwesttürkischen (oghusischen) Sprachgruppe vor, also der Türkei und Aserbeidschans. Mit Ausnahme von Rechtsextremisten verstehen allerdings die meisten türkischen Politiker unter Pantürkismus derzeit weniger den politischen als den kulturellen und wirtschaftlichen Zusammenschluß der Turkvölker.

Daß in einem derartigen «Commonwealth» der Türkei die Führungsrolle zukäme, findet auch im Westen deutliche Billigung. Denn den USA und Europa ist die vermeintlich laizistisch-demokratische Türkei als Hegemonialmacht im Süden der einstigen UdSSR weitaus willkommener als die schiitischen Fundamentalisten im Iran. So avancierte die Türkei von der «Südostflanke der NATO» zum «Brückenkopf westlicher Demokratie», und ihre NATO-Verbündeten erheben keine Einwände dagegen, daß die Türkei Aserbeidschan nicht nur politisch, sondern auch militärisch unterstützt: mit Waffenlieferungen sowie hochrangigen Militärausbildern und -beratern. Ungehindert von türkischen Behörden führen die – offiziell verbotenen – rechtsextremistischen «Grauen Wölfe» zusätzliches Militärtraining für Freiwillige im Kampf gegen Arzach durch. Nach Angaben eines armenischen Militärführers aus Arzach sind seit Sommer 1992 45 türkische Offiziere unmittelbar an Operationen der aserbeidschanischen Nationalarmee in Arzach beteiligt. Offiziell aber hat die türkische Regierung bisher nicht in den Krieg in Arzach eingegriffen oder gar Armenien den Krieg erklärt. Eine Kriegserklärung an die armenische Regierung hat übrigens bisher nicht einmal Aserbeidschan ausgesprochen.

Denn die armenische Regierung hat alles darangesetzt, um einen solchen Krieg abzuwenden. Dafür opferte sie politische Grundwerte der armenischen Nation. Denn obwohl Präsident Ter-Petrosjan und seine Partei ihren Aufstieg wesentlich der Arzachfrage verdanken und als außerparlamentarische Opposition dafür sorgten, daß die kommunistische Regierung Sowjetarmeniens dem Anschlußbegehren der Arzacher zustimmte, haben sie, zur Macht gelangt, diese Forderung nicht aufrechterhalten. Mit den Beitritten zur GUS und zur KSZE erkannte Armenien völkerrechtlich verbindlich die Grenzen Aserbeidschans an und verzichtete auf den Anschluß Arzachs, für das die armenische Regierung nun nur noch die Anwendung des nationalen Selbstbestimmungsrechts verlangt. Als Aserbeidschan am 30.8.1991 den Austritt aus der UdSSR beschloß, blieb Arzach nichts anderes übrig, als sich seinerseits zur von Aserbeidschan unabhängigen Republik zu erklären (2.9.1991) – ohne Aussicht auf einen Anschluß an die Republik Armenien, deren Regierung bis heute die Republik Arzach nicht einmal politisch anzuerkennen wagte.

Das zweite große Opfer der Regierung Ter-Petrosjans bestand

darin, auf das Eingeständnis des Genozidverbrechens durch die Türkei zu verzichten. Vor allem für die Auslandsarmenier bedeutet das eine geradezu verräterische Nachgiebigkeit gegenüber türkischen Wünschen. Hier zeigte sich erstmals ein krasser Interessensgegensatz zwischen dem Überlebensbedürfnis der *hajastanziner,* der in Armenien gebürtigen und lebenden Armenier, und der armenischen Diaspora, die sich weitgehend aus Nachfahren der aus Westarmenien und Kilikien Vertriebenen zusammensetzt. Jahrzehntelang hatten sie um die internationale Verurteilung der Türkei für den Genozid gekämpft und sahen sich von der Regierung Armeniens im Stich gelassen. Dieser Konflikt kulminierte in den Auseinandersetzungen zwischen dem Außenminister Raffi Hovannisian und dem Präsidenten Ter-Petrosjan. Hovannisian, ein US-Bürger aus einer Gelehrtenfamilie, die sich politisch besonders für das Eingeständnis des Genozidverbrechens engagierte, wurde von Ter-Petrosjan im Oktober 1992 kurzerhand gefeuert. Er wagte es, bei einem offiziellen Türkei-Besuch seine Gastgeber wütend wegen des Völkermordes zur Rede zu stellen.

Den Hintergrund dieses türkeipolitischen Wohlverhaltens der armenischen Regierung bilden Embargo- und Blockademaßnahmen, die Aserbeidschan seit August 1989 gegen Armenien durchführt. Sie haben die durch das Erdbeben ohnehin schwer geschädigte Wirtschaft fast in den völligen Ruin gestürzt. Besonders dramatisch gestaltet sich die Energieversorgung. Hier hängt Armenien zu 90 Prozent von Importen aus Rußland und Mittelasien ab – bis zum Embargo von 1989 übrigens auch von Aserbeidschan. Zudem wurden 85 Prozent des Schienenverkehrs Armeniens über Eisenbahnstrecken abgewickelt, die durch Aserbeidschan verlaufen. Der Güter- und Schienenverkehr über Georgien wird angesichts der chaotischen Verhältnisse im nördlichen Nachbarland Armeniens zunehmend unrentabler: Bewaffnete Banden kassieren mehrfach Tribute, wenn Züge Westgeorgien passieren.

Die Energie- und Versorgungskrise spitzte sich seither von Winter zu Winter zu und erreichte 1992/93 wahrhaft katastrophale Ausmaße. Denn nun wurde selbst die letzte Lebensader immer wieder durchtrennt, die russisches Erdgas nach Armenien beförderte: entweder bei ethnischen Konflikten in Nordossetien, oder – meistens – im georgischen Bezirk Marneuli, wo überwiegend Aserbeidschaner leben, die den Kampf gegen Armenier zu ihrer Sache gemacht und die Pipeline wiederholt unterbrochen haben.

Armenien versank in Dunkelheit und Kälte, bei Januartemperaturen bis zu −20 Grad, im Erdbebengebiet sogar bis zu −30 Grad. Den Privathaushalten Jerewans, wo inzwischen über zwei Millionen Menschen leben, stand, wenn überhaupt, nur an zwei Stunden täglich Strom zur Verfügung (im Sommer 1993 waren es nur noch anderthalb Stunden). Von den rund 400 größeren Betrieben Armeniens konnten im Januar 1993 nur drei die Produktion aufrechterhalten. Seit November 1992 mußten landesweit Kindergärten und Schulen schließen, zeitweilig war es dazu schon im Vorwinter gekommen. Aus Strom- und Treibstoffmangel schwiegen die Telefone, der öffentliche Nahverkehr und die Müllabfuhr mußten fast gänzlich eingestellt werden. Ärzte operierten bei Kerzenlicht, Blutkonserven konnten nicht mehr gekühlt werden. Körperpflege und Wäsche wurden problematisch, da es kein warmes Leitungswasser mehr gab, Wasser auch nicht mehr anders erhitzt werden konnte und Rohre bei der Kälte massenhaft platzten. Geheizt werden konnte in den Privatwohnungen nur mit einfachen Holzöfen oder den aus den USA importierten, für Einkommensschwache unerschwinglich teuren Kerosinöfen, die fast ein Jahresgehalt kosten. In den Amtsstuben verfeuerte man, sofern noch Behördenbetrieb stattfand, Akten und Archive, in den privaten Behelfsöfchen die Werke Lenins und Karl Marx'. Bäume, im waldarmen Armenien von unschätzbarem Wert, verschwanden zunehmend aus dem Stadtbild.

Die Inflationsrate Armeniens lag 1992 nach Schätzungen des UNO-Flüchtlingshochkommissariats (UNHCR) bei 650 Prozent. Das Warenangebot ist überraschend reichhaltig, jedoch kaum erschwinglich, da die Endverkäufer sämtliche «Wegezölle» und Schutzgelder, die auswärtige wie einheimische Schieber erheben, auf die Preise schlagen. Zur Kälte gesellte sich auch der Hunger, und viele Menschen wiesen im Winter 1992/93 die aschfahle Gesichtsfarbe der Mangelernährten auf.

Infektionskrankheiten, hervorgerufen durch Unterkühlung, Fehlernährung sowie unsauberes Wasser nahmen erheblich zu. Die städtischen Leichenhallen registrierten einen Anstieg der Sterberate. Im

Winter 1992/93 erfroren in Jerewan täglich zehn Menschen oder starben an den Folgen der Unterkühlung. Meist handelte es sich um Ältere. Viele ältere Armenier können sich nicht daran erinnern, jemals zuvor eine so harte Zeit durchlitten zu haben wie den Blockadewinter 1992/93, nicht einmal im Zweiten Weltkrieg. Und viele spüren, daß ihre körperlichen und seelischen Widerstandskräfte schwinden und sie sterben müssen, falls sie nochmals solchen Entbehrungen ausgesetzt werden.

Um dies zu verhindern, hat sich die armenische Regierung entschlossen, das umstrittene Kraftwerk von Mezamor wieder in Betrieb zu nehmen. Für die dringend erforderliche technische Nachrüstung aber besitzt Armenien kein Geld. Ob mit ausländischer Unterstützung zu rechnen ist, erscheint fraglich. Die Weltbank empfahl inzwischen den sieben führenden Industrienationen Armenien Wirtschaftshilfe zu verweigern, sollte es das Kraftwerk Mezamor wieder in Betrieb nehmen. Bislang protestierten weder internationale Gremien noch Einzelstaaten nennenswert gegen den aserbeidschanischen Versuch, die Armenier durch Kälte, Entbehrungen und wirtschaftlichen Ruin fertigzumachen, obwohl Blockaden völkerrechtlich verboten sind. Noch geringer ist natürlich die Einsicht in die Unrechtmäßigkeit der Blockade auf aserbeidschanischer Seite. Selbst in Kreisen der Opposition hält man sie für ein legitimes Kampfmittel.

Einer Umfrage der Akademie der Wissenschaften Armeniens vom Februar 1993 zufolge waren allerdings noch immer 70 Prozent der Befragten dafür, den Kampf für eine günstige Lösung im Arzach-Konflikt fortzusetzen. Trotzdem haben viele Armenier die Hoffnung auf ein einigermaßen erträgliches Leben in ihrer Heimat aufgegeben. 1992 gingen bei der zuständigen staatlichen Behörde 500 000 Auswanderungsanträge ein. Umfragen im Herbst 1993 zufolge wollten sogar 70 Prozent das Land verlassen.

Trotz dieser hierzulande kaum vorstellbaren Schwierigkeiten weist Armenien allerdings bisher eine größere politische Stabilität auf als die Nachbarn Georgien und Aserbeidschan, deren demokratisch gewählte Präsidenten Gamsachurdia und Eltschibej 1991 bzw. 1993 von der Opposition vertrieben wurden. Zwar kam es auch in Armenien 1992 und im Februar 1993 zu Regierungskrisen, und die Regierungspolitik wird massiv kritisiert – für Nachgiebigkeit in der Außenpolitik bis hin zu dem Vorwurf, den Demokratisierungsprozeß zu verschleppen. Noch immer besitzt Armenien keine neue Verfassung, und die alten Gesetze aus der Sowjetzeit entsprechen längst nicht mehr den neuen Besitz- und Eigentumsverhältnissen. Aber vielleicht sind Armenier, gerade aufgrund ihrer leidvollen Geschichte, im Vergleich zu ihren Nachbarn zu größerem Pragmatismus fähig. Denn auch die Oppositionsführer haben inzwischen erkannt, daß der Handlungsspielraum der Regierung äußerst knapp ist. Wer immer an der Spitze der Republik Armenien Verantwortung trägt, wird Sachzwänge und Grundsätze und Wünsche der armenischen Nation bewältigen müssen.

Menschenrechte in einem Krieg

Arzach und Armenien sind nur zwei der vielen Wunden, aus denen die Menschheit blutet. Seiner Dauer und der Zahl der Todesopfer nach stellt der Arzach-Konflikt den längsten und blutigsten der inzwischen zahlreichen Nationalitätenkonflikte in der ehemaligen Sowjetunion dar: fast eine Million Flüchtlinge und Vertriebene und etwa 26 000 Tote zwischen 1988 und Ende August 1993. Davon sind 16 000 Opfer nach offiziellen Angaben Aserbeidschaner. Die Zahl gefallener Aserbeidschaner ist hoch, denn die oft noch sehr jungen Rekruten sind den Armeniern nicht nur an Ausbildung und Motivation unterlegen, sondern wurden nach Aussagen Kriegsgefangener und armenischer Beobachter von den eigenen Offizieren niedergeschossen, wenn sie Furcht vor dem Feind zeigten: Den Frontlinien der jungen Soldaten folgt angeblich eine «Straflinie» von Offizieren. Auf armenischer Seite handelt es sich bei den Kriegstoten meist um zivile Opfer von Luftangriffen.

Seit dem Beginn 1988 wird der Arzach-Konflikt von schweren Verletzungen der Bürger- und Grundrechte sowie von brutalen Verbrechen gegen die Menschlichkeit begleitet. Notstandsverordnungen boten der Zentralregierung sowie den Militärbehörden der UdSSR

Möglichkeiten, in Arzach ein- und durchzugreifen, ohne die in der UdSSR nicht gerade entwickelten Grund- und Bürgerrechte beachten zu müssen. Willkürliche Festnahmen und Hafturteile im Schnellverfahren, ohne Anwalt und bei geringsten Regelwidrigkeiten, sowie die Mißhandlung politischer Gefangener wurden zur Alltäglichkeit. Unter dem Vorwand von Razzien zur «Paßkontrolle» – in Arzach durften sich seit 1989 nur amtlich dort registrierte Armenier aufhalten – und der Durchsuchung von Wohnhäusern nach illegalen Waffen fielen Sowjetsoldaten in armenische Dörfer ein, bestahlen und terrorisierten die Einwohner, als ob sie sich im Feindesland befänden.

Vom 12. Januar bis zum 28. November 1989 nahm die sowjetische Zentralregierung das Autonome Gebiet Berg-Karabach unter ihre direkte Verwaltung. Vielen Armeniern erschien dies zunächst als ein halbherziger, grundsätzlich begrüßenswerter Versuch Moskaus, Arzach dem Zugriff Aserbeidschans zu entziehen. Tatsächlich aber diente die Direktherrschaft vorrangig der Auflösung der alten Selbstverwaltungsgremien Arzachs, insbesondere des politisch unbequemen Gebietssowjets. Moskau ersetzte ihn durch ein fünfköpfiges Sonder-Organisationskomitee, in dem die Armenier mit nur zwei Vertretern in der Minderheit waren. Auf Druck Aserbeidschans hob der Oberste Sowjet der UdSSR am 28. November 1989 die Direktherrschaft wieder auf, worauf sich die Situation weiter verschärfte.

Am 25. Juli 1990 befahl Michail Gorbatschow, damals sowjetischer Staatspräsident, den Regierungen der Unionsrepubliken ultimativ die Entwaffnung und Neutralisierung der «nicht in der sowjetischen Verfassung vorgesehenen bewaffneten Gruppen». Für Aserbeidschan der willkommene Anlaß, mit den Selbstverteidigungskämpfern in Arzach abzurechnen. Denn die alten Traditionen des bewaffneten Widerstandes und des Partisanenkampfes hatten sich vor dem Hintergrund der Armenierverfolgungen in Aserbeidschan neu belebt, zumal die Arzacher Armenier zutiefst der Bereitschaft der sowjetischen «Sicherheitskräfte» mißtrauten, das Leben der armenischen Volksgruppe in Arzach zu schützen. Nach alter Sitte nahmen sie daher lieber die Verteidigung von Haus, Hof und Leben selbst in die Hand. Ab September 1990 entsandte die Regierung in Baku aserbeidschanische *OMON*-Ein-

heiten * nach Arzach, offiziell, um das Entwaffnungsdekret durchzusetzen, tatsächlich aber, um die Deportation der Armenier aus Arzach
vorzubereiten. Aserbeidschan besaß die Billigung und Unterstützung
der sowjetischen Militärführung einschließlich des damaligen Vertei-
digungsministers Dmitrij Jasow. Die ersten Schläge erfolgten im Norden Arzachs, und zwar schon am 8. März 1990, als aserbeidschanische
Behörden mit Unterstützung der Truppen des zentralen Innenministe-
riums die Einwohner der Dörfer Asad und Kamo (Bezirk Chanlar) nach
wochenlangem Beschuß vertrieben. Ein Jahr darauf erfolgte die «Operation Ring», in deren Verlauf zwischen April und August 1991 die Bewohner weiterer 25 armenischer Dörfer vertrieben wurden. Die Vor
gehensweise war stereotyp: Erst wurde der Strom abgeschaltet, dann
umstellten Panzer und Panzerwagen der Innenministeriumstruppen
(später der 23. Division der 4. Sowjetarmee) die Dörfer, über denen
Hubschrauber kreisten. So gedeckt, rückten aserbeidschanische
OMON-Angehörige und Zivilpersonen in die Dörfer ein, raubten sie
aus, vergewaltigten Frauen und terrorisierten die Einwohner so lange,
bis sie die Erklärung über ihre «freiwillige Ausreise» unterzeichneten.
Danach verfrachtete man sie an die armenische Grenze und überließ
sie ihrem weiteren Schicksal.

Die Angaben über die Zahl der Vertriebenen schwanken zwischen
5000 und 10 000, während ein aserbeidschanischer Sprecher am
22. Mai 1991 auf einer Pressekonferenz in Moskau über die vorläufi-
gen Ergebnisse der «Operation Ring» bekanntgab, es sei notwendig
gewesen, 32 000 Menschen aus Karabach auszusiedeln. 140 bis 170 Armenier starben während dieser brutal durchgeführten Vertreibungsak-
tion oder erlagen später in Armenien ihren Verletzungen. Über 600
wurden als Geiseln verschleppt bzw. als angebliche Terroristen einge-

* OMON: russische Abkürzung für die 1990 gegründete und zunächst dem
  zentralen sowjetischen Innenministerium direkt unterstellte «Polizei für
  Sonderaufgaben». Auch als «Schwarze Barette» bekannt, wurden sie in den
  Sowjetrepubliken vor allem zur Niederschlagung von Aufständen eingesetzt und waren bald für besonders brutale Einsätze bekannt. Der aserbeidschanische OMON hatte Anfang 1991 über 4000 Angehörige.

kerkert und nach Willkürprozessen teilweise bis heute gefangengehalten. Fast alle Verschleppten wurden gefoltert. «Sie schlagen, um zu erschlagen», berichtete ein entlassener armenischer Gefangener.

Mit dem Zerfall der UdSSR zogen sich die sowjetischen Truppen aus dem Krisengebiet bis zum März 1992 zurück, obwohl Aserbeidschan schon Anfang Dezember 1991 die «militärische Lösung» des Arzach-Konflikts eingeleitet hatte. Seitdem wurde das Gebiet mit Mörsern und Raketen beschossen. Seit Juni 1992 erfolgten Luftangriffe. Ukrainische und russische Militärflieger sind buchstäblich für eine Handvoll Dollar bereit, den Aserbeidschanern bei der Bekämpfung der Bergbauern zu helfen und die modernen Bomber SU-25 sowie die Hubschrauber MI-24 zu fliegen, die die zerfallende Sowjetarmee Aserbeidschan reichlich zur Verfügung stellte. Bei diesen Luftangriffen wurden vor allem international geächtete Splitterbomben sowie 500-kg-Bomben eingesetzt, die, allen Kriegskonventionen zuwider, in erster Linie der Zerstörung ziviler Ziele dienten: Krankenhäuser, Schulen, Kindergärten, Kirchen, Wohnhäuser und sogar Flüchtlingstrecks.

Obwohl den Aserbeidschanern zahlenmäßig weit unterlegen, ist es den jetzt noch etwa 140 000 zählenden Einwohnern Arzachs gelungen, ihre Heimat weitgehend zu verteidigen und sogar militärische Erfolge zu erringen. So konnte Ende Mai 1992 die vollständige, seit 1988 von Aserbeidschan verhängte Blockade Arzachs durchbrochen und bei der Kreisstadt Latschin eine Landverbindung zur Republik Armenien hergestellt werden. Denn hier ist der 1923 künstlich zwischen Armenien und Arzach geschaffene Landstreifen mit nur sieben Kilometern am schmalsten. Seither ist der Latschiner Korridor die wichtigste Lebensader, die Arzach mit dem übrigen Armenien verbindet. Danach machte im Juni und Juli 1992 die aserbeidschanische Nationalarmee vor allem im Norden Arzachs weitere Eroberungen. Etwa 80 000 Armenier mußten damals fliehen. Ähnlich wie bei der «Operation Ring» kam es auch während der aserbeidschanischen Angriffe 1992 zu Massakern an der Zivilbevölkerung eroberter Ortschaften. Eine junge armenische Flüchtlingsfrau berichtete der britischen Journalistin Vanya Kewley, wie sie Ohren- und dann Augenzeugin wurde, als Aserbeidschaner einem ihrer Nachbarn den Kopf absägten.

Kriege besitzen ihre eigene blutige Logik. Dazu gehört auch der Lehrsatz vom Angriff als bester Verteidigung. Da die Armenier Arzachs in ihrem sechsjährigen Kampf um Unabhängigkeit allein gelassen wurden, bewegt sich ihr Denken fast nur noch in militärischen Kategorien. Sie fürchten, bei der geringsten Schwäche endgültig vertrieben zu werden. Ihr Verhalten wird von strategischen Notwendigkeiten bestimmt – etwa die einst armenische, 1992 aber nur noch von Aserbeidschanern bewohnte Festungsstadt Schuschi zu erobern. Denn von dort wurde das tiefer gelegene Stepanakert gnadenlos mit Granaten beschossen; entsprechend strategisch motiviert waren die Besetzung Kelbadschars und Angriffe auf die im Osten sowie Süden Arzachs gelegenen aserbeidschanischen Kreisstädte Agdam, Fisuli, Dschebrai und Kubatly.

Auch auf aserbeidschanischer Seite gibt es das Elend von Flucht und Vertreibung sowie Todesopfer zu beklagen. Diese Opfer des Arzach-Krieges dürfen keineswegs übersehen werden. Aserbeidschanische Tränen schmecken genauso bitter wie armenische. Die aserbeidschanische Minderheit Arzachs, etwa 40 000 Menschen, ist seit 1988 ebenso vertrieben worden bzw. geflohen wie die bis Ende 1988 in Armenien ansässigen 180 000 bis 194 000 Aserbeidschaner. Zwar gab es in Armenien keine den Pogromen von Sumgait oder Baku vergleichbaren Ausschreitungen, aber die aserbeidschanische Minderheit Armeniens fürchtete Vergeltungsmaßnahmen, zumal die Haltung gegen Aserbeidschaner dort sehr feindselig geworden war. Örtliche Verwaltungsfunktionäre und -beamte legten den Aserbeidschanern die «freiwillige» Ausreise aus Armenien nahe. Strittig ist die Frage, inwieweit es während der Arzacher Offensiven zwischen März und August 1993 zu Tötungen, Vertreibungen und Plünderungen an der Zivilbevölkerung in den von Kampfhandlungen betroffenen aserbeidschanischen Bezirken kam. Während die Arzacher Militärführung auf Befehle hinweist, die den Armeniern das Betreten aserbeidschanischer Ortschaften verbieten, räumte das aserbeidschanische Staatsoberhaupt Alijew ein, die aserbeidschanische Nationalarmee vertreibe die Einwohner vieler Dörfer mit der Drohung, armenische Angriffe stünden bevor, um die Ortschaften dann selbst zu plündern.

Längst sind die im östlichen Transkaukasus lebenden Kurden zwischen die Fronten des Krieges geraten. Kurdischen Angaben zufolge erschossen Aserbeidschaner seit 1988 allein im Bezirk Latschin 600 Kurden, weil sie sich geweigert hatten, auf seiten der Aserbeidschaner zu kämpfen oder im Falle von deren Rückzug ihre Dörfer zu räumen. Im Bezirk Kubatly trieb die aserbeidschanische Armee im August 1993 die kurdische Bevölkerung als lebenden Schutzschild vor sich her.

Geiselnahmen von Zivilpersonen sind traditionell eine Eigentümlichkeit der Kriegführung und Konfliktaustragung im Kaukasus und Transkaukasus. Auch hiervon sind beide Völker betroffen, wobei allerdings die Zahl armenischer Geiseln bis zum März 1993 höher lag bzw. die an armenischen Geiseln begangenen Gewalttaten häufiger und brutaler zu sein scheinen als umgekehrt. Im Juni 1993 wurden 279 armenische Geiseln bzw. Verschleppte registriert. Dem aserbeidschanischen Präsidenten Alijew zufolge befanden sich 2804 Aserbeidschaner Ende August 1993 in armenischer Gefangenschaft oder Geiselhaft, darunter 320 Frauen und 71 Kinder.

Wenn auch die Praxis der Geiselnahme weit in die Geschichte zurückreicht, so ist die Grausamkeit, mit der heute Geiseln behandelt werden, neu. Die meisten armenischen Geiseln wurden gefoltert, viele – Männer wie Frauen – auch sexuell. Die 70jährige Arewat Bogotschjan berichtete, wie sie und ihr Mann am 3. Juni 1992 in die Hände von Aserbeidschanern fielen, von einem Dorf zum nächsten verkauft und immer wieder gefoltert und vergewaltigt wurden, trotz ihres Alters. Man riß Frau Bogotschjan die Fingernägel aus, übergoß sie mit heißem und kaltem Wasser, drohte sie zu erschießen. Am 22. November 1992 wurde sie endlich freigelassen, nachdem Armenier 100 000 Rubel bezahlt hatten. Von ihrem Mann fehlt bisher jede Spur.

Geiselnahmen passieren nicht nur, um ein Mitglied der eigenen Volksgruppe oder Familie freizupressen, sondern funktionieren auch, vor allem für Armenier, als Tauschobjekt für Benzin, Vieh usw. Alle am Geiselgeschäft Beteiligten verdienen, Vermittler ebenso wie manche Geiselhändler, die Menschen nur verschleppen, um sie auf dem aserbeidschanischen Geiselmarkt zu verkaufen. Selbst in Georgien, auf Flughäfen und in Transitzügen machen Aserbeidschaner wie auch georgische Banditen regelrecht Jagd auf Armenier, um sie in Aserbeidschan weiterzuverkaufen. Immer häufiger verschleppen Angehörige der in Aserbeidschan sehr populären «Grauen Wölfe» Armenier. Nicht alle Geiseln überleben.

Aussichten

Seit Ausbruch des Krieges bemühen sich internationale Gremien und einzelne Staaten um Friedenslösungen. Doch alle bisherigen Waffenstillstandsabkommen sind geplatzt. Warum ist der Friede in dieser Region so schwierig?

Der Grund dafür liegt in der Gegensätzlichkeit und Zwiespältigkeit der Interessen der an den Friedensbemühungen beteiligten Staaten. Seit dem Zerfall der UdSSR findet im östlichen Transkaukasus eine Neuverteilung von wirtschaftlichen und politischen Einflußsphären statt. Dabei geht es um Erdöl ebenso wie um Hegemonialpolitik. Bereits im Juli 1991 sicherte sich der amerikanische Konzern Amoco die Rechte auf die Erschließung aserbeidschanischer Erdölvorkommen am Kaspischen Meer, gefolgt von British Petroleum (BP) sowie der norwegischen Staatsfirma Statoil. Es geht bei diesem Milliardengeschäft nicht allein um die aserbeidschanischen, sondern auch um die transkaspischen Erdöl- und Erdgasvorkommen im mittelasiatischen Turkmenien und Kasachstan.

Umstritten ist, auf welchem Weg das Erdöl in den Westen gelangen soll. Hier bewarben sich zunächst sowohl der Iran als auch die Türkei, letztere mit besseren Chancen, da die westlichen Konzerne nicht politischen Erpressungsversuchen des Iran ausgesetzt werden wollten. Ursprüngliche Pläne, ein Teilstück der etwa 1000 km langen Pipeline durch Armenien zu verlegen, wurden wegen des Arzach-Krieges aufgegeben. Statt dessen sollte die Pipeline von Aserbeidschan aus über den Nordiran, Nachitschewan und die türkische Stadt Erzurum verlegt werden und am Mittelmeerhafen Yumurtalyk enden. Rußland hat inzwischen durchgesetzt, daß die Ölleitung über sein Staatsgebiet verläuft. Der Krieg in Aserbeidschan und die dadurch ausgelösten innenpolitischen Krisen stören den Aufbau und die Abwicklung der internationalen Erdölgeschäfte. Profitinteressen geraten in Widerspruch zu politischen Ambitionen. Das gilt vor allem für die Türkei und den Iran, die zwar beide am Erdöl verdienen möchten, zugleich aber auch politisch Einfluß im Süden der einstigen Sowjetunion ausüben wollen.

Im Falle der Türkei führt dies zu einer deutlichen Doppelrolle; denn einerseits versucht sie, sich als Friedensstifterin im Arzach-Konflikt zu profilieren, und wird hierin auch vom Westen, insbesondere den USA und Deutschland, bestärkt. Andererseits sieht sich die Türkei, als selbsternannte Schutzmacht ihrer «türkischen Brüder», zur Unterstützung Aserbeidschans verpflichtet. Diese zwiespältige Motivlage macht die türkische Außenpolitik unberechenbar. Säbelrasseln und verbale Kraftmeierei wechseln ab mit Einlenkungs- und Beschwichtigungsversuchen. So warnte der verstorbene türkische Staatspräsident Turgut Özal während seines letzten Besuches in Aserbeidschan im April 1993 die Armenier indirekt vor einem weiteren Völkermord: «Armenien hat seine Lektion aus der Erfahrung in Anatolien und der damit verbundenen Bestrafung nicht gelernt.» Zuvor hatte Özal die Türkei aufgefordert, «Armenien die Zähne zu zeigen» und sich an die Zyperninvasion von 1974 zu erinnern, was in seiner Heimat als Aufruf zur militärischen Intervention aufgefaßt wurde. Dem damaligen Ministerpräsidenten Demirel fiel die Aufgabe zu, Özals Ausfälle zu relativieren.

Das neuerliche außenpolitische Engagement Rußlands im Transkaukasus, die Arzacher Militärerfolge sowie der Sturz des aserbeidschanischen Präsidenten Eltschibej beeinträchtigten die ehrgeizigen türkischen Pläne – denn man verlor mit Eltschibej den entschiedensten Parteigänger des pantürkischen Programms im Transkaukasus. Sein Nachfolger Heidar Alijew hat die einseitige Orientierung an der Türkei beendet und Aserbeidschan wieder in die GUS zurückgeführt. Die Türkei hat diesen Kurswechsel nicht verhindern können und versucht seit September 1993, ihre Außenpolitik den veränderten Verhältnissen anzupassen. Nicht gegen, sondern mit Rußland, indirekte Einflußnahme statt offener Konfrontationen, lautet nun die Devise.

Auch die Haltung Irans ist zwiespältig. Ebenso wie Rußland besitzt

Iran ein starkes Interesse daran, den Einfluß der Türkei möglichst gering zu halten. Das allein aber macht Iran noch nicht automatisch zum Verbündeten der Armenier. Das Land ist ein Vielvölkerstaat; fast ein Drittel seiner Bevölkerung ist aserbeidschanischer Abstammung, und die Vereinigungswünsche zwischen den transkaukasischen Nord- und den iranischen SüdAserbeidschanern bedrohen den Staatsbestand. So schwankt die iranische Außenpolitik zwischen zurückhaltender Solidarität mit den schiitischen Glaubensbrüdern in Aserbeidschan bzw. der Rücksichtnahme auf die einflußreiche aserbeidschanische Lobby im Iran und dem Versuch, die pantürkische Bewegung im Transkaukasus zu neutralisieren.

Nach zwei gescheiterten Vermittlungsversuchen war das iranische Engagement in Aserbeidschan zurückhaltend, bis Ende August 1993 Arzacher Einheiten in die Grenzregion zum Iran vorstießen. Der Iran intervenierte mit 10000 Soldaten in Aserbeidschan, angeblich nicht militärisch, sondern humanitär. Die Motivzerrissenheit Irans zeigt sich in dieser merkwürdigen Aktion überdeutlich. Zum einen sollten etwa 150000 Kriegsflüchtlinge von der Grenzüberschreitung abgehalten und damit eine Verstärkung des aserbeidschanischen Bevölkerungselements verhindert werden, indem iranische Soldaten für Kriegsopfer Notunterkünfte im eigenen Land errichteten. Zum anderen erfolgte die Intervention auf Druck der in der Armeeführung starken aserbeidschanischen Lobby. Die armenische Minderheit des Iran gerät vor diesem Hintergrund, wie auch die 35000 noch in Istanbul lebenden Armenier, in eine Geiselsituation.

Begünstigte die Sowjetregierung im Hinblick auf die etwa 50 Millionen meist turkstämmiger Muslime im eigenen Land eindeutig Aserbeidschan, so bemühte sich die nachsowjetische Diplomatie zunächst um eine möglichst ausgewogene, neutrale Beziehung zu Armenien und Aserbeidschan. Im Arzach-Konflikt wies Rußland beiden Republiken gleichermaßen die Schuld für die Eskalation der Gewalt zu. Eine deutliche Wende trat in der russischen Außenpolitik Ende 1992 ein. Rußland konzentriert sich wieder verstärkt auf die Rolle als kontinentale Hegemonialmacht in Eurasien und intensivierte auch die Armenienpolitik, zumal Präsident Jelzin von der UNO grünes Licht erhalten hatte, sich um die Beilegung ethnischer bzw. militärischer Konflikte in der ehemaligen UdSSR zu kümmern. Anfang 1993 bezichtigte der russische Botschafter in Armenien, Wladimir Stupischin, öffentlich Aserbeidschan, in Arzach einen «verbrecherischen Krieg gegen Zivilisten» zu führen.

Vertreter der russischen Militärführung, auch der Verteidigungsminister Pawel Gratschow, warnten die Türkei wiederholt scharf vor einem militärischen Eingreifen im Transkaukasus und machten klar, daß sie diese Region noch immer als russische Einflußsphäre betrachten. Das freilich qualifiziert Moskau noch keineswegs zur Schutzmacht der Armenier. Ein Militärputsch in Aserbeidschan machte den in Moskau als korrupt und zwielichtig angesehenen Heidar Ali Risa-ogly Alijew zum Parlamentspräsidenten bzw. Staatsoberhaupt. Rußland wird sich mit jedem aserbeidschanischen Spitzenpolitiker arrangieren, der die Grenzen offen hält und Rußland eine stärkere Beteiligung am Erdölgeschäft sichert. Genau das hat Alijew getan und die Vertragsabschlüsse seines Vorgängers Eltschibej mit westlichen Firmen platzen lassen. Ohne Rußlands Zustimmung wird das aserbeidschanische und mittelasiatische Erdöl nicht nach Westen fließen. Der erneute Schulterschluß fördert, im besten Fall, die Bereitschaft Aserbeidschans zu direkten Verhandlungen mit den Arzachern, im schlimmsten Fall jedoch eine «Konfliktlösung» über die Köpfe der Armenier hinweg. Denn Moskau wird als Gegenleistung den Aserbeidschanern die Regelung ihrer internen Nationalitätenkonflikte zugestehen oder sogar militärisch in Arzach eingreifen, zugunsten Aserbeidschans. Rußlands hegemonialpolitische Konkurrenz mit der Türkei schließt eine Zusammenarbeit beider Staaten keineswegs aus. Im Außenhandel ist die Türkei ein wichtiger Partner, und im März 1993 hat sich Rußland zudem vertraglich verpflichtet, der Türkei Kampfhubschrauber und Panzerwagen im Gesamtwert von umgerechnet 120 Millionen DM zu liefern – Waffen, die die Türkei mit Sicherheit zumindest teilweise an Aserbeidschan weiterreichen wird.

Ähnlich widersprüchlich verhielten sich auch die USA. Der amerikanische Außenminister Warren Christopher kritisierte Juni 1993 die Türkei wegen ihrer Menschenrechtsverletzungen und sicherte ihr

gleichzeitig die Lieferung von Militärhubschraubern und Kampfflug-
zeugen im Wert von 277 Millionen Dollar zu.

Armenien hat, vor dem Hintergrund der negativen Erfahrungen
mit Rußland, unter der Präsidentschaft Lewon Ter-Petrosjans versucht, eine eigenständige Außenpolitik zu etablieren. Aber die Dauer-
blockade Aserbeidschans trieb Armenien schnell wieder an die Seite
Rußlands. Nach der Auflösung der Sowjetunion, Ende Dezember 1991,
unterzeichnete Armenien als erster Staat einen Vertrag über Zusammenarbeit mit Rußland, das bis heute mit 85 Prozent des Gesamtvolu-
mens wichtigster Außenhandelspartner ist. Rußland darf weiterhin
Truppen auf armenischem Staatsgebiet stationieren. Der Versuch, eine
eigenständige Position jenseits des traditionellen Geflechts von Bünd-
nissen und Gegnerschaften im Transkaukasus zu finden, ist gescheitert. Die Gründe für dieses Scheitern sind indes nicht nur in den über-
mächtigen äußeren Sachzwängen zu suchen, sie liegen durchaus auch
in der Politik der zweiten armenischen Republik unter Ter-Petrosjan.
Diese kennzeichnet eine Überschätzung des Gegengewichts der internationalen Gremien zu den Großmächten und ein anfangs naives Vertrauen in die Rhetorik der «neuen Weltordnung» im postsowjetischen
Zeitalter.

Denn gerade am Beispiel Armenien bzw. Arzach zeigten sich die
Schwächen und Handlungsgrenzen der internationalen Gremien und
Diplomatie besonders deutlich. Die KSZE ist durch die bedingungslose
Aufnahme der Nachfolgestaaten Jugoslawiens sowie der Sowjetunion
zu einem äußerst schwerfälligen Gremium geworden. Diese Lähmung
resultiert im wesentlichen aus der deutschen Politik. Vor allem Botschafter (und derzeitiger KSZE-Generalsekretär) Wilhelm Höynck
und der damalige Außenminister Genscher setzten Ende 1991 die Aufnahme der neuen Mitgliedsstaaten im Schnellverfahren durch, ohne
zuvor die Menschenrechtssituation in diesen Ländern zu prüfen. Es
überrascht also nicht, daß die KSZE-Diplomatie bisher keinerlei Erfolge im Arzach-Konflikt vorweisen kann, zumal es den KSZE-Mit-
gliedsstaaten Aserbeidschan und Türkei gelungen ist, ihre Sichtweise
des Konflikts sowohl in der KSZE als auch in der UNO durchzusetzen.
Damit wurde in geradezu grotesker Weise ein um Neutralität ringen-

der Staat, die Republik Armenien, in die Rolle einer Konflikt-, ja Kriegspartei gedrängt und die eigentlich Betroffenen, nämlich die Armenier Arzachs, aus allen Verhandlungen ausgeschlossen. Ein so realitätsfremdes Vorgehen entspringt nicht zuletzt dem Etatismus, dem Staatsdenken, in dem viele KSZE- und UNO-Diplomaten befangen sind. Man agiert, als würden Politik und Geschichte nicht von Menschen oder Völkern vollzogen, sondern von Staaten. Deren Grenzen, ob rechtmäßig zustande gekommen oder nicht, behandelt man als sakrosankt. Völker ohne (anerkannten) Staat wie die Armenier Arzachs aber werden nicht als selbstbestimmte Subjekte ihres Schicksals angesehen, sondern nur als Objekte von Verhandlungen anderer. (In der Vergangenheit kam es vor, daß die politischen und militärischen Führer Arzachs nicht einmal über die Waffenstillstandsabkommen informiert wurden, die über ihre Köpfe hinweg ausgehandelt worden waren.)

Nach dem Scheitern der KSZE-Friedensbemühungen haben nun wieder Einzelstaaten die Initiative ergriffen, allen voran Rußland. Die Erfahrung zuvor hat die Arzacher gelehrt, aus der Position der Stärke zu verhandeln. Zynischerweise bedurfte es einer Serie armenischer Siege und, damit verbunden, Zehntausender Vertriebener und Tausender Toter, um die Aserbeidschaner an den Verhandlungstisch zu bringen. Seit Ende Juli 1993 finden direkte Verhandlungen Aserbeidschans mit den Arzachern statt. Sie werden langwierig und schwierig sein, denn nach wie vor ist Aserbeidschan nicht bereit, den Armeniern mehr als die Wiederherstellung des Autonomiestatus anzubieten, der im November 1991 aufgehoben worden ist. Nach zwei Jahren erfolgreicher Verteidigung und faktischer Unabhängigkeit werden die Armenier Arzachs kaum bereit sein, sich noch einmal aserbeidschanischer Herrschaft zu unterstellen.

Die Lehren, die aus dem Scheitern internationaler wie nationaler Friedensbemühungen gezogen werden können, ergeben das – im Grunde einfache – Rezept für einen dauerhaften Frieden: direkte Beteiligung der Arzacher Armenier an allen Friedensverhandlungen auf internationaler Ebene und Sicherheitsgarantien für die Existenz Arzachs.

Die Chancen, daß Aserbeidschan sich auf solche Schritte einläßt, sind allerdings gering. Aserbeidschan klammert sich an sein «Recht» auf den Besitz Arzachs, auch wenn seine Versuche, diesen Anspruch militärisch durchzusetzen, bis heute Zehntausenden das Leben gekostet haben – Aserbeidschanern, aber häufig auch den Angehörigen der Minderheitenvölker der Lesghinen und Talyschen, die als Kanonenfutter eingesetzt werden.

Selbst die sehr kleine Schar von Kriegsgegnern in der aserbeidschanischen Opposition mochte sich nicht zum Selbstbestimmungsrecht oder der Verurteilung der Blockade Armeniens bekennen. Seit 1988 haben aserbeidschanische Politiker – Kommunisten wie Nicht-Kommunisten – bekundet, daß ihr Volk Arzach nicht «hergeben» würde und der Arzach-Konflikt durch Krieg entschieden werden müsse.

Der russische Menschenrechtler und Friedensnobelpreisträger Andrej Sacharow, der sich vergeblich in Aserbeidschan für eine politische Lösung des Arzach-Konflikts eingesetzt hatte, erklärte im November 1989, kurz vor seinem Tod, «für Aserbeidschan ist die Karabachfrage eine Sache des Ehrgeizes, für die Armenier in Karabach aber eine Frage von Leben und Tod».

Parandsem Roland
«Der Glanz der Oktoberfahne am Gipfel des Ararat». Aufgewachsen in Sowjetarmenien

«Wenn vom Glanz der Oktoberfahne der Gipfel des Ararat nicht gerötet würde, wäre in seinen dunklen Höhlen mein Land Armenien verendet» (Hamo Sahjan). Diese und ähnliche Verse kenne ich seit meiner Kindheit, sie haben sich mir und meinen Altersgenossen eingeprägt, damit sind wir aufgewachsen.

Ich wurde 1968 in Nairi, einem Dorf in unmittelbarer Nähe zur türkischen Grenze, geboren, einer Grenze, die uns Armenier von unserem heiligen Berg Ararat trennt. Diesen einmalig schönen, schneebedeckten Gipfel, der für uns so nah und doch unerreichbar ist und bei dessen Anblick die offene Wunde im armenischen Herzen immer wieder aufreißt, konnte ich also jeden Tag bewundern.

In meinem Geburtsjahr wurde in einem Nachbardorf ein für uns wichtiges Denkmal eingeweiht. Es ist dem 50. Jubiläum der Schlacht bei Sardarapat gewidmet. Diese Gedenkstätte habe ich als sechsjähriges Mädchen mit meiner Schwester zum ersten Mal besucht, die dort im Chor singen durfte. Das Monument besteht aus einem Glockenturm und zwei Stiergestalten, von denen eine von steinernen Adlern bewachte Allee zu einer Wand mit allegorischen Kampfszenen führt. Damals wußte ich noch nichts über die historischen Hintergründe, aber der Eindruck und die Lieder über die Helden von Sardarapat wirkten noch lange in mir nach. In meiner kindlichen Phantasie stellte ich mir einen richtigen Kampf zwischen den guten weißen geflügelten Pferden und der bösen hinterhältigen Schlange vor. Erst später konnte ich die märchenhaften Bilder aus meiner Phantasie mit geschichtlichem Sinn

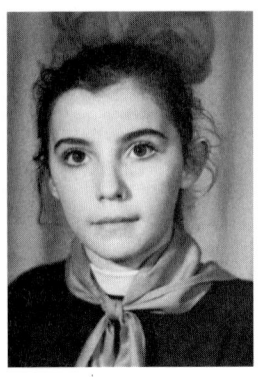

Parandsem Roland

**Familienausflug nach
Zarkawank**

füllen. Die Schlacht bei Sardarapat im Jahre 1918 war für das Schicksal meines Volkes entscheidend. Die verzweifelten Armenier sammelten die letzten Kräfte, um ihr Land, ihre Geschichte und ihren Glauben zu retten. Und das Volk überlebte… die steinernen Adler bewachen die Ruhe des geretteten Landes.

Als jüngste von fünf Schwestern hatten mich meine Eltern besonders gern, zumal ich den relativ seltenen Namen meiner Großmutter Parandsem trage, von der ich nur Gutes weiß. Erst später, in der Schule, habe ich von der mutigen armenischen Königin gleichen Namens gehört, die sich im 5. Jahrhundert von den Zinnen ihrer belagerten Festung zu Tode stürzte, um sich nicht den persischen Eroberern ergeben zu müssen.

Meine Eltern stammen aus dem nordarmenischen Gebiet Dschawachk, das heute zu Georgien gehört. Dort durfte ich häufig meine Sommerferien verbringen. Die Landschaft ist wunderschön: kahle

Berge, grüne Täler, wilde Bergflüsse und klare Seen. Ich hörte gern meinen Schwestern zu, die Legenden aus dieser Gegend erzählten. Von der Prinzessin, die ihre Freier ausschickte, um das Feuer der ewigen Liebe zu finden. Als aber keiner der Ritter zurückkehrte, vergoß sie bittere Tränen, aus denen der Parwana-See entstand. Prinzessin und Königreich versanken in den Wassern des Sees, und die Ritter verwandelten sich in Schmetterlinge, die bis heute um die Feuer kreisen und in den Flammen verbrennen. Eine andere Geschichte erzählt von der Schönheit einer Fürstin: «... wie zwei Meere sind die Augen der Tochter von Dschawachk, und in ihrem Blick verliert man sich. So weiß ist ihre Stirn, wie der Schnee auf dem Berg Abul...»

Dort wohnen nicht nur Armenier, sondern auch Georgier, Adscharen und Abchasier. Kein Dorf hat seinen alten armenischen Namen behalten. Im Laufe der Jahre entstand eine Mischung aus Sprachen und Traditionen. Die Armenier lernen in der Schule die armenische, georgische und die russische Sprache. Aber am Ende beherrschen die meisten von ihnen keine dieser Sprachen richtig.

Meine Eltern sprachen und schrieben besser Georgisch als Armenisch. Mein Vater war Tischler und Maurer. Er verstand sich nicht nur auf die geheimnisvolle Sprache von Holz und Stein, sondern konnte sich auch in Russisch, Aserbeidschanisch und Türkisch verständigen. Das war sicher kein Ergebnis der nur zweijährigen Schulausbildung, sondern des langjährigen Zusammenlebens mit Menschen verschiedener Nationalitäten. Von ihm hörte ich viele Geschichten darüber, wie wunderbar sich diese Menschen verstanden. Zu Hause hatte ich also eine ideale Basis für eine multikulturelle Erziehung, die sich in der Schulzeit weiterentwickelte. Doch mein Verständnis von Internationalismus beschränkte sich damals auf den kleinen Raum des Transkaukasus und Rußlands.

Obwohl unser Dorf eigentlich nichts Außergewöhnliches aufzuweisen hatte, war es für mich natürlich ein ganz besonderes Dorf. Hier wohnten nur sehr wenige Altansässige. Fast alle unsere Nachbarn kamen aus anderen Gebieten der Armenischen Sowjetrepublik oder aus dem Iran, aus Griechenland, dem Libanon und Syrien. Einige Familien kamen auch aus den USA und aus Frankreich. Diese bunte Mischung ging zurück auf die vierziger und fünfziger Jahre, als sich viele Armenier, die vor dem Genozid ins Ausland geflüchtet waren, entschieden, in die «Heimat», nach Sowjetarmenien, zurückzukehren. Man nannte diese Menschen *Achpar*, was nichts anderes als Bruder bedeutet. Sie sprachen Westarmenisch, die Sprache der armenischen Diaspora. Sie arbeiteten mit besonderer Begeisterung und Liebe, so wie jemand, der etwas Wertvolles unwiederbringlich verloren, aber dann doch in anderer Form wiedergefunden hat. Später flaute diese Begeisterung jedoch mehr und mehr ab, und viele überlegten ernsthaft, wieder in ihre Herkunftsländer zurückzukehren, um – wie sie sagten – «frei ihre Arbeit tun zu können, so wie sie es wollten».

Jede Familie sprach den Dialekt ihres Herkunftsgebiets und hatte natürlich viel von sich zu erzählen. Mit den Jahren bemühte man sich, einen gemeinsamen Dialekt zu sprechen. Obwohl das in einem gewissen Grade gelang, blieben einige typische Ausdrücke unverändert erhalten und wurden gemeinsames Eigentum. Es gab kein isoliertes Alltagsleben der einzelnen Familien. Abends saßen die Erwachsenen bei irgendeiner Familie zusammen, aßen gemeinsam und unterhielten sich lange über Gott und die Welt. Die Männer spielten das Brettspiel *Nardi* sowie Karten, und oft nahmen auch die Frauen am Kartenspiel teil. Die Nachbarn wußten einander immer zu helfen. Sie waren füreinander da, wenn man sie brauchte, und das oft schneller als die Verwandten. Manchmal organisierten sie gemeinsam spontane Ausflüge. Während eines solchen Ausfluges zu einer kleinen Kirche am Berg Aragaz wurde ich getauft.

Daran kann ich mich nur verschwommen erinnern. Auf Gesicht und Hände wurden mir einige Tropfen eines wunderbar duftenden Öls aus Myrrhe gestrichen. Der schwarz gekleidete Priester las mir unverständliche Gebete vor und segnete mich mit einem schön geschnitzten Kreuz. Die kleine Kirche war voll von Menschen, so daß meine Mutter einen unserer Nachbarn, der mein Pate werden sollte, im Gedränge lange suchen mußte. Ich erinnere mich, daß es Frühling war, denn etwas höher auf dem Berghang lag noch Schnee, obwohl die Sonne bereits schön wärmte. Einem alten Brauch folgend, band Mutter meine Haarschleife an einen Baum in der Nähe der Kirche, der schon ganz bunt war von all den Tüchern und Schleifen. Diese Handlung symbolisierte die Befreiung von allem Bösen, von Krankheiten und Sünden. Später sah ich solche geschmückten Bäume oft auch bei anderen Kirchen in Armenien.

In einigen Kirchen gibt es speziell ausgestattete Plätze, an denen die Gläubigen zu Taufen, bei Krankheit eines Familienmitgliedes oder auch ohne besonderen Anlaß ein *Matar* (Opfer) darbringen können. Diese Tradition geht zurück auf die alttestamentliche Geschichte von Abraham, der Gott einen Widder als Brandopfer darbrachte. Deshalb schlachtet man auch heute noch in Armenien beim *Matar* einen Hammel oder seltener einen Hahn, und bittet Gott um Gnade, Unterstützung und Segen. Das Opfer läuft immer nach einer festen Zeremonie ab: Man bindet zuerst ein rotes Bändchen um den Hals des Tieres, das dann von einem Priester mit einer Handvoll Salz gesegnet wird. Danach wird das Opfertier – entweder direkt an der Kirche oder im Haus der Familie des Spenders – geschlachtet und in einfachem Wasser mit dem gesegneten Salz gekocht. Damit das Opfer Segen bringt, muß das Mahl zusammen mit *Lawasch* (Brot) unter den Menschen verteilt oder gemeinsam verspeist werden.

Besonders lebendig geblieben sind in meiner Erinnerung die Fest- und Feiertage. Noch vor Ostern feierten wir im Frühjahr *Terndes*. Dabei wurde aus Holzscheiten ein kleines Feuer gemacht, und wir, die Kinder, durften siebenmal über dieses Feuer springen. Auch das sollte die Reinigung von Krankheiten und vom Bösen bedeuten. Danach gab es für alle geröstete Körner mit Honig, Dörrobst und viele Süßigkeiten. Manche alte Leute meinten, *Terndes* bedeute «dem Herrn entgegengehen» und das Feuer wäre dafür ein Zeichen, andere behaupteten, *Terndes* sei ein heidnisches Fest. Ein wirklich rein heidnisches Fest war *Wardawar* im Sommer, das große Wasserfest, bei dem alle einander naß spritzen, um die reinigende Kraft des Wassers zu ehren.

Mit sieben Jahren besuchte ich eine armenische Mittelschule. Außer den Mittelschulen, in denen die Ausbildung zehn Jahre dauerte, gab es in der ehemaligen Sowjetunion auch Sonderschulen, Internate und Schulen mit beruflicher Ausrichtung. Wie in jeder Sowjetrepublik, gab es auch bei uns einige russische Schulen. Diese Schulen waren hauptsächlich für die in Armenien lebende russischsprachige Minderheit und für Kinder von Offizieren der Sowjetischen Armee gedacht. Das bedeutete jedoch nicht, daß nicht auch Armenier die russischen Schulen besuchen durften. Im Gegenteil, die Vorteile der russischen Bildung für die zukünftige Karriere ihrer Kinder erkennend, schickten im Laufe der Jahre immer mehr armenische Eltern ihre Kinder auf diese Schulen. So entstand ein regelrechter Wettkampf um die Plätze an russischen Schulen, die allmählich die armenischen ganz verdrängten.

Armenisch ist die Amtssprache der (Sowjet-)Republik Armenien, während Russisch die offizielle Sprache der gesamten Sowjetunion war. Die russische Sprache ermöglichte einen schnellen Zugang zu sämtlichen Informationen über das politische und kulturelle Leben im Land. Alle Korrespondenz mit anderen Republiken und mit Moskau konnte nur in Russisch stattfinden. In Wirtschaft und Wissenschaft Armeniens begann Russisch Vorrang zu gewinnen, weil der Schriftverkehr in Betrieben und Institutionen in Russisch erfolgte. Natürlich vereinfachte die Kenntnis des Russischen auch den Zugang zu wissenschaftlichen Quellen und Neuentwicklungen. Ausreichende Sprachkenntnisse vermittelten die russischen Schulen besser als die armenischen. Dort jedoch wurde armenische Sprache, Literatur und Geschichte nicht oder nur in geringem Umfang unterrichtet. Das hatte zur Folge, daß die armenischen Absolventen dieser Schulen ihre Muttersprache oft nur mangelhaft beherrschten.

In den armenischen Schulen begann man schon in der zweiten Klasse, Russisch zu lernen. Im Stundenplan war nur eine Unterrichtsstunde in der Woche für das Fach «Geschichte des armenischen Volkes» vorgesehen, dafür wurde ab der 5. Klasse im Fach «Geschichte der UdSSR» wöchentlich vier Stunden lang ausführlich die Geschichte des russischen Volkes und die neueste Geschichte der UdSSR nach der Oktoberrevolution gelehrt. Diese Tendenz setzte sich auch an den Hochschulen fort. So umfaßte zum Beispiel das Pflichtprogramm während meines Philologiestudiums an der Universität Jerewan vier Semester «Geschichte der Kommunistischen Partei der Sowjetunion», die mit einer Prüfung beendet wurden, aber nur ein Semester «Geschichte des armenischen Volkes» mit einem bedeutungslosen Testat als Abschluß.

In unserer Schule wurde armenische und russische Literatur unterrichtet. Die Zahl der Unterrichtsstunden war für beide Fächer etwa gleich. Tag für Tag entdeckte ich die zauberhafte Welt der Sprache und Literatur für mich. Als fünfzehnjährigem Mädchen standen mir die bildhafte, melancholische Lyrik der armenischen Dichter Medsarenz und Durjan, aber auch die Gedichte von Puschkin sehr nah. In diesem Alter hatte ich sehr widersprüchliche Gefühle, und oft verstand ich mich in diesem Wirrwarr selbst nicht mehr. Ich war lange grundlos traurig, dann wieder wollte meine Seele schier herausfliegen in eine grenzenlose Höhe. Die Sonne umarmte mich, der kleine Wind streichelte mich und die Blumen flüsterten mir etwas ins Ohr. Die Luft war voller Romantik, und wie Medsarenz in seinen Versen «...*ellaji, ellaji*» (wäre ich, wäre ich ... die kühle Abendfrische, die die Stirne der Menschen angenehm und leicht berührt ...) hatte auch ich tausend Träume. Durch die wunderschöne ost- und westarmenische Literatur lernte ich mein Land, das Volk, seine Seele und Gefühle kennen. Mit Begeisterung lernte ich Gedichte auswendig und träumte davon, sie eines Tages für andere Völker in ihre Sprache zu übersetzen.

Von vielen literarischen Werken, die, weil sie den Völkermord an den Armeniern in der Türkei im Jahre 1915 behandelten, als «nationalistisch» verboten waren, wußte ich damals nichts. Die Erinnerung an diese Ereignisse war jedoch in der Bevölkerung lebendig. Ab und zu konnte man Bruchstücke der verbotenen Literatur von Auslandsarmeniern bekommen. Erst in der 9. Klasse hatten wir die Gelegenheit, im Unterricht eines dieser Werke, nämlich das *Hajoz Danteakan* (Armenische Geschichte nach Dante) von Howhannes Schiras, auf so einer Kassette aus dem Ausland zu hören. Das Werk trägt den Untertitel «Zur ewigen Trauer um die armenischen Opfer». Schiras, ein großartiger Meister des Wortes, führt in seinem Werk den Autor der *Göttlichen Komödie* durch eine neue Hölle, die des Genozids, durch eine Hölle, in der Kinder und Frauen, Schuldige und Unschuldige, gefoltert und ermordet werden: «...Komm, ich bring dich in solch eine Hölle, daß du diejenige in deinem Werk vergißt ...» Vor unseren Augen lie-

185

fen Bilder von unfaßbarer Grausamkeit ab, und wir fragten entsetzt: Warum?! Ist denn die Nationalität entscheidend für das Schicksal eines Menschen? Und noch eine Frage stellte sich uns: Wie konnte die Welt so etwas zulassen?

Über den Genozid im Jahre 1915 hatte ich bereits zu Hause gehört. Das Thema *Jerern* (armenisch: Völkermord) war kein Tabu mehr, wie noch in den sechziger Jahren. Das beeindruckende Denkmal stand schon auf der Höhe des Hügels Zizernakaberd in Jerewan, und der 24. Apri galt als halboffizieller Gedenktag für die Opfer des Genozids. Es war unglaublich traurig zu sehen, wie sich ein Strom von Blumen und Menschen buchstäblich aus ganz Armenien langsam und mächtig an diesem Tag bis weit nach Mitternacht zum Denkmal ergoß. Und es gab uns zugleich ein tiefes Gefühl des Stolzes, die Gewißheit zu haben, daß dieses Volk seine unschuldigen Opfer zu ehren weiß.

Armenien… Mein Land stelle ich mir wie ein kostbares Tuch vor, das einmal die Schulter und den Hals der Weltzivilisation wärmte, dann aber von starken, bösen Winden zerrissen und hinweggeweht wurde. Nur ein Stück des Tuches ist an den Gipfeln der Berge hängengeblieben, wo es heute in Regen und Unwetter noch weiter zerreißt und seine wunderschönen Farben verliert.

In der Schule hörten wir viel vom sozialistischen Internationalismus und glaubten daran. Besonders die Geschichten über die Menschen aus allen Teilen der Sowjetunion, die sich im Großen Vaterländischen Krieg für die Befreiung ihres gemeinsamen Vaterlandes und sogar für die Befreiung der anderen osteuropäischen Völker aufopferten, faszinierten uns. Damals beherrschte uns das Bild eines gerechten und mächtigen Sowjetstaates. Auch als die sowjetische Armee 1978 in Afghanistan einmarschierte – ich war damals in der 3. Klasse –, wurde uns glaubhaft gemacht, daß die Armee dort ihre internationalistische Pflicht erfülle. Schließlich müßte das «sowjetische Volk» den Arbeitern und Bauern Afghanistans helfen, ihre Revolution zu verteidigen. Unsere Aufsätze und Wandzeitungen strahlten damals vor Stolz auf unsere internationalistische und hilfsbereite Heimat. Über die aktuellen Ereignisse in Afghanistan, wie überhaupt im Ausland, wurde wenig gesprochen und wenn, dann wurde immer betont, wie erfolgreich die Politik unseres Landes sei. Erst später, als wir älter waren, fiel uns auf, daß niemals über unsere eigenen Fehler gesprochen wurde.

Die Gerüchte über den grausamen Krieg, den die Sowjetarmee in Afghanistan führte, und die feindselige Einstellung der dortigen Bevölkerung gegenüber den sowjetischen Soldaten bestätigten sich von Tag zu Tag mehr. Ein guter Freund von mir war zwei Jahre in Afghanistan. Als er zurückkam, war er alt geworden, redete fast nicht und grübelte die ganze Zeit. Er hat uns nie erzählt, was er dort erleben mußte. Mein Gott... ich kann das Gesicht eines Vaters aus unserem Dorf nicht vergessen, dessen Sohn in diesem Krieg umgekommen war. Der Mann brüllte vor Schmerz, und seine Augen glänzten in wilder Wut, als die Soldaten den Sarg aus Zink im Ehrengeleit zum Haus der Eltern brachten. Mit welchem Recht hat man ihm seinen Sohn weggenommen...?

Ich konnte mich lange nicht entscheiden, welchen Beruf ich ergreifen sollte, es gab so viele nützliche, interessante und wichtige Dinge. Schließlich siegte die Liebe zu den Sprachen. So studierte ich an der Staatlichen Universität in Jerewan Germanistik. Das war 1985. Und es begannen interessante, widersprüchliche und chaotische Zeiten: die Perestroika und die Unabhängigkeitsbestrebungen.

Im Gegensatz zu den Studenten der Anglistik, die fast alle aus Jerewan kamen, stammten in unserer Gruppe nur drei Studenten aus der Hauptstadt. Das war typisch, denn Deutsch als Fremdsprache wurde vorwiegend in den Dörfern, in Jerewan aber an nur drei von ingesamt über hundert Schulen unterrichtet. Meine Kommilitoninnen kamen also aus Lori, Dschawachk, Dilidschan im Norden, Sewan und Artaschat im Zentrum Sowjetarmeniens, aus Merri, Sangesur im Süden und aus Arzach (Berg-Karabach). Häufig organisierten wir gemeinsame Ausflüge in die Wohnorte meiner Freundinnen. Schritt für Schritt lernte ich die so verschiedenen Gebiete meiner Heimat kennen.

Sangesur, ein Gebiet im Südosten Armeniens und Heimat des Schriftstellers Axel Bakunz, ist bekannt für seine einmalige Landschaft und historischen Denkmäler. Die spitzen Felsen, zahlreiche Höhlen, bewaldete Berge, von deren Höhe man die Schleifen des wilden Bergflusses Worotan bewundern kann, die legendenumwobene Felsbrücke über den Fluß, die die Leute *Satani Kamurdsch* (Teufelsbrücke) nennen, und auf einem Berg das majestätische Kloster Tatew. Die Menschen in dieser Gegend sind aufgeschlossen, scharfsinnig und mutig. Sie sind mit Recht stolz auf ihre Heimat. In jahrhundertelangen Kämpfen ist es den Türken niemals gelungen, das Land zu erobern.

Mit einer Arzacherin (wir benutzten damals noch die offizielle Bezeichnung Karabach) war ich gut befreundet. Sie war sehr selbstbewußt und wirkte irgendwie erwachsener als die anderen im gleichen Alter. Am Anfang erzählte sie kaum etwas von sich, statt dessen stellte sie mir viele Fragen über meine Kindheit, die Schulzeit und überhaupt das Leben in Armenien, als ob sie eine Art Vergleich ziehen wollte. Wenn ich von armenischen Filmen oder Sendungen von Radio Jerewan erzählte, blieb das manchmal ohne Echo, obwohl sie sonst immer humorvolle und scharfsinnige Antworten gab. Das wunderte mich, und es tat mir leid, als sie erzählte, daß sie diese Filme und Sendungen nicht kannte, weil man in Karabach armenische Fernsehprogramme nicht empfangen konnte. Die Menschen dort wurden künstlich vom kulturellen Leben in Armenien ferngehalten.

Meine Freundin kam aus einem Dorf im Kreis Mardakert. 1986 lud sie mich in den Sommerferien für eine Woche zu ihrer Familie ein. Der Sommer war besonders heiß. Wir fuhren über neun Stunden mit dem Bus von Jerewan nach Mardakert. Das Dorf war sehr idyllisch, und wir saßen lange im Garten. Als Zaun dienten die großen Granatapfelbäume, die schon ihr feuerrotes Kleid abwarfen. Im Garten wuchsen ziemlich große Zitronenbäume. Es war ein prachtvolles Bild. So etwas hatte ich noch nicht gesehen. Das Trinkwasser holte man aus einem einzigen tiefen Brunnen. Es war eiskalt und schmeckte bei der Hitze besonders gut. Einige Male machten wir mit den kleinen Linienbussen, die manchmal unerträglich überfüllt waren, Ausflüge in die Umgebung, so auch nach Stepanakert, der Hauptstadt des Autonomen Gebietes Berg-Karabach.

Kurz vor der Stadt lagen Ruinen einer alten Festung. Stepanakert war eine Großstadt mit einer Pädagogischen Hochschule und vielen Studenten. Die Schilder an den Geschäften und Institutionen waren zwei- oder dreisprachig: armenisch, aserbeidschanisch und russisch. Meine Bekannten erzählten, daß in der letzten Zeit das Verhalten der aserbeidschanischen Bevölkerung gegenüber den Armeniern deutlich aggressiver geworden war. Immer mehr aserbeidschanische Familien ließen sich in Arzach nieder und bildeten allmählich überwiegend aserbeidschanische Siedlungen, in denen die Armenier immer mehr benachteiligt wurden. Viele armenische Familien entschlossen sich deshalb, aus diesen Dörfern auszuwandern. Auch bei meinem Besuch in Stepanakert fiel mir das provokative Verhalten mancher aserbeidschanischer Jugendlicher gegenüber Armeniern auf. Einige von ihnen blieben zum Beispiel im Bus demonstrativ sitzen, während die älteren Leute und schwangere Frauen stehen mußten.

Auf dem Weg nach Martuni machten wir eine Pause in Agdam. Das war eine rein aserbeidschanische Siedlung. Ich erinnere mich an buntbemalte Häuser, Zäune, Tore und den scharfen Blick des Verkäufers im Laden gegenüber der Haltestelle. Wunderschön war auch das Dorf Tschartar im Kreis Martuni, in dem wir Verwandte meiner Freundin besuchten. Überall standen alte, riesengroße Maulbeerbäume und sorgten für Schatten. Die Frauen unterhielten sich lebhaft am Dorfbrunnen, bis die Eimer gefüllt waren. Es duftete nach *Lawasch*, denn irgendwo in der Nähe buken die Frauen das wohlschmeckende papierdünne Brot. Ein kleines Mädchen, barfuß, trug mit großer Mühe ein schweres Tablett mit Teig ins *Tonratun* (Haus des Tonirs, ein etwa 1,5 m tiefes Ofenloch, mit runden feuerfesten Wänden). Als uns das Kind bemerkte, nahm es eine selbstbewußte Haltung ein, die wohl so etwas wie «Ich bin zwar klein, aber eine große Hilfe für meine Mutter» bedeutete.

Auch ich war als kleines Mädchen stolz, meiner Mutter beim Lawasch-Backen helfen zu dürfen. Meine älteste Schwester rollte auf einem niedrigen Tisch Teigkugeln zu großen dünnen Fladen und gab sie meiner Mutter, die am Tonir saß. Kunstvoll zog sie die runden Fladen zu einem langen Oval, legte sie auf eine kissenartige, wohl einen Meter lange ovale Form, bestrich den oberen Rand mit einigen Tropfen Wasser, bückte sich dann tief in den Tonir und hängte den Teig an die runde heiße Wand. Von unten im Tonir liegenden glühenden Holzkohlen stieg eine sengende Hitze auf, durch die in wenigen Sekunden Luftblasen auf dem Lawasch entstanden, und schon war das Brot fertig. Meine Mutter machte das so geschickt und schnell, daß sie bis zu vier Stück Lawasch gleichzeitig backen konnte. Dabei mußte sie sich sehr beeilen, den Lawasch vor dem Verbrennen zu bewahren, und manchmal zog sie ihn vor lauter Eile mit bloßen Händen heraus. Deshalb brauchte sie einen Helfer, der auf der anderen Seite mit einer Stange bereitstand und den fertigen Lawasch annahm. Vor dem Backen des ersten Stückes Brot betete meine Mutter, so wie es üblich war, um Gottes Segen, und nach dem letzten Stück dankte sie für das gegebene Brot. Die ersten sieben Stück Lawasch schickte meine Mutter manchmal zu Nachbarn, besonders zu alten oder kranken Menschen. Die anderen Brotfladen wurden sorgsam aufeinandergestapelt. Mit selbstverständlicher Gastfreundschaft wurden diejenigen, die vom herrlichen Duft des frischen Brotes angezogen zum Tonratun kamen, zu einer Probe des neugebackenen Lawasch eingeladen. Dazu holten wir Käse, Schnittlauch oder andere Kräuter, Wasser oder *Tan* (ein kaltes Joghurtgetränk) und aßen gemeinsam. Mein Vater sagte lachend: «Wer von frischem Lawasch mit Käse nicht satt wird, der ist bestimmt nicht gesund!» Und das Gesicht meiner Mutter, das mit den Jahren vom Feuer gebräunt war, strahlte vor Freude. Wir lagerten Lawasch, ausreichend für mindestens eine Woche, in einem kühlen Raum. An kalten Abenden übte der warme Tonratun besonders große Anziehungskraft aus. Wir setzten uns an den Rand des noch warmen Tonir, hängten die Beine herunter, deckten sie mit einer Decke zu, erzählten Geschichten und Märchen oder spielten...

Auch bei unserem Ausflug ins Dorf Tschartar in Arzach luden uns die Frauen zum Lawaschessen ein. Die von Mehl und Schweißtropfen bedeckten Gesichter dieser fremden Frauen strahlten dasselbe Gefühl der Zufriedenheit aus wie damals das Gesicht meiner Mutter. Die Arzacher waren freundlich, ehrlich, auch ein wenig stur und sehr humorvoll.

Als ich den Wunsch äußerte, nach Schuschi zu fahren, weil mich die Stadt als ein altes armenisches Kulturzentrum interessierte, tauschten meine Freundin und ihre Schwester besorgte Blicke aus. Das sei nicht ganz ungefährlich, erklärten sie mir, denn die Stadt war bereits fest in aserbeidschanischer Hand, die alte armenische Kirche abgebrannt. Eine Spannung, die immer unerträglicher wurde, hing in der Luft. Die Frage, wie es weitergehen sollte, machte schon damals den Einwohnern von Arzach Tag für Tag mehr Sorgen, obwohl noch niemand ahnen konnte, daß es einmal zu einem grausamen Krieg kommen würde.

Die Zeit meines Studiums fiel zusammen mit den großen politischen Veränderungen in der Sowjetunion. Perestroika... Das Wort hörte man auf Schritt und Tritt. Was aber genau war das? Das Wort bedeutet im Russischen «Umbau, Umgestaltung». Was sollte denn nun umgestaltet werden?

Damals erzählte man in Jerewan einen Witz: Die Seelen der verstorbenen Generalsekretäre treffen sich und fragen einander: «Was will dieser Junge (Gorbatschow) denn umbauen, wir haben doch überhaupt nichts gebaut?» In Wirklichkeit hatten sie viel gebaut, so viel, daß «der Junge» gar nicht alles umbauen konnte. Es war die Zeit der großen Erwartungen und Hoffnungen. Es wurde offen über Mängel und Unzulänglichkeiten in der Politik gesprochen, die Fehler der Vergangenheit kritisiert. Es begann eine regelrechte Jagd nach Archivdokumenten, mit denen die Wurzeln der heutigen Probleme auf Stalin und seine Politik zurückzuführen waren.

Einmal tauchte bei uns zu Hause ein Bild des Generalissimus Stalin auf. Mutter hatte es sorgfältig aufgehoben und in den Schrank gelegt. Als wir unsere Eltern fragten, warum sie das Bild nicht wegtäten, sagte mein Vater: «Es ist jetzt Mode, über die Stalinzeit zu schimpfen. Aber wer hätte denn geahnt, daß man uns einmal den Vorwurf machen würde, unser Leben falsch gelebt zu haben! Dazu hat niemand ein Recht! Viele Menschen haben damals an Stalin geglaubt und waren davon überzeugt, daß das, was er macht, richtig ist. Für das gemeinsame Ziel haben alle gemeinsam hart gearbeitet. Und eine eiserne Faust gegen diejenigen, die auf unehrlichen Wegen gehen, ist niemandem vorzuwerfen, im Gegenteil, sie ist sogar notwendig. Vielleicht ist es gerade das, was uns heute fehlt?» Ähnlich wie meine Eltern dachten viele. Täglich wurden in den Zeitungen verärgerte Stimmen laut, die gegen die Flut bloßer Kritik protestierten.

In der Tat wurde eine wirkliche Perestroika überall von Anfang an dadurch behindert, daß sie von den alten und neuen Funktionären kontrolliert wurde, die wohl Kritik, nicht aber echte Veränderungen zulassen wollten. Trotz all der politischen Umwälzungen hat sich deshalb bis heute an den alten Machtverhältnissen weder in der ehemaligen Sowjetrepublik Armenien noch in anderen Teilen der früheren Sowjetunion viel geändert.

Es begann das Jahr 1988. Es wurde ein Jahr großer Hoffnungen, aber auch bitterer Enttäuschungen, eines neuen großen Unglücks für mein Volk und der ersten kräftigen Erschütterungen für das politische System. Der Winter war relativ warm. Im Februar gab es nur sonnige Tage. Auch am 19. Februar schien die Sonne. Aber nicht nur das angenehme Wetter war der Grund, daß die Studenten unserer Fakultät sich im Hof versammelten. Demonstration... Das Wort flog von Mund zu Mund. Kommilitonen erzählten uns, daß sich der Oberste Sowjet des Autonomen Gebietes Berg-Karabach für die Wiedervereinigung mit Armenien ausgesprochen hatte. Es sei an der Zeit, die alten Fehler der Stalinzeit, durch die Arzach gegen den Willen seiner Bevölkerungsmehrheit von Armenien getrennt und an Aserbeidschan angeschlossen wurde, zu korrigieren. Wir waren begeistert! Die Politik der Perestroika hatte den Menschen in Arzach den Mut gegeben, diese Frage neu aufzuwerfen. Die Lösung des Karabachproblems wäre ein wirklich großer Erfolg einer neuen Nationalitätenpolitik. Nur unter den Bedingungen der Perestroika war es überhaupt möglich geworden, an eine friedliche Lösung dieser Frage zu denken. Für uns, Angehörige eines Volkes, dessen Land von verschiedenen Herrschern in Stücke gerissen worden war, bedeutete die Forderung des Obersten Sowjets von Berg-Karabach den Beginn einer neuen Hoffnung auf historische Gerechtigkeit und die Heilung einer der vielen Wunden unseres Volkes. Niemand konnte sich damals vorstellen, daß sich aus dem gerechten Wunsch der Arzacher durch die Naivität der einfachen Leute und die Intrigen machtgieriger Politiker ein für die ganze Region und besonders für das armenische Volk katastrophaler Krieg entwickeln würde.

Doch zurück zur Demonstration am 19. Februar 1988. Warum zögern denn die Regierungen in Moskau, Jerewan und Baku? Warum begrüßt die armenische Regierung die Entscheidung der Karabacher nicht? Um das zu verlangen, gingen wir, die Studenten der Universität, auf die Straße. Alle Studenten der anderen Hochschulen forderten wir auf, mit uns zu kommen. Das Ziel der Demonstration war der Platz vor der Oper. An diesem Tag waren nur wir, die Studenten der Universität, dort. Nachdem wir einige Stunden lang diskutiert und alte Lieder gesungen hatten, gingen wir nach Hause. Das also war eine Demonstration, noch schwach, aber immerhin, dachten wir. Bisher kannten wir so etwas nur aus Büchern und aus dem Fernsehen, aber jetzt machten wir es selbst. Wir waren stark und würden unser Ziel erreichen. Das war der Anfang der Karabach-Bewegung.

Am nächsten Tag schlossen sich unserer Demonstration viele Betriebe an, und es bildete sich ein sogenanntes Karabach-Komitee. Die Bewegung riß immer mehr Menschen mit, am dritten Tag war fast die ganze Hauptstadt auf dem Opernplatz. Es waren fieberhafte Zeiten. Ganz Armenien stand zusammen. Wir waren von früh bis spätabends unterwegs. Die Hunderttausende auf dem Opernplatz waren wie eine Familie. Fremde Leute teilten das Brot, halfen einander. In diesen Tagen wurde nicht einmal eine Nadel gestohlen, so ehrlich waren alle zueinander. Es waren Tage der moralischen Reinigung, und wir waren stolz auf unsere Zusammengehörigkeit.

Wir glaubten an die Perestroika, daran, daß die alten Fehler endlich korrigiert werden würden. Damals auf dem Opernplatz in Jerewan riefen wir: «Lenin, Partei, Gorbatschow!» und natürlich riefen wir auch *Miazum!* (Vereinigung). Zur selben Zeit demonstrierte in Stepanakert die Bevölkerung von Arzach, ebenso spontan organisiert, voll von Hoffnungen, mit einer unbeschreiblichen Kraft: Wir wissen genau, was wir wollen. Und nichts wird uns mehr von unserem Ziel abhalten.

Doch die Nachrichtensendung «Wremja» des zentralen sowjetischen Fernsehens, deren Aufgabe es eigentlich gewesen wäre, das Land über solche Massendemonstrationen zu informieren, verlor in diesen Tagen kein Wort über die Ereignisse in Arzach und Jerewan. Völlige Nachrichtensperre… uns kamen erste Zweifel an der Glaubwürdigkeit der Glasnost-Politik. Heute wissen wir, daß man wohl eine Signalwirkung für die Unabhängigkeitsbestrebungen in anderen Regionen des

Vielvölkerstaates befürchtete. Die westlichen Medien feierten damals die Demonstrationen in Jerewan als den Beginn des Kampfes der unterdrückten Völker der Sowjetunion für ihre Freiheit. Einige Tage später berichtete auch «Wremja» über «eine Gruppe armenischer Extremisten, die in der Hauptstadt Jerewan Unruhe und Unordnung gestiftet haben». Das also war die Antwort aus Moskau: Ein ganzes Volk wurde als extremistisch beschimpft. Der Erste Sekretär der Kommunistischen Partei Armeniens wurde entlassen. Das war nichts anderes als eine Bestrafung dafür, daß die Regierung Armeniens nicht hart genug gegen die Demonstranten vorgegangen war und eine solche «Massenunordnung» zugelassen hatte.

Inzwischen fanden in Aserbeidschan, in Baku natürlich Gegendemonstrationen statt, denn mit der Wiedervereinigung Karabachs mit Armenien würde Aserbeidschan ein großes und fruchtbares Gebiet verlieren. Das wollte man auf keinen Fall zulassen, denn auch die Aserbeidschaner waren, wie die anderen Völker der Sowjetunion, auf der Suche nach nationaler Identität. Es entspann sich ein unendlicher Streit über die historische Zugehörigkeit des Gebietes von Arzach / Karabach. Aserbeidschanische Historiker versuchten Fakten umzuinterpretieren und zu beweisen, daß die turkstämmigen Aserbeidschaner das ältere Recht auf das Gebiet hätten. Damit hatten sie zumindest bei der Regierung in Moskau einen gewissen Erfolg, so daß Herr Gorbatschow schließlich erklärte: «...Armenische Historiker beweisen, daß Karabach armenisches Gebiet ist, aserbeidschanische Historiker halten dagegen, daß es aserbeidschanisches Gebiet sei. Was sollen wir also tun?» Die Regierung in Moskau versuchte 1989 halbherzig, den Status Berg-Karabachs als Autonomes Gebiet innerhalb Aserbeidschans mit besonderen Rechten für die armenische Bevölkerungsmehrheit zu erhalten. Tatsächlich verschlechterte sich die Situation der Armenier in Karabach zusehends, da faktisch nach wie vor die Macht von Baku ausging.

Man mag aus heutiger Sicht die Ereignisse 1988 in Arzach anders bewerten als wir damals. Tatsache bleibt, daß zu Beginn der Unruhen in Arzach noch knapp 76 Prozent der Bevölkerung Armenier waren. Bereits zuvor und seit dem Ausbruch der Kämpfe verstärkt, betrieb

Aserbeidschan eine massive Politik der ethnischen «Säuberungen». Eine weitere Tatsache ist, daß sich 1988 der überwiegende Teil der Bevölkerung von Arzach demokratisch für einen Anschluß an Armenien aussprach. Die Antwort der Aserbeidschaner auf die friedlichen Wiedervereinigungsbestrebungen war letztendlich – Sumgait. Wir hörten von den Pogromen durch das «Karabach-Komitee» auf dem Platz vor dem Opernhaus, den wir inzwischen auf den Namen «Platz der Freiheit» getauft hatten. Die Nachricht traf uns wie ein Blitz. Eine solch barbarische Reaktion der anderen Seite hatten wir niemals erwartet.

Bald darauf trafen die ersten Flüchtlinge ein, noch unter Schock. Fast alle waren im Februar ohne Mantel und Stiefel unterwegs, nicht zu reden von persönlichen Sachen. Sie hatten kein Zuhause mehr, die Verwandten waren tot, Frauen und Mädchen vergewaltigt. Es gab für sie kein Zurück. Sie erzählten uns auch, wie einige aserbeidschanische Nachbarn sie vor den Pogromen gewarnt oder versteckt hatten. Manche hatten ihnen sogar bei der Flucht geholfen.

Das Wort «Flüchtling» gehörte von da an zu unserem alltäglichen Wortschatz. Schlimm für uns war, daß die offiziellen Medien wieder über die Ereignisse schwiegen. Erst nach einigen Tagen wurde bekanntgegeben, daß in Sumgait «eine Gruppe von Rowdies» randaliert hätte, dabei seien 32 Menschen verschiedener Nationalität ums Leben gekommen. Die Ereignisse wurden vom Zentrum absichtlich verharmlosend dargestellt, um Vorwürfe an die aserbeidschanische Regierung zu vermeiden.

Natürlich gab es einige unter den Demonstranten, die angesichts der Greuel von Sumgait und der Untätigkeit der Regierung in Moskau den Aserbeidschanern mit gleichen Mitteln antworten wollten. Aber das war nur im ersten Moment so. Fragen und Vorschläge haben wir gemeinsam diskutiert und uns für die aus unserer Sicht vernünftigste Lösung entschieden: keine Gewalt gegenüber der aserbeidschanischen Bevölkerung in Armenien. Wir dürfen nicht auf die Provokation von Sumgait hereinfallen. Uns waren die Konsequenzen solch einer emotionalen Reaktion klar: Eine Spirale gegenseitiger Gewalt war das letzte, was wir wollten. In diesen Tagen, als wir wie eine große Familie waren, haben wir unser Wort gehalten.

Panzer rollten durch die Stadt, kampfbereite Soldaten der sowjetischen Armee riegelten den Platz der Freiheit ab. Sämtliche Demonstrationen wurden verboten, über die Stadt Jerewan wurde der Ausnahmezustand und eine nächtliche Ausgangssperre verhängt. Damals fragten wir uns, warum eigentlich? So etwas erlebten wir zum ersten Mal. Die Anwesenheit der Armee, deren kampfbereite Soldaten sich mitten in der Stadt langweilten, war ungewohnt und verursachte eine nervenaufreibende Spannung. In den folgenden Monaten und Jahren jedoch gehörten Ausnahmezustände, Kontrollen mit schußbereiter Waffe, Panzer an den Ausfallstraßen schon fast zum Alltag der Stadt.

Es war offensichtlich, daß die Zentralregierung nicht imstande oder nicht bereit war, den Ursachen der Nationalitätenprobleme auf den Grund zu gehen. Statt dessen griff sie zur einfachsten Methode, die sich im System des Sozialismus schon oft bewährt hatte: Sie ging mit Militärgewalt gegen Andersdenkende vor. Diesmal war es für eine solche Scheinlösung aber schon zu spät.

Die Ereignisse von Sumgait waren der Beginn einer Spirale der Gewalt. Nach kleineren Überfällen auf armenische Dörfer in Arzach und im Grenzgebiet zwischen Armenien und Aserbeidschan kam es 1990 zu den Pogromen in Baku. Neue Flüchtlingswellen, erneut leidende Menschen. Die Möglichkeiten Armeniens, die Flüchtlinge unterzubringen und für sie die elementarsten Lebensbedingungen zu gewährleisten, waren fast erschöpft. Alle Erholungs- und Wohnheime, sogar unser altes Schulgebäude im Dorf, waren belegt. Jeden Tag hörte man von Überfällen auf armenische Dörfer, nicht nur in Arzach, sondern auch an der Grenze zu Aserbeidschan. Die in Arzach stationierten Einheiten der sowjetischen Armee waren nicht in der Lage, das zu verhindern. Es ist unglaublich, aber wahr.

Die Berichte aus Moskau versuchten immer, die Situation so darzustellen, als ob beide Seiten einen gleichen Anteil an der Gewalt hätten. Niemals wurde gesagt, daß die meisten Opfer Armenier waren und daß der Terror und die ethnischen «Säuberungen» in Arzach System hatten, sondern immer sprachen die Berichte von «Opfern verschiedener Nationalität» und «gewalttätigen Extremisten und Nationalisten». Die Menschen in Armenien sagten ironisch: «Moskau berichtet, es sei ein Mensch verschiedener Nationalität ums Leben gekommen.» Die Armenier sahen sich mehr und mehr im Stich gelassen und nahmen ihr Schicksal selbst in die Hand. Leider kam es dabei zunehmend zu Gewalt, auch die aserbeidschanische Bevölkerung wurde aus ihren Dörfern in Armenien vertrieben, ohne daß es dabei jedoch zu solchen Grausamkeiten kam wie bei ähnlichen Aktionen in Aserbeidschan oder gar den Massakern von Sumgait und Baku. Die Armenier in Armenien und in Arzach waren bitter von der Perestroika enttäuscht. Mit der Unzufriedenheit wuchsen die Hoffnungen auf die Unabhängigkeit Armeniens von Moskau. Damit begann der zweite Teil der Karabachbewegung.

Doch die Natur hielt noch eine weitere schwere Heimsuchung für mein Land bereit. Der 7. Dezember 1988 wird noch lange in der Erinnerung der Menschen bleiben. Wir saßen an diesem Tag in einem großen Hörsaal und hörten eine Vorlesung über ausländische Literatur. Der Professor war ein großer Künstler und Schauspieler. Während seiner Vorlesungen fühlten wir uns wunderbar frei. Er verzauberte uns mit den Geschichten aus der antiken und modernen Literatur. Den langweiligen Pflichtvorlesungen blieben wir oft fern, um noch einmal dem König Ödipus, Kassandra, Hamlet und Othello zu begegnen. Mit Begeisterung lauschten wir auch an diesem Tag, als unser Gebäude für ein paar Sekunden hin- und herschaukelte. Es war ein Erdbeben, wir mußten das Gebäude schnellstens verlassen. Alle waren schon auf dem Hof der Universität versammelt, denn weitere Erdstöße waren zu erwarten. Aber es passierte nichts mehr. Für uns, die wir das zum ersten Mal erlebten, war das ein aufregendes Ereignis. Als nichts weiter geschah, lachten wir und gingen nach Hause, ohne uns weitere Gedanken zu machen.

Nach einigen Stunden erfuhren wir, daß die Verbindung mit Leninakan, Spitak, Kirowakan und anderen Städten im Norden unterbrochen war. Das Epizentrum des schrecklichen Bebens lag auf der anderen Seite des Berges Aragaz, in Jerewan hatten wir nur einen kleinen Erdstoß zu spüren bekommen. Die ersten Meldungen über das Ausmaß des Erdbebens und seine Folgen waren grauenhaft. Die zutiefst erschreckten Menschen versuchten vergeblich, Kontakt mit ihren Familien, Verwandten und Freunden im Erdbebengebiet aufzunehmen. Die Autos blieben in kilometerlangen Staus auf den wenigen Straßen nach Norden stecken. Nicht nur die Straßen waren zerstört. Ganze Siedlungen, Wohnhäuser, Schulen, Kindergärten, Fabriken, Krankenhäuser und Institute waren in wenigen Sekunden in Trümmer gesunken. Unter diesen Trümmern wurden neugeborene Babys, Schulkinder, Frauen, alte Menschen, Arbeiter und Studenten begraben. Besonders Hochhäuser waren wie Kartenhäuser zusammengefallen und hatten den Menschen, die sich in ihnen aufhielten, keine Chance gelassen.

Es wurde alles mobilisiert, die Menschen taten alles Mögliche und Unmögliche, waren Tag und Nacht auf den Beinen, um den Opfern zu helfen. Tausende Menschenleben waren noch in Gefahr, man mußte die Verschütteten in wenigen Stunden aus den Trümmern befreien, die Verletzten ins Krankenhaus bringen. Der Transport der Verletzten war wegen des bergigen Geländes nur mit kleinen Hubschraubern möglich.

Am nächsten Tag standen viele kleine Busse vor der Universität, «unsere Jungen» mußten nach Spitak. Sie nahmen Schaufeln und andere Werkzeuge mit. Wir sammelten schnell warme Jacken und Decken, packten Taschen mit Lebensmitteln und den allernötigsten Gegenständen. Niemand wußte ja, wie lange sie dort bleiben müßten. Mit «unseren» Bussen fuhren viele andere Busse, aus verschiedenen Hochschulen, Institutionen und Betrieben. Wir gingen zur Blutspende. Es war unglaublich, wie viele Menschen Schlange standen. Man konnte auch nachts Blut spenden. Die Krankenhäuser waren brechend voll, immer wieder brachte man neue Verletzte. Es waren schon viele freiwillige Pflegerinnen dort. Die Ärzte waren nach pausenlosen Einsätzen völlig erschöpft. Meine Schwester, noch Medizinstudentin, assistierte sogar bei den Operationen. Sie blieb auch nachts im Krankenhaus.

Wir wissen, daß ohne die Hilfe der verschiedensten Organisationen des In- und Auslandes und ohne die Spenden der Millionen von hilfsbereiten Menschen nicht einmal einem Teil der Betroffenen hätte geholfen werden können. Die ganze Welt hat uns geholfen. Mein Volk ist unendlich dankbar und wird diese uneigennützige Hilfe niemals vergessen. Auf dem Flughafen in Jerewan, der völlig überlastet war, hatten wir Sprachstudenten unsere Telefonnummern hinterlassen, damit man uns finden konnte, falls für die ausländischen Hilfsgruppen Dolmetscher gebraucht würden.

In den Krankenhäusern pflegten wir die Menschen, sprachen mit ihnen, obwohl wir nicht recht wußten, was wir sagen sollten, machten ihnen Mut, obwohl wir selber entsetzt waren von den Bildern des Erdbebens. Wir stellten auch Namenlisten der Patienten zusammen und hängten sie an der Eingangstür des Krankenhauses für die Angehörigen aus. Es war unglaublich, wie viele Menschen einander suchten. Um Menschen zu helfen, deren Familienmitglieder und Bekannte in verschiedene Orte des Landes gebracht wurden, einander wiederzufinden oder einfach zu erfahren, ob die Angehörigen am Leben sind, starteten wir die Aktion «Suche». Wir sammelten immer wieder die aktuellen Namenslisten aus verschiedenen Orten, ordneten sie alphabetisch und gaben den Leuten Auskunft, die telefonisch oder persönlich nachfragten. Wir wurden nicht müde. Die dankbaren Augen der Menschen gaben uns die Kraft weiterzumachen.

Die ersten LKWs, beladen mit Zelten, warmen Decken und Medikamenten, waren am Tag des Erdbebens aus Dschawachk und anderen Gebieten Georgiens bereits unterwegs, als wir in Jerewan noch keine Ahnung vom Ausmaß der Zerstörungen hatten. Selbst die Bevölkerung Arzachs, die schon seit Monaten unter der Wirtschaftsblockade zu leiden hatte, spendete für die Erdbebenopfer. Aus allen Sowjetrepubliken und aus vielen Ländern trafen Bauleute ein, um die zerstörten Städte und Dörfer wiederaufzubauen. Ärzte aus aller Welt leisteten medizinische Hilfe. Das Internationale Rote Kreuz und die Rotkreuzorganisationen einzelner Länder waren lange Zeit im Erdbebengebiet im Einsatz. Viele der humanitären Aktionen laufen noch heute. In Spitak, Leninakan und Stepanawan entstanden viele bunte kleine «Dörfer»: ein italienisches Containerdorf, Baustellen von usbekischen, estnischen, ukrainischen, russischen und deutschen Bauarbeitern, das norwegische Krankenhaus, ein österreichisches Dorf, ein schweizerisches Kinderdorf und viele andere.

Der Friedhof in Spitak wurde auf einmal so groß wie eine kleine

Stadt. Auf den meisten, ja fast auf allen Grabsteinen steht dasselbe To-
desdatum: der 7. Dezember 1988. Auf einem Hügel in der Mitte des
Friedhofes hat man eine kleine provisorische Kirche aufgebaut, von wo
aus man die Ruinen der alten Gebäude und die neuen Siedlungen sehen kann. Man erzählt, in den ersten Tagen nach dem Beben wurden
so viele Tote gefunden, daß sich die Leute um die wenigen Särge stritten, um ihre Eltern, Söhne und Töchter, Brüder und Schwestern wenigstens würdig zu beerdigen.

Später berichtete uns ein Bekannter aus Spitak, wie er nach dem
Erdbeben seine Familie gesucht hatte. Nachdem er seine tote Mutter
gefunden hatte, suchte er wie fast wahnsinnig vor Angst nach seinem
Haus, in dem sich seine Frau und seine beiden Kinder während des Bebens aufhielten. Überall lagen die Trümmer eingestürzter Gebäude,
und er hatte Schwierigkeiten, überhaupt die Stelle wiederzuerkennen,
an der früher sein Haus stand. Erst nach drei Tagen fanden Bergungs-
trupps seine Frau und den neunjährigen Sohn Sargis mit schweren
Verletzungen, aber lebend unter den Trümmern und brachten sie ins
Krankenhaus nach Jerewan. Die zehnjährige Tochter konnte nur tot
geborgen werden. Seine Frau und sein Sohn waren zusammen in einem Zimmer und seine Tochter Siranusch in einem anderen Raum gewesen, als das Haus zusammenstürzte. Sie konnten sich sogar noch
unter den Trümmern unterhalten. Siranusch hatte Durst und starke
Schmerzen an den eingeklemmten Beinen. Doch die selbst verschüt-
tete Mutter konnte für die Tochter nichts tun, außer ihr Mut zu machen. Sie war völlig verzweifelt, als ihre Tochter auf ihre Rufe nicht
mehr antwortete. Der Vater wurde vor Schmerz fast wahnsinnig. Noch
heute steigen ihm Tränen in die Augen, wenn er sich an seine Tochter
Siranusch erinnert, und sein Gesicht bekommt einen harten Ausdruck,
als ob er, wie ein verletztes Tier, ganz laut brüllen möchte. Er erzählt,
wie talentiert sie war. Sie spielte Geige, gab viele Konzerte auch im
Ausland und komponierte selbst. Nach einem Konzert in Leipzig hatte
eine deutsche Künstlerfamilie angeboten, Siranusch für einige Zeit
aufzunehmen und sich um ihre musikalische Weiterbildung zu kümmern. Der Vater macht sich Vorwürfe, daß er diesen Vorschlag abgelehnt hat. Seine Tochter wäre dann noch am Leben... Das Notenheft

und ein paar Fotos von ihr, die er in den Trümmern seines Hauses gefunden hatte, hütet er wie Reliquien. Ein strahlendes kindliches Lächeln hat sie im Gesicht, auf einem vergrößerten Foto, das an der Wand des gemütlich eingerichteten Eisenbahnwaggons hängt, in dem die Familie nach dem Erdbeben bis zum Winter 1992 wohnte. Das gleiche Bild ziert ihr Grab auf dem Friedhof in Spitak, für das der trauernde Vater einen kunstvollen Kreuzstein anfertigen ließ.

Aber nicht alle Menschen halfen nach dem Erdbeben. Ich kann es kaum glauben, wie schadenfroh der Mensch auch sein kann. Während die ganze Welt uns in diesem entsetzlichen Unglück beistand, kamen Telegramme aus der Nachbarrepublik Aserbeidschan an, die uns «Herzliche Glückwünsche zum Erdbeben» übermittelten. Ähnliche Botschaften standen an den Eisenbahnwaggons mit zerstörten Wohncontainern und anderen Hilfsgütern, die durch aserbeidschanisch besiedeltes Gebiet nach Armenien kamen. Dringend benötigte Hilfsgüter wurden tagelang willkürlich aufgehalten. Als sie dann endlich eintrafen, waren die Waggons geplündert und die Lebensmittel verdorben.

1989 konnte ich, zusammen mit vier Studienfreundinnen, das erste Mal Deutschland besuchen. Die Gelegenheit entstand durch einen Studentenaustausch zwischen den Universitäten Jerewan und Rostock.

In vielen sowjetischen Filmen über den «Großen Vaterländischen Krieg» wurden die Deutschen als dumm, gefühllos und feige, die Sowjetmenschen – meistens Russen – dagegen als mutig und verständnisvoll dargestellt. Solche Schwarzweißmalerei, mit der wir aufwuchsen, war natürlich nicht geeignet, um sich eine annähernd objektive Meinung über die Deutschen zu bilden. Leute, die im Krieg viel mit deutschen Gefangenen zu tun hatten oder selbst in deutscher Gefangenschaft waren, hatten mir von Ehrlichkeit, Ordnung und Gründlichkeit als deutschen Eigenschaften erzählt. Nachdem ich mich mit der klassischen deutschen Musik und Literatur beschäftigt hatte, entdeckte ich für mich etwas: die Fähigkeit der Deutschen, tiefe Gefühle zu empfinden und zugleich zu beherrschen. Doch konnte man die Greuel, die im Namen des deutschen Volkes während des Faschismus verübt worden waren, und das duldende Verhalten großer Teile des deutschen Volkes gegenüber Intoleranz und Machtmißbrauch nicht übersehen.

Die Reise nach Rostock war nicht nur meine erste Auslandsreise, sondern auch die vielleicht einmalige Chance, meine Sprachkenntnisse zu vertiefen und vor allem das Volk aus eigenem Erleben kennenzulernen, von dem ich schon so viel gehört und dessen Sprache ich zu meinem Beruf gemacht hatte. Dem sah ich mit Aufregung und großer Freude entgegen. Nach langem bürokratischem Hin und Her waren endlich alle Unterlagen und die Reisepässe fertig. Am Abend vor meiner Abreise ging ich zur Gedenkstätte Zizernakaberd, um Blumen am Kreuzstein für die Opfer der Pogrome von Sumgait niederzulegen. Dieser Kreuzstein, der aus Arzach kam, steht nicht weit vom Denkmal für die Genozidopfer von 1915. Am nächsten Tag, dem ersten Jahrestag der Pogrome von Sumgait, würde ich nicht mehr in Armenien sein. Am Flughafen, von dem 1989 noch regelmäßig Flugzeuge nach Moskau flogen, nahm ich Abschied von meiner Heimatstadt, von meiner Familie, von den stolzen, glücklichen und doch besorgten Gesichtern meiner Eltern und Schwestern. Als die Gipfel des Aragaz und die Stadt Jerewan nicht mehr zu sehen waren, packte mich eine unbestimmte Angst. Ich spürte warme Tränen auf meinem Gesicht. Ich weinte, die Trennung fiel mir schwer, obwohl sie nur für kurze Zeit sein sollte.

In Rostock wohnten wir in einem Wohnheim mit deutschen und ausländischen Studenten. Es war schön, mit Menschen aus ganz verschiedenen Ländern zusammenzuleben. Wir hatten einander viel zu erzählen und verstanden uns besonders mit den temperamentvollen Bulgaren, Arabern und Afghanen sehr gut. Ich hätte niemals gedacht, daß ich eines Tages mit Freunden aus Indien, Nordkorea, Griechenland und Äthiopien lange Abende zusammensitzen und diskutieren würde. Dabei half mir mein deutscher Freund, mit dem ich zwei Jahre später eine Familie gründete. Noch heute erinnere ich mich gern an die Zeit in Rostock, die für mich persönlich zum Symbol des Zusammenlebens von Menschen verschiedener Kulturen geworden ist, und bedaure es sehr, daß der Name dieser Stadt im wiedervereinigten Deutschland mit einem Pogrom gegen Flüchtlinge und Ausländer verknüpft wurde.

Als ich zurück nach Armenien kam, erfuhr ich kurz vor Beginn meines letzten Semesters, daß das Deutsche Rote Kreuz dringend Dolmetscher benötigte. So begann meine erste Arbeit als Dolmetscherin in Spitak bei (west)deutschen Bauarbeitern. Wir wohnten in einem großen Lager am Rande der Stadt. Das Leben im Lager, das zuerst nur aus Zelten bestand, war natürlich nicht gerade gemütlich. Um sieben Uhr morgens fuhren Kleintransporter die Arbeiter in die verschiedenen Dörfer, wo sie aus Fertigteilen Holzhäuser zusammenbauten. Selbstverständlich arbeiteten Deutsche und Armenier eng zusammen, und die gegenseitige Verständigung war mehr als notwendig. Die meisten deutschen Helfer arbeiteten freiwillig und ohne Bezahlung in ihrem Urlaub bei der Erdbebenhilfe. Viele von ihnen schlossen Freundschaften mit Armeniern, interessierten sich sehr für unsere Sitten und Gebräuche, und manche lernten sogar unsere Sprache.

Armenien war schon in dieser Zeit nach dem Erdbeben in einer schwierigen wirtschaftlichen Situation. Es mangelte an Öl, Gas, Strom und Lebensmitteln. Die Bevölkerung wurde aufgerufen, äußerst sparsam mit Energie umzugehen. Strom und Gas wurden nur noch einige Stunden am Tag eingeschaltet, Kraftstoff- und Lebensmittelkarten für den Minimalbedarf an Grundnahrungsmitteln eingeführt. Trotzdem konnte man manchmal keine Lebensmittel bekommen. Es wurden nur noch eine oder zwei Zeitungen gedruckt, denn es mangelte an Papier, das aus Rußland nicht mehr zu bekommen war. Diese Versorgungskrise spitzte sich immer mehr zu und wurde besonders nach der Unabhängigkeitserklärung Armeniens und dem Untergang des Sowjetstaates katastrophal. Auch der Wiederaufbau der vom Erdbeben zerstörten Städte und Dörfer ging darum nur sehr langsam voran. Ein Jahr nach dem schrecklichen Unglück konnte man immer noch die zertrümmerten Hochhäuser, Schulen und Fabriken sehen. Doch die Menschen verließen ihre Städte und Dörfer nicht, wie man nach dem Erdbeben befürchtet hatte. Trotzdem war es für sie sehr schwierig, sich mit ihrer Situation abzufinden. Für das Erdbeben konnte man schließlich niemandem die Schuld geben, und irgendwie ist es ja leichter, wenn man jemanden für sein Unglück verantwortlich machen kann. Die Menschen wurden nachdenklich.

Nach viermonatiger Arbeit in Spitak besuchte ich wieder Vorlesungen in Jerewan. Nebenbei arbeitete ich als Dolmetscherin in einer vom Deutschen Roten Kreuz aufgebauten Orthopädiewerkstatt. Dort bildeten deutsche Orthopädiemechaniker armenische Lehrlinge aus und fertigten Prothesen für Erdbebenopfer an. Es gab leider viel zu viele Menschen, die für immer zu Invaliden geworden waren. Am ersten Tag war ich schockiert, als ich die Liste der Patienten und den Terminkalender sah. Die Patienten warteten oft mehrere Monate. Fast alle waren verzweifelt. Nun bekamen sie hier nicht nur passende Prothesen, sondern auch Mut, Selbstvertrauen und die Kraft für ihr verändertes Leben. Ich glaube, ich werde mich immer an den zweijährigen Sewak erinnern, der beide Beine verloren hatte, an Nina, die junge Frau ohne Beine und mit nur einem Arm, oder an die hübsche fünfzehnjährige Gajane, der beide Beine amputiert worden waren.

Doch hatten die Armenier selbst in diesen schweren Jahren das Arzachproblem nicht vergessen. Auch in Armenien hatten sich mehrere neue Parteien gebildet. Nachdem offensichtlich wurde, daß die kommunistische Regierung das Problem Berg-Karabach nicht lösen konnte, mehr noch, daß sowjetische Soldaten aserbeidschanischen Sondertruppen halfen, die armenische Bevölkerung aus ihren Dörfern zu deportieren, wurden diese nichtkommunistischen Parteien immer populärer. Bei den Kommunalwahlen 1991 war die Wahlbeteiligung sehr hoch, das erste Mal fanden wirklich demokratische Wahlen statt. Die Partei «Armenische Gesamtnationale Bewegung» erhielt die Mehrheit. Einige Zeit später erklärte sich die Republik Armenien für unabhängig. Wir jubelten und feierten. Mit der Unabhängigkeit waren für uns große Erwartungen verbunden. Armenien erhielt endlich seine vor Jahrhunderten verlorene Eigenstaatlichkeit. Unsere Probleme mußten wir von nun an selbst lösen und konnten nicht mehr erwarten, daß Moskau für uns bestimmt. Wir wußten zwar genau, daß unsere Wirtschaft nicht überlebensfähig ist, aber die Voraussetzung für alle weiteren Schritte war damals für uns zuerst Unabhängigkeit und Selbstbestimmung.

Als ich 1991 die Entscheidung treffen mußte, meinen ostdeutschen Freund zu heiraten und ihm nach Deutschland zu folgen, habe ich viel nachgedacht. Die Nationalität des Menschen, den ich liebte, war für mich unwichtig. Am meisten Sorgen machte es mir, weit entfernt von meiner Familie und meiner Heimat leben zu müssen. Erst damals wurde mir richtig klar, wie sehr ich Armenierin bin und wie sehr ich mein Land liebe. Aber würde sich das denn ändern, wenn ich mich für die Ehe mit einem Deutschen entscheide? An den Gefühlen zu meinem Land und meinem Volk hat sich bis heute nichts geändert und wird sich niemals etwas ändern.

Bei einer Reise nach Jerewan im April 1992 habe ich die Stadt kaum wiedererkannt. Alles war hoffnungslos vernachlässigt, ungepflegt. Viele Betriebe und wissenschaftliche Institute kämpften um ihr Überleben. Die Menschen waren auf ihre eigenen Probleme konzentriert, darauf, wie sie ihre Kinder ernähren und den bevorstehenden Winter ohne Gas und Strom überleben sollen. Die immer höher steigenden Preise für Lebensmittel bei den privaten Händlern konnte niemand mehr bezahlen.

Manchmal ist es für mich unerträglich, so weit von meiner Familie, meiner Heimat entfernt zu sein. Besonders schwer ist es, angesichts der schlimmen Lage dort so wenig helfen zu können. Mir fehlt «mein Land», in dem «im Schnee so viel Sonne und in der Sonne so viel Schnee liegt, und in der Erde so viel verdienter Segen», das Land, in dem für mich «aus jedem Stein, aus jedem Bach meine Kindheit blickt».

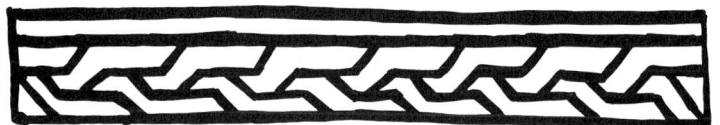

Hraward Mangassarjan
«Du bist nicht an Granaten gewöhnt.»
Alltag in Arzach

Hraward Mangassarjan war 17 Jahre alt, als sie diesen Text im Herbst 1992 verfaßte – auf deutsch. Diese fremde Sprache, in der sie den Alltag im Krieg in ihrer Heimatstadt Stepanakert beschreibt, hat sie in der Schule gelernt. Seit ihrer Flucht lebt Hraward in Armenien: erst in einem Flüchtlingslager in Jerewan, dann in einem Sanatorium im Kurort Arsni, einer Notunterkunft für Flüchtlinge. Da infolge der Energiekrise in Armenien auch das Postwesen fast völlig zusammengebrochen ist, fällt es jetzt sehr schwer, mit Hraward Kontakt zu halten.

Hraward Mangassarjan 1993

Stepanakert. Überall sieht man Gebäude ohne Fensterscheiben oder Hausruinen. Ein Jahr der Abwesenheit und so viele Veränderungen. Liebe Heimatstadt, wie anders hast du ausgesehen, als ich nach Pjatigorsk im Nordkaukasus fuhr, um zu studieren. Und wie zeigst du dich heute meinen Augen? Doch nein – ich erwartete, dich in schlimmerem Zustand vorzufinden: nur noch in Ruinen. Zum Glück sehe ich nicht nur Ruinen. Meine Landsleute sind tapfer, sie halten durch.

So kam unser Autobus auf dem Zentralplatz der Stadt an. Hier war eine große Menschenmenge versammelt, Flüchtlinge aus den Kreisen Schahumjan und Mardakert. Augenblicklich waren wir von Menschen umringt. Mir machte man Vorwürfe, warum ich überhaupt hierher zurückgekehrt war. Ich antwortete: «Ist es denn richtig, alles den Feinden zu überlassen?»

Mein Gott! Ich hatte keine Möglichkeit, zu Hause anzurufen, um meine Ankunft mitzuteilen. Der Stadtverkehr war völlig zusammengebrochen. Und mein Gepäck wog über 53 Kilogramm. Wie sollte ich es nur nach Hause schleppen? Da erklärten sich einige aus der Menge bereit, mir zu helfen. Bald war ich bei meinem Haus angelangt. Auch dort fehlten die Fensterscheiben. Nicht weit entfernt steht das Gebäude meiner Schule, jetzt mit einer halbzerstörten Decke.

«Mama!» schrie ich. «Mama, Mama.» Endlich kam sie. Es war ein Wunder, sie wiederzusehen, ja, ein Wunder.

Mit welcher Aufregung und Beunruhigung hatte ich von den endlosen Beschießungen der Stadt gehört. Mama und ich umarmten und küßten einander. Mama sah mich traurig an. «Mama, freust du dich nicht, daß ich zurück bin?»

«Mein liebes Kind, ich weiß nicht, was ich dir antworten soll. Die Lage hier ist mehr als schrecklich. Hast du keine Möglichkeit, in Pjatigorsk eine Arbeit nach Abschluß der Hochschule zu finden?» fragte sie. «Es gab viele Angebote, aber ich hatte Heimweh. Ich hatte Sehnsucht nach dir. Es fiel mir schwer, dich im Stich zu lassen», erwiderte ich.

Kurz darauf erfuhr ich vom Tod mir bekannter Menschen: Schulfreunde, Lehrer, Mutters Schüler. Am ersten Abend in Stepanakert war es relativ ruhig. Nur die feindlichen Flugzeuge bombardierten die

Ränder der Stadt – diesmal gab es keine Zerstörungen und Opfer. Ständig hört man das Knattern der Maschinenpistolen und den Donner der Kanonen, auch die Einschläge der Granaten und Schrapnelle von «Alasan», «Grad» und «Uragan»* in der Nähe der Stadt.

In Arzach gibt es wegen der Blockade kein Gas mehr. Und auch nicht regelmäßig Strom. Selbst die Lebensmittelgeschäfte haben geschlossen. Wegen des anhaltenden Beschusses konnten die Menschen die Ernte kaum einbringen. Gegenwärtig wird ein Kilogramm Mehl monatlich pro Kopf der Bevölkerung ausgeteilt. Die Menschen haben vergessen, was Butter ist. Auch das Wasser wurde knapp. Mein Gott, wie konnte ich ahnen, daß ich gezwungen sein würde, Holz zu hacken. Weil Mutter krank war, habe ich das gemacht. Wenn der Strom ausfällt, müssen wir im Hof auf offenem Feuer kochen.

Eines Abends tranken wir gegen 23.40 Uhr Tee. Plötzlich ging es los: Bumm. Bumm. Ich blieb ruhig sitzen, weil ich nicht verstand, was los war. Meine Schwester dagegen sprang auf und lief zur Tür. Ich folgte ihr. Das Licht war augenblicklich erloschen. Bumm, bumm! dröhnte es von allen Seiten. Ob ich wirklich von der ersten Kugel sterben werde? fragte ich mich. «Mama, Lena!» riefen wir zusammen mit meiner Tante die Mutter. Keine Antwort. Lieber Gott, was ist los? Warum ist mein Schicksal so grausam? Ich war bis in die Seele erschüttert.

«Kommt schnell herunter!» antwortete endlich Mutter. Die Nachbarn rannten in den Luftschutzkeller. Dort war die Luft schwül, erdrückend. Der Keller war voller Menschen. Ich sah unwillkürlich auf meinen Arm, der voller Blut war. Vielleicht wegen des Luftstoßes. Die

---

* Alasan: ursprünglich ein sowjetischer Geschützwerfer für meteorologische Geschosse (Wetterbomben). Der Name stammt vom ersten Einsatzgebiet, dem ostgeorgischen Alasani-Tal. Dort sollte die erntegefährdende Zusammenballung von Gewitter- und Hagelwolken verhindert werden. Die Alasan-Geschützwerfer können auch zum Abschuß militärischer Geschosse benutzt werden, auch lassen sich die «Alasan»-Sprengköpfe leicht zu Waffen umrüsten. «Grad» (Hagel) ist ein Raketenwerfer für unterschiedliche Geschosse, «Uragan» (Hurrican) eine Granatwerferanlage bzw. Mörser.

Stadt wurde mit Feuer aus der Granatwerferanlage «Uragan» beschossen. Die Zahl der Opfer diesmal: 60 Tote und 32 Verwundete. Unter den Toten war auch eine unserer Bekannten, eine Mutter von drei Kleinkindern. Sie war während des Angriffs ins Freie gelaufen, um nach ihren Kindern zu sehen, die zu dieser Zeit friedlich zu Hause saßen. Aber ihre Mutter wurde von dem Geschoß getroffen. Wenige Sekunden nur, und ein Mensch ist tot. Wenige Sekunden nur, und es zerreißt einen Menschen derart in Stücke, daß es sogar schwerfällt, die Leiche zu bestatten. Nach diesem Vorfall konnte mich keiner mehr dazu bringen zu schlafen.

«Du bist nicht an die Granaten gewöhnt», sagte mir meine Schwester. «Du hättest zuerst die Stimme Alasans und Grads hören sollen. Statt dessen hast du gleich am Anfang die Stimme Uragans gehört. Natürlich ist das für dich ungewohnt», versuchte sie mir meinen Schock zu erklären. Erst in der dritten Nacht legte ich mich gegen zwei Uhr zu Bett und schlief bis zum nächsten Morgen. Plötzlich öffnete ich die Augen. Es war still ringsum. Kein Laut. Mir schien, als sei der Beschuß von neulich ein schrecklicher Traum gewesen. «Bumm, bumm!» dröhnte es dann wieder von allen Seiten. Nein, dieser Krieg nimmt kein Ende, er ist kein Traum. Und wieder die schwülen und bedrückenden Luftschutzkeller, wieder Tränen und Leiden.

Drei Tage vergingen. Nacht. Ich schlief unruhig wieder ein, denn ich hatte Angst vor Kugeln und vor Bomben. Ich erwachte. Es war still. Friedlich schimmerten die Sterne. Sterne, Sterne, was bringt uns der künftige Morgen? Wann wirst du, der Glücksstern, uns den Weg leuchten? «Nicht bald wirst du es sehen, des Glückssterns Leuchten», erwiderte meine innere Stimme. «Bumm-bumm, bumm-bumm!» krachte es plötzlich ununterbrochen. Mir kam es vor, als wäre etwas Schweres auf unser Gebäude gestürzt.

«Aufwachen, schneller, schneller!» schrie ich entsetzt. Mit halbwachen Augen machten sich alle daran, mir zum wiederholten Male meine Panik vorzuwerfen. Leider war es nicht nur Panik. Ich stürzte Hals über Kopf in den Korridor und warf mir in der Dunkelheit etwas über. Im Luftschutzkeller merkte ich dann, daß ich am linken Fuß eine Sandalette, am rechten einen Pantoffel trug. Lächerlich, nicht wahr?

Danach waren wir gezwungen, wieder zu unserem Kellerleben zurückzukehren. Irgendwo liefen Ratten herum. Ist doch nicht so langweilig, nicht wahr? «Oh, die Ratte. Ich hab es gründlich satt», murmelte die Nachbarin.

«Sehen Sie mal, wir haben den Platz der Ratte besetzt und zeigen ihr noch unsere Unzufriedenheit», scherzte meine Schwester. Dann erzählte ein Mädchen, daß eine russische Geisel gefangengenommen worden sei. Der Russe hatte angekündigt, daß der Stadt Stepanakert Schlimmes bevorstehe: Die Stadt würde von Granatwerferanlagen Uragan und von Flugzeugen gleichzeitig bombardiert werden. Ich ging nach Hause, um Mutter diese schlimme Nachricht zu bringen. Ich bat sie inständig, die Nacht nicht im Haus zu bleiben.

«Das ist nur Panikmache!» Meine Mutter versuchte die Nachricht ironisch aufzunehmen. «Meine liebe Tochter, warum bist du hierher zurückgekommen? Warum nur?» fragte sie plötzlich. Damals kam ich mir wie die heilige Johanna vor.

«Besser ein Ende mit Schrecken als ein Schrecken ohne Ende!» Warum hatte ich diese klugen Worte ganz vergessen? Jeden Tag sterben so viele junge Soldaten in den besten Jahren ihres Lebens. «Dem Wahnsinn der Kühnen verkünden wir Ruhm!» Und wo ist meine Kühnheit geblieben? «Nur ein Freiheitsgefühl war dort Tag und Nacht in meiner Seele, glühend wach.» Und jetzt, im Exil, frage ich mich: Wo ist dieses Gefühl? Warum habe ich diesem überwältigenden Drang zu leben nachgegeben?

An jenem Abend begann der Luftalarm. Zuerst kam nur eine Warnung. Der Klang der Sirene war kaum zu hören. Am folgenden Tag zwang uns das ununterbrochene Schrillen des Alarms, in die Keller zu laufen. Gab es dort wirklich irgendeinen Schutz? Vor Grad, Alasan und Uragan – vielleicht. Aber nicht vor Bomben, von Flugzeugen abgeworfen, sie sind eine halbe Tonne schwer.

Ich kochte unter glühender Sonne auf offenem Feuer Mittagessen. Im Hof war es unerträglich schwül. Mutter war zu meiner Tante gegangen. «Ein Flugzeug, ein Flugzeug!» schrien unsere Nachbarn. «Das ist nur ein Übungsalarm. Es ist halb so schlimm. Nur ein Übungsalarm», versuchte ich mich zu beruhigen. «Nein, kein Übungsalarm», erwiderte die Nachbarin. «Erst werde ich mich um das Mittagessen kümmern, dann in den Keller laufen.» Plötzlich fielen Splitter vom Himmel. Ich warf den Löffel auf den Teller und rannte. Auf einmal merkte ich, wie etwas vom Himmel meine Hand streifte. Erst im Keller sah ich wieder hin. Meine Hand schwamm im Blut. Zum Glück nichts Ernstes. Nur eine leichte Berührung, halb so schlimm.

Aber wo steckte meine Mutter? Was war geschehen? Wo genau war diese Bombe abgeworfen worden? Endlich kam Mutter. Sie berichtete, wo es geschehen war. Sie hatte diesen ungeheuerlichen Anblick gesehen. Das Gebäude des Studentenheims neben dem Pädagogischen Institut war vor ihren Augen zerstört worden. Es waren zwei Bomben abgeworfen worden, jede hatte eine halbe Tonne gewogen.

«Ich sah einen verwundeten Mann mit einem Säugling. Das Wickelkind in seinen Armen war voller Blut. Danach wurde seine Mutter aus den Trümmern herausgeholt, ebenfalls blutüberströmt», erzählte Mutter.

Solche verbrecherischen Akte verüben russische und ukrainische Piloten gegen die friedfertige Bevölkerung von Arzach. Sie verdienen sich damit Hunderttausende. Rußland verurteilt offiziell diese Aktionen, aber Rußland verkauft den Aserbeidschanern auch die Waffen, insbesondere für die Luftwaffe. Niemand aber darf kriegführenden Parteien Waffen verkaufen. Rußland tut es. Eine aserbeidschanische Geisel hat ausgesagt, daß nur russische und ukrainische Militärs den Krieg gegen uns führen, gegen ausgezeichneten Sold: Hunderttausende.

Kurz darauf erfuhr ich, daß der legendäre Held Aschot gefallen sei. «Askolka», so nannten ihn seine Kampfgefährten. Er wurde oftmals verwundet, aber er hat nie das Schlachtfeld verlassen. Aschot erlaubte den Ärzten nicht, die Splitter aus seinem Körper zu entfernen. Er hoffte, das nach dem Krieg zu machen. Aber dazu sollte es nicht kommen. Seine Schwester klagte weinend an der Leiche ihres jungen Bruders: «Versuchen Sie nicht, meinen Bruder mit Blumen zu betrügen. Nur der Sieg kann seinen Tod rechtfertigen...»

Auf ihren Kundgebungen schrien die Aserbeidschaner «Vereinigung!» Gorbatschow warnte: «Man darf sich nicht der Macht von Gefühlen hingeben! Bedenken Sie doch das Schicksal von Tausenden von Armeniern auf dem Staatsgebiet Aserbeidschans!» Kurz nach diesen Worten begann die blutige Auseinandersetzung in Sumgait. Ein Augenzeuge berichtete uns: «Die Truppen trafen rechtzeitig in Sumgait und Baku ein. Aber sie betrachteten untätig das ungeheuerliche Bild der Pogrome an den Armeniern und erklärten: ‹Wir haben keinen Befehl einzuschreiten!›»

Ich weiß nicht, von welcher Aggression auf armenischer Seite die Rede sein kann. Die armenische Bevölkerung von Berg-Karabach lebt auf einem urarmenischen Gebiet und stellte 1921 95 Prozent der Bevölkerung, die Aserbeidschaner dagegen nur fünf Prozent. In den siebziger Jahren war dann der Anteil der Armenier auf 75 Prozent gesunken, der der Aserbeidschaner auf 23 Prozent gestiegen.

Im Jahre 1921 wurde unser Gebiet ungesetzlich Aserbeidschan unterstellt. Die Wünsche der Menschen wurden bei dieser gesetzwidrigen administrativen Maßnahme außer acht gelassen. Im Jahre 1988 wandte sich die Mehrheitsbevölkerung der Arzacher mit der Bitte an Armenien, in sein Staatsgebiet aufgenommen zu werden. In Armenien wurde diese Bitte nicht abgelehnt. Ich kann nicht verstehen, warum man diesen Schritt als eine offene Aggression bewertet. Die Vereinigung der beiden deutschen Staaten war möglich, eine Lösung unseres Problems aber ist unmöglich?

Ich verstehe nicht, warum der armenischen Bevölkerung in Arzach das Selbstbestimmungsrecht vorenthalten wird. Wo bleibt die allerhöchste Gerechtigkeit auf dieser sündigen Erde? Das Leben des armenischen Volkes steht auf dem Spiel. Ich bitte die gesamte Weltöffentlichkeit um Hilfe.

September 1992

Gerayer Koutcharian
Arzach und Armenien:
Reisebericht aus einem Kriegsgebiet

Das Denkmal «Papik und Tatik» (Väterchen und Mütterchen), Symbol für die Armenier Arzachs

Wie jeder Diaspora-Armenier sehnte ich mich schon immer danach, nach Armenien, in die unbekannte Heimat meiner Vorfahren zu reisen. Dieser Wunsch erfüllte sich für mich erst im April 1990, als in Jerewan ein internationaler Kongreß über den Völkermord stattfand. Eine Reise dorthin war für mich zuvor unmöglich, da ich in Sowjetarmenien als Persona non grata galt, von armenischen Kommunisten beim KGB im Namen des Internationalismus als «Nationalist» denunziert – nicht zuletzt aufgrund meines Engagements für Arzach, die Heimat meines Vaters. Wie er mochte ich mich nicht mit dem Unrecht abfinden, das Arzach zugefügt worden war. So schrieb und sprach ich bereits über Arzach, als dieses Thema in Europa noch völlig exotisch und unbekannt und für meine linksorientierten Landsleute irritierend war.

Doch auf meiner ersten Reise nach Armenien erfüllte sich mein Wunsch noch nicht, die Heimat meines Vaters zu sehen. Zwar kam es 1990 zu einer ersten Begegnung mit Verwandten aus dem Arzach am Sewan-See, doch war es mir, wie allen Ausländern, verboten, persönlich nach Arzach zu reisen. Erst 1992 ergab sich die langersehnte Gelegenheit, als eine kleine Delegation eine humanitäre Hilfsaktion der «Christian Solidarity International» begleitete. Die Stellvertretende

Sprecherin des britischen Oberhauses, Baroness Caroline Cox, leitete unsere Gruppe, in der ich die «Gesellschaft für bedrohte Völker» vertrat.

An Bord der Maschine, die uns nach Jerewan brachte, befanden sich 50 Tonnen Lebensmittel und Medikamente. Unser Ziel aber war Arzach.

Entladung einer Hilfssendung von «Christian Solidarity International», Stepanakert, Januar 1993

Die Leiterin unserer Delegation, Baroness Caroline Cox, die sich seit 1991 für Arzach engagiert

Vom Jerewaner Militärflughafen aus ging es mit einem Hubschrauber weiter nach Goris. Schon als wir in den Hubschrauber kletterten, war unverkennbar, daß wir nun eine Welt betraten, deren Alltag aus Krieg, Tod und Zerstörung besteht: Dort saß ein Arzacher Kämpfer – mein Gott, sie werden nicht zu Soldaten ausgebildet, sondern als Kämpfer geboren.

Der Latschiner Korridor, zwischen Mai 1992 und März 1993 die einzige Landverbindung zwischen der Republik Armenien und Arzach. Im Tal: die Stadt Goris.

45 Minuten dauerte der Flug über Südarmenien, ich bestaunte die Landschaft von oben. Wild, gebirgig, verkarstet ist Armenien, Berge, Steine und sonst nichts. Zum Süden hin wird das Land grüner, einzelne Bäume, dann Haine, doch keine zusammenhängenden Waldgebiete.

Der Luftweg nach Arzach. Militärhubschrauber befördern Fracht und Passagiere. Hier auf dem Flug nach Stepanakert, im Hintergrund Särge.

Bei Goris liegt die Republik Armenien nur einen Kilometer Luftlinie vom Autonomen Gebiet Berg-Karabach der Ex-SU entfernt. Dort landete unser Hubschrauber, und wir setzten die Fahrt in Autos fort. Die von etwa 25 000 Menschen bewohnte Stadt Goris ist das Zentrum der historischen Landschaft Sjunik. Heute ist sie Garnisonsstadt und, als geographisches Tor nach Arzach, ständigen Angriffen der Aserbeidschaner ausgesetzt. Bei der Fahrt durch das beschädigte und zerstörte Zentrum waren wir zum ersten Mal auf unserer Reise mit den Folgen des Krieges von Angesicht zu Angesicht konfrontiert.

Auf dem Landweg muß man von Goris aus die alte Straße benutzen, die über Latschin nach Schuschi führt. Sie schlängelt sich durch das tiefe Tal des wasser- und fischreichen Flusses Arawnaget und ist so kurvenreich, daß dem Reisenden schwindelt. Latschin ist die Siedlung, bei der die Arzacher Selbstverteidigungstruppen den Blockadering der Aserbeidschaner durchbrachen – eine wohl erst zu Sowjetzeiten angelegte Ansammlung einstöckiger Häuser, ohne Straßen oder sonstige kommunale Einrichtungen. Dort lebten überwiegend kurdische und aserbeidschanische Viehzüchter.

Verteidiger Arzachs. Einige von vielen: Juri Awanesjan. Soldat und Frontberichterstatter. Er hat aus Baku, Aserbeidschan, fliehen müssen. Auch Frauen sind unter ihnen. Rechts zum Beispiel Siana Mnazakanjan, eine 19jährige Freiwillige, die später verwundet wurde.

Die Aserbeidschaner hatten sich nicht mit dem Verlust des Latschiner Korridors abgefunden. Mehrfach unterbrachen wir die Fahrt nach Stepanakert und hielten bei armenischen Militärposten und einem Feldlazarett in der Nähe von Schuschi. Die armenischen Verteidiger waren jung, wirkten verspielt und unerfahren. Aber für mich war die Tatsache ihrer Präsenz ein einschneidendes Erlebnis: Nach 800 Jahren armenischer Geschichte, die von türkischen Schlägen, ständiger Unterdrückung und Bedrohung, ewigen Kompromissen und schwachem, kaum organisiertem Widerstand geprägt war, haben wir neun Zehntel unseres Siedlungsgebietes verloren. Große Teile unseres Volkes mußten ihr Heil in der Fremde suchen. Die Begegnung im Latschiner Korridor mit den jungen Verteidigern Armeniens erfüllte mich daher mit Stolz – auch wir sind ein Volk, das sich zu wehren weiß.

Schließlich erreichten wir Stepanakert, wo Teile unserer Delegation im Gästehaus der Regierung untergebracht waren, in dem auch schon Arkadij Wolskij gewohnt hatte, der 1989 von der Moskauer Zentralregierung als Sonderbevollmächtigter des Autonomen Gebiets Berg-Karabach eingesetzt worden war. Den ersten Morgen, an dem ich dort, von der Sonne Arzachs geweckt, erwachte, habe ich tief im Gedächtnis behalten. Es gab in der Stadt im Oktober 1992 weder Strom noch Wasser. Draußen im Freien bereitete man Wasser für einen Frühstückstee auf offenem Feuer. Mir fiel auf, daß in der Umgebung sämtliche Bäume abgeholzt waren, eine der Folgen des aserbeidschanischen Energieembargos. Bei späteren Reisen hatte sich die Lage etwas gebessert, da die Fabriken von Goris nicht mehr arbeiteten und die Einwohner von Stepanakert wenigstens diese freigewordenen Stromkapazitäten nutzen konnten. Die wiederhergestellte Stromversorgung erleichterte den ohnehin anstrengenden Alltag und stärkte den Durchhaltewillen der Bevölkerung, überdies verbesserten sich so auch die Informations- und Kommunikationsbedingungen. Die Arzacher konnten endlich armenische Nachrichtensendungen des neuen Rundfunk-

Kinder in Stepanakert

Vor der zerstörten Tuman-jan-Schule. Der elfjährige Dichter Geram aus Stepanakert mit Verteidigern von Arzach.

Massis Ohanjan, 11 Jahre. Sein Vater fiel 1991. Er gehört zu 100 Kindern, die auf Einladung der armenischen Gemeinde zur Erholung nach Moskau reisen.

Schirin, 9 Jahre, mußte ein Bein amputiert werden, nachdem sie von einer Grad-Rakete verletzt worden war.

und Fernsehsenders empfangen, kleine Betriebe wie eine Brotbäckerei und Textilwerke die Arbeit aufnehmen.

1988 gab es in der Stadt Stepanakert 8000 Schüler, 1992 waren es noch 2000, die auf zehn Schulen verteilt sind. Die meist steinernen Schulgebäude werden nur noch im Erdgeschoß zu Unterrichtszwecken genutzt, die oberen Etagen dienen Flüchtlingen als Notunterkünfte, die andere Regionen Arzachs verlassen mußten oder aus Aserbeidschan vertrieben wurden. Wir be-

221

suchten zwei Schulen, benannt nach dem armenischen Dichter Tumanjan und dem russischen Menschenrechtler Andrej Sacharow. Die Tumanjan-Schule war halb zerstört, auch das Denkmal des Dichters auf dem Schulhof.

Zerstörungen in Stepanakert. Diese sowjetische Bombe schlug vor einem Wohnhaus ein.

Kriegsschäden und Zerstörungen prägten das Bild der Stadt, fast 30 Prozent Stepanakerts lagen in Trümmern. Monatelang beschossen die Aserbeidschaner Stepanakert vom kaum vier Kilometer entfernt liegenden Schuschi aus. Die verheerenden Zerstörungen der Stadt sind darüber hinaus auch auf Luftangriffe und gar auf Langstreckenraketen

Schuschi

zurückzuführen, die die Aserbeidschaner von Geschützen der Kaspischen Flotte demontierten und gegen die Armenier Arzachs einsetzen. Die Regierung Arzachs bemüht sich, die Schäden und zumindest den Schutt zu beseitigen, um der Bevölkerung trotz des Krieges das Gefühl eines normalen Alltags zu vermitteln.

Unsere Reise führte einen Teil unserer Delegation für einen Tag nach Schuschi, jenem Ort, von dem aus die Aserbeidschaner Stepanakert beschossen und den die Armenier erst ein halbes Jahr vor unserem Aufenthalt im April 1992 wiedererobert hatten. Die historisch einst bedeutsame Festung war das Zentrum der altarmenischen Provinzen Arzach und Utik und vor allem im 19. Jahrhundert Ort reichen kulturellen Lebens (bekannt war die Buchdruckerei). 1920 wurden fünf Kirchen Schuschis zerstört, als die Türken im Verbund mit aserbeidschanischen Nationalisten die Stadt eroberten, den Großteil der 35 000 armenischen Einwohner ermordeten und ihre Häuser niederbrannten. Heute gibt es nur noch zwei armenische Kirchen in Schuschi, die Grüne Kirche (Surb Howhannes oder Kanatsch-Scham) und Rasantschezoz-Amenaprkitsch – das größte armenische Gotteshaus über-

Die Rasantschezoz-Amenaprkitsch-Kirche in Schuschi

haupt. Dieses Gebäude steht noch, doch sind Kuppel und Glockenturm beschädigt. Die Aserbeidschaner hatten die Kirche als Waffen- und Munitionsdepot mißbraucht in der Annahme, daß die armenischen Christen ihre eigene Kirche nicht unter Beschuß nehmen würden. Hier wollten wir beten und Kerzen opfern.

Nach dem Massaker von 1920 waren die Aserbeidschaner bemüht, Schuschi zu einem rein aserbeidschanischen Stützpunkt auszubauen, man sorgte für einen kontinuierlichen Rückzug der überlebenden armenischen Einwohner. So konzentrierte sich der aserbeidschanische Bevölkerungsteil Arzachs vor allem auf den Bezirk Schuschi. Dazu gehörten auch mehrere Aserbeidschanersiedlungen wie die Exklave Malibeyli und die zu Wehrdörfern ausgebauten Ortschaften Dschanhassan, Dschawadlar und Dgamillu. Schließlich war Stepanakert halbkreisförmig von Norden bis Westen von höher gelegenen Angriffsstellungen der Aserbeidschaner umschlossen. Daß die Arzacher Schuschi und die genannten Dörfer schließlich angriffen, war eine Überlebensnotwendigkeit.

Der alte Bauer floh aus Mardakert nach Schuschi. Ob er inzwischen zurückkehren konnte?

Vor der Stadt Schuschi liegt eine breite, lange unvollendete Allee. Das ist der historische Friedhof der Schuschi-Armenier. Die Aserbeidschaner legten an diesem Ort eine Prunkallee an, um die Erinnerung an die Armenier auszulöschen. Aber der Friedhof war riesengroß, und so sieht man noch heute rechts und links der Allee alte Gräber mit armenischen Inschriften, Ornamenten und Symbolen. Nicht weit von da ehrt ein Kreuzstein die Gefallenen, die bei der Einnahme Schuschis umkamen.

Dort traf ich einen Bauern, neben dem eine Kuh und ihr Kalb weideten. Er war 67 Jahre alt und gehörte zu den armenischen Kriegsflüchtlingen aus Mardakert, er hat sich mit seinen Tieren vor dem aserbeidschanischen Angriff nach Schuschi retten können. Er wirkte sympathisch, verwirrt und traurig. Ich fotografierte ihn, versuchte zu trösten und bot ihm Geld an, um sein Schicksal etwas zu mildern. Aber er wollte es nicht nehmen. Als ich ihn bedrängte, erklärte er: «Nein, wenn das einer sieht, muß ich mich schämen.» – «Keiner sieht das», versicherte ich ihm. Er blieb fest: «Es gibt solche, denen es schlechter als mir geht. Dort auf dem Sockel des Kreuzsteins liegt Obst. Leg dein Geld dorthin. Wenn es einer braucht, wird er es sich nehmen.»

Ich tat, wie mir geheißen, nahm eine Birne, und während ich sie verzehrte, stieg ich die halb nach rechts führende Straße hinauf, die mir von alten Postkarten aus der Zarenzeit vertraut ist. Die Straße und der Bürgersteig gepflastert, die Häuser, zwei- bis dreigeschossig, im armenischen Stil aus grobem Kalkstein gebaut. Nur die großen Holzbalkone, Fenster und Türen waren verbrannt, die Dächer eingestürzt. Das Kreuz am Eckstein eines Hauseingangs war zerstört.

Der Weg führte mich ins Zentrum von Schuschi. Bestimmte Spuren zeugten davon, daß der Angriff der Arzacher vor knapp einem halben Jahr die Aserbeidschaner überraschte, denn «nur» die Häuser an den Straßenrändern waren zerstört, manche allerdings so massiv beschädigt, daß sie nicht mehr bewohnbar waren. Notdürftig hatten sich Flüchtlinge aus Mardakert und Schahumjan eingerichtet, ab und zu sah man jemanden, sämtlich ältere Menschen. Ansonsten waren die Straßen leer, es gab kaum Anzeichen von Leben.

Zum Abschluß unseres Aufenthaltes in Schuschi besuchten wir das

In der Altstadt von Schuschi. Die Aserbeidschaner setzten beim Rückzug die Häuser in Brand.

berüchtigte Gefängnis, in dem seit 1988 Hunderte von Armeniern eingekerkert und gefoltert wurden. Wir betraten den Gefängnishof, in der Mitte eine Wasserzisterne, um die herum amtliche Papiere lose verstreut waren. Die Atmosphäre war mittelalterlich. An den Wänden im Zellentrakt aserbeidschanische Parolen; ein Einheimischer übersetzte. «Seid gehorsam!» – «Arbeitet fleißig!» – «Das Gefängnis ist die beste Schule!» Geplant für 200 Insassen, wurden hier tatsächlich wesentlich mehr Menschen eingepfercht, sechs bis acht in kleinen Zellen, ein Waschbecken und ein WC für alle. Innerlich preise ich das Gefängnis von Teheran, in dem ich als Schüler 11 Tage einsitzen mußte. Dort konnte man alleine duschen (ja duschen!) und WCs, die nicht in der Zelle lagen, benutzen. Unser Fahrer Slawik zeigte uns die Zelle, in der er zwei Jahre gefangengehalten wurde.

Es war bereits dunkel, als wir Schuschi wieder verließen. Von der serpentinenreichen Straße aus ist Stepanakert mit seinen vielen Lichtern deutlich zu sehen. So fuhren wir aus der Düsternis des Gefängnisses diesen Lichtern entgegen, nachdenklich und benommen.

Der nächste Morgen ist mir als ein Moment des tiefen Friedens im Gedächtnis geblieben. Die Sonne war noch nicht aufgegangen, doch der Horizont bereits in gelboranges Licht getaucht, wir standen draußen und sahen im Tal gegenüber die Menschen bei ihren täglichen Verrichtungen, die Bauern auf dem Feld und in den Gärten. Aus den Hühner- und Viehställen drangen die Geräusche der Tiere zu uns herüber, ab und zu bellte ein Hund, Katzen kehrten von ihren nächtlichen Streifzügen zurück. Das war es, wovon ich ein Leben lang geträumt hatte.

Ich wurde schnell in die Wirklichkeit zurückgeholt, ein Arzacher machte mich darauf aufmerksam, daß an all den Häusern vor unseren Augen, die in Richtung Schuschi lagen, Türen und Fenster zugemauert waren. Eine Schutzmaßnahme gegen den monatelangen Beschuß.

Dieser Tag begann mit einer Totenehrung. Wir legten Blumen am Grab von Artur Mkrttschjan nieder, dem ersten Parlamentspräsidenten der Republik Arzach. Unter mysteriösen Umständen kam er wie viele Militärführer in der ersten Jahreshälfte 1992 ums Leben. Er starb jung wie viele andere in Arzach, noch keine vierzig Jahre alt.

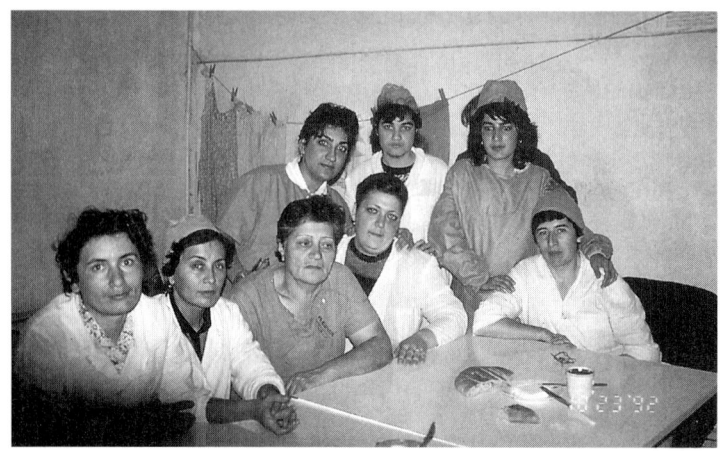

Das Krankenhaus von Stepanakert, nur noch der Keller des zerstörten Gebäudes ist benutzbar. Die Krankenschwestern.

Überhaupt gehört es zu den Besonderheiten des Lebens in Arzach, früh Verantwortung zu übernehmen, als Politiker, als Militär. Sie sind sehr jung, die Verteidiger Arzachs. Aber sie wirken erfahren, gereift unter dem Druck der Jahrhunderte. Seit 1988 haben die Jungen alle Etappen des Widerstands miterlebt und -organisiert. Kaum einer von ihnen ist in sein Amt eingesetzt worden, die meisten fanden ihren Platz, wie das Wasser seinen Weg in die Grube findet.

Später an diesem Tag fuhren wir in die Kreisstadt Martuni, die etwa

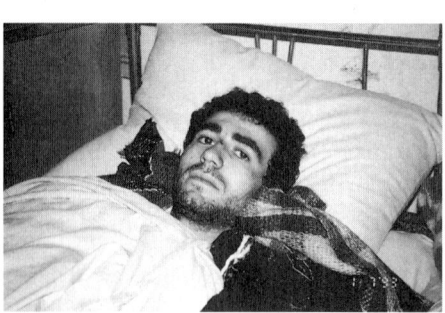

Ein Verwundeter im Krankenhaus von Stepanakert. Seine Hand war unter einen Panzer geraten. Um fliehen zu können, durchtrennte er seine eigene Hand.

Dieser dreizehnjährige Junge
gehört zu den Wachposten am
Flugplatz von Stepanakert.

Monte Melkonjan fiel im Alter
von 36 Jahren. Er wurde am
19. 6. 1993 auf dem Märtyrer-
friedhof Jerablur in Jerewan
beigesetzt. Neben dem Katafalk
Angehörige der Armee der
Republik Armenien.

40 Kilometer östlich von Stepanakert liegt. Die Straßenverhältnisse waren katastrophal, unsere Fahrt abenteuerlich. Unterwegs sahen wir Maulbeerhaine und bebautes Ackerland. Die Berge weichen zurück, das Klima wird kontinentaler, der Kreis Martuni liegt ebener als die zentralen Gebirgsgebiete Arzachs.

Der Besuch unserer Delegation dort galt den Selbstverteidigungseinheiten des Kreises und ihrem beliebten Kommandanten, Monte Melkonjan «Awo», dem es gelang, Martuni zu einer uneinnehmbaren Festung auszubauen. Er hatte es mit seinen Leuten kurz vor unserem Besuch geschafft, die aserbeidschanischen Streitkräfte bis an die Staatsgrenze Arzachs zurückzudrängen.

Wir fuhren diese Grenze entlang. Die Erfindungsgabe der Sowjetbürger ist ja bekannt, doch das Improvisationstalent, das die Arzacher beim Umbau der sowjetischen Fahrzeuge für dieses unwegsame Gelände bewiesen, übertraf mein Vorstellungsvermögen. Wir passierten armenische Stellungen, die in Ermangelung anderer Waffen nur mit Panzern bestückt sind, wodurch sie mobiler werden. Dieser Vorteil wurde uns vor Ort hautnah und drastisch demonstriert, als über uns ein aserbeidschanisches Aufklärungsflugzeug flog. Uns wurde erklärt, daß die armenischen Stellungen sofort die Standorte wechseln müssen, da bald geschossen werde. Das geschah, noch während wir auf jenem Hügel standen. Ich sah Staub und Rauch an der Einschußstelle und wurde beinahe durch die Luftdruckwelle umgeworfen.

Wir fuhren auch durch das von «Awo» und seinen Leuten eroberte aserbeidschanische Dorf Muganli, wo wir einer armenischen Panzerpatrouille begegneten. Awo erzählte uns, daß Muganli wie andere aserbeidschanische Dörfer auf Arzacher Territorium schon lange auf Anordnung der aserbeidschanischen Regierung evakuiert worden seien und als Militärstützpunkte gegen armenische Siedlungen benutzt wurde. Wir machten Rast. Dieses Dorf war reich an Obst, insbesondere an Aprikosen und den von Armeniern fast wie ein Nationalsymbol geschätzten Granatäpfeln. Die uns begleitenden Soldaten pflückten Obst für die Kaserne. Hier machte auch ich meine erste «Kriegsbeute» und aß mich an Granatäpfeln satt.

In Muganli ging ich trotz der Minengefahr in die zum Teil abge-

Landschaft des Arzach
Oben: Nördlich von Stepanakert
Unten: Blick vom Kloster Gandsassar

brannten, geplünderten Wohnhäuser. Hunderte Arzacher sind von Minen zerfetzt worden, bisweilen banden die Aserbeidschaner sogar Minen an die Leichen gefallener Armenier. Wenn ihre Kameraden sie bergen wollten, gingen sie dann mit den Toten in die Luft...

In den verlassenen, zerstörten und verwüsteten Häusern des Aserbeidschanerdorfes Muganli sah ich zerschlagene, verbrannte Möbel, zerrissene Bücher, verstreute Fotos und Briefe... Ähnliches hatte ich in den Ruinen der nordarmenischen Stadt Spitak im April 1990, zwei Jahre nach dem Erdbeben, gesehen. Dort hatte sich die Natur gegen den Menschen gekehrt, hier aber der Mensch gegen den Menschen. In dieser Situation ging mir durch den Kopf: Wann immer es hart auf hart kam, haben wir bisher verloren, weil wir nicht so brutal und entschlossen wie unsere Nachbarn waren. Nach Jahrhunderten der Verluste haben wir nun die einmalige Gelegenheit, uns bewaffnet zu widersetzen, und dies geschieht offenbar auch mit Erfolg. Ich stellte vielen Menschen in Arzach die Frage, was wohl das Geheimnis dieser Militärerfolge sei, und erhielt zur Antwort: «Wir sind nun genauso brutal und entschlossen geworden wie unsere Angreifer.» Dies ist der Preis, den wir für unser Überleben zahlen. Unsere Kultur – Literatur, Baudenkmäler, die Kirche, das Christentum, unsere Sprache – haben uns nie gerettet und retten uns auch jetzt nicht. Der Hauptunterschied zwischen uns und dem, was uns die Türken 1915 und die Aserbeidschaner seit 1988 angetan haben, ist wohl, daß wir niemals Staatsverbrechen und Pogrome an wehrlosen Minderheiten verübt haben. Aber im Krieg haben die Arzacher gelernt, Gleiches mit Gleichem zu vergelten.

Später sah ich übrigens noch viele armenische Siedlungen und Häuser, die geplündert und demoliert waren, sogar die Leichen ihrer Bewohner. Aber in Muganli habe ich zum ersten Mal das nackte und schreckliche Antlitz des Krieges erkannt.

Längst hat der Krieg die Bevölkerung der ganzen Region zu Vertriebenen und Flüchtlingen gemacht. Einwohner des Bezirks Kelbadschar, denen im April 1993 die Flucht mißlang oder die zurückgelassen wurden, wurden von den Arzacher Einheiten als Geiseln nach Stepanakert gebracht, wo sie in einem ehemaligen Kindergarten gemeinsam mit armenischen Flüchtlingen leben.

Aserbeidschanerinnen

Die zehnjährige Ilhama wurde offenbar bei der Flucht von ihrer Familie getrennt. Sie wurde zum Liebling der in dem Stepanakerter Heim arbeiten-
den Armenierinnen.

Der 68jährige Aserbeidschaner Askerchan Rahimow aus Kelbadschar

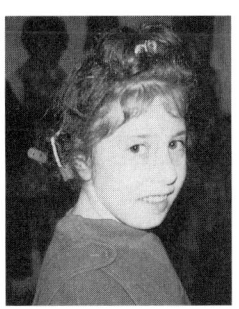 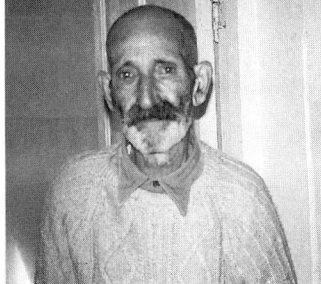

Die Frauen von Muschkapat

Der Alltag in Muschkapat. Die Energieblockade macht den Esel zum wichtigen Transportmittel.

Hochzeit in Schosch. Der Bräutigam Argam im Kampfanzug.

Wir besuchten an diesem Tag noch einige Dörfer. Muschkapat, hoch in den Bergen und malerisch schön, war ein Ort wie aus dem Bilderbuch, fernab der «Zivilisation» und der «Sowjetsitten». Hier in den Dörfern Arzachs ist die armenische Volkskultur noch lebendig. Dann kamen wir nach Schosch, dessen Bewohner seit alten Zeiten für ihre Tapferkeit gerühmt wurden. Schosch bildete stets das armenische Rückgrat im nach 1920 überwiegend aserbeidschanischen Bezirk Schuschi. 1991 ging man deshalb bei den Deportationen im Zuge der «Operation Ring» besonders brutal gegen Schosch vor. Erst nach der Einnahme Schuschis konnten die Bewohner von Schosch wieder in ihr Heimatdorf zurückkehren. Am Tage unseres Besuches fand die erste Hochzeit dort statt. Uns zu Ehren verlegte man die Feierlichkeiten trotz der Luftangriffe auf den Abend, fast das ganze Dorf war dabei. Auch der kleine Geworg, das erste nach der Einnahme von Schuschi und damit der Befreiung geborene Kind.

Wir kehrten zurück nach Stepanakert. Am nächsten Tag weckte uns nicht die Sonne Arzachs, sondern Bombendetonationen, schrecklich

Auf dem Rückflug nach Jerewan.
An Bord waren schwerverletzte Kämpfer.

verstärkt durch das Echo der Berge. Die Luftangriffe, die Stepanakert und Schuschi galten, wiederholten sich um die Mittagszeit, als wir am Flughafen auf unseren Hubschrauber warteten, der uns zurück nach Jerewan bringen sollte. Später erfuhren wir, daß auch das Dorf Schosch getroffen worden war. Manche der Hochzeitsgäste, mit denen wir am Tag zuvor die Tafel geteilt hatten, waren verletzt. Ein Schwerverwundeter starb später. Wir beobachteten, wie in der Nähe der Landebahn ein Mann, wohl ein Flüchtling aus Mardakert, in den Trümmern zerbombter Häuser nach Kleidung suchte.

Weitere Luftangriffe wurden befürchtet, deshalb wurde unsere Delegation aus Sicherheitsgründen wieder über den Latschiner Korridor gebracht und von Goris nach Jerewan geflogen. An Bord waren Schwerverwundete. Es handelte sich um Freiwillige aus Kumajri, ehemals Leninakan.

Mein Wiedersehen mit Jerewan, das ich 1990 kennengelernt hatte, war enttäuschend, die Stadt wirkte heruntergekommen. Am Abend war unsere Delegation in ein teures Privatrestaurant geladen. Die

Menschen dort tanzten, tranken, sangen, scheinbar unbekümmert. Die Menschen in Armenien haben andere Sorgen als die Arzacher.

Zahlreiche offizielle Termine bestimmten das Programm unserer Delegation in der Republik Armenien. Im Etschmiadsin wurden wir vom Katholikos empfangen. Der Besuch bei unserem Kirchenoberhaupt vermittelte den Eindruck, daß in dieser Zeit von Auflösung und Zusammenbruch die Kirche und das Jerewaner Matenadaran die einzigen intakten Institutionen der Nation sind.

Am Ende der Reise standen Treffen mit offiziellen Regierungsstellen, die ich als fruchtlos und vertan empfand. Meine Einschätzung der Politik der regierenden Neobolschewiken als dilettantisch und ver-

Persönlichkeiten der Arzach-Bewegung: oben links der Arzt und Schriftsteller Sori Balajan, rechts der Bischof von Arzach, Pargew Martirosjan, unten links Gurgen Melikjan, Dozent an der Universität von Jerewan

hängnisvoll für unser Volk bestätigte sich hier. Doch daneben kam es zu mich hoffnungsvoll stimmenden Begegnungen, etwa mit dem jungen Vertreter der Arzacher Republik in Jerewan. Manwel Sargsjan erwartet nichts mehr von außen, etwa von UNO-Beschlüssen, sondern setzt auf die Selbstverteidigung der Arzacher. Auch besuchten wir den ehemaligen armenischen Außenminister Raffi Hovannisian und seine Familie. Dieser Mann, der Rechtsanwalt in Kalifornien gewesen ist, wurde seines Amtes enthoben, weil er bei einem offiziellen Türkeibesuch gegenüber seinem Amtskollegen die Rede auf den Völkermord brachte.

Sehr wichtig war der Besuch des Flüchtlingslagers im Jerewaner Bezirk Spenderjan, wo etwa 50 Flüchtlingsfamilien mehr als notdürftig untergebracht sind. In den provisorisch umfunktionierten Wasserkanistern aus Blech sind die Sommer unerträglich heiß, die Winter extrem kalt. Die Flüchtlinge kamen aus den Bezirken Schahumjan und Mardakert, deren Bevölkerung im Juli 1992 vor der Großoffensive der Aserbeidschaner floh. Einige Flüchtlinge kampierten im Park vor dem Sitz des für Arzach zuständigen «Sonderkomitees», da sich die Regierung Armeniens nicht sonderlich um sie kümmerte. Vor dem Angriff hatten allein im Bezirk Schahumjan 22 000 Armenier gelebt, von denen die meisten nicht in die Republik Armenien, sondern nach Rußland flohen.

Von den Flüchtlingen, die wir in Spenderjan trafen, hörten wir ergreifende Einzelschicksale. Unter ihnen war Ruben Werdjan aus Werischen. Der schwerbeschädigte alte Mann hatte im Zweiten Weltkrieg in der legendären, vor allem mit Armeniern besetzten 89. Division gedient. Er war an der Eroberung Berlins beteiligt und als einer der ersten Sowjetsoldaten durch das Brandenburger Tor marschiert. Heute ist er gebrechlich, krank, ein von allen vergessenes Opfer eines neuen Krieges.

Oder die Familie Nalbandjan aus dem Dorf Kara Tschinar, ebenfalls Bezirk Schahumjan. Der Vater fiel als Soldat im Februar 1992, seitdem arbeitete die Mutter als Aushilfe in Jerewan, wo sie mit ihren vier Töchtern im Alter von zwei bis zehn Jahren lebte. Als wir im Lager zu Besuch waren, kümmerte sich eines der älteren Mädchen um seine

Flüchtlinge aus Arzach in
der Republik Armenien.
Im August 1993 stellte die
armenische Regierung
Hilfeleistungen ein, um
sie zur Heimkehr in die
rückeroberten Gebiete zu
zwingen.

Oben: Flüchtlingslager
Hankawan

Links: Flüchtlingslager
Spenderjan. Marine
Nalbandjan paßt auf ihre
jüngeren Geschwister auf.

kleineren Schwestern. Lehrerinnen aus dem benachbarten Stadtviertel versuchten nach Kräften, die Kinder im Flüchtlingslager zu unterrichten.

Nicht anders war die Situation im Flüchtlingslager von Hankawan, nordwestlich von Jerewan, am Fuße des Aragaz. Seit Anfang September 1992 lebten hier 120 Flüchtlinge in einer ehemaligen Feriensiedlung des armenischen Elektroapparate-Werkes, das alle Kosten für die Unterbringung und Verpflegung übernommen hat. Aber ebensowenig wie zuvor sah man hier junge Männer im wehrfähigen Alter. Sie alle kämpften an den Arzacher Fronten oder als Partisanen im aserbeidschanisch besetzten Bezirk Schahumjan.

Nach dem Ende der Delegationsreise blieb ich noch eine Weile in meinem gequälten und entkräfteten Land. Seit Oktober 1992 bin ich wiederholt nach Arzach und Armenien zurückgekehrt. In dem Elend, das ich so immer genauer kennenlernte, ist zumindest etwas Erfreuliches zu beobachten. Der Staat in Arzach beginnt, Gestalt anzunehmen, die Menschen fliehen nicht mehr, sondern kämpfen und verteidigen sich erfolgreich. Doch jedesmal, wenn ich zurückkehre, muß ich mit unendlicher Traurigkeit erfahren, daß einige meiner Freunde oder Reisebegleiter nicht mehr leben.

Zum Weiter- und Nachlesen

Den Anhang besorgte Tessa Hofmann

Daten der armenischen Geschichte im Überblick

15. – 13. Jh. v. Chr. Erste überlieferte Erwähnungen einer Staatenbildung: (*Hajassa* im Dreieck der heutigen Städte Erzincan – Trapesunt – Erzurum) im Armenischen Hochland. Daraus entsteht die Eigenbezeichnung *haj* (Armenier) bzw. *hajastan* (Armenien).

301 n. Chr. Dauerhafte und umfassende Christianisierung Armeniens durch Grigor Lussaworitsch. Armenien gilt als der älteste christliche Staat.

405 Mesrop Maschtoz entwickelt ein Nationalalphabet. Es erlaubt die Übersetzung der Bibel und ist die Basis für das reiche armenische Schrifttum im Mittelalter.

451 Konzil von Chalcedon führt zur ersten Spaltung der christlichen Kirchen. Im selben Jahr armenisch-persische Glaubensschlacht bei Awarajr, was eine Beteiligung der Armenier am Konzil verhindert. Auf späteren Synoden (vor allem Dwin 505 / 06 und 554) verwirft die armenische Kirche die Konzilsergebnisse und gehört mit Syrern, Kopten und Abessiniern zu den sogenannten vorchalcedonensischen Kirchen.

1071 Sieg der Seldschuken bei Manaskert (Manzikert) über Byzanz. Armenien kommt erstmals unter türkische Herrschaft. Massenflucht nach Kleinarmenien und Kilikien. Entstehung armenischer Exilgemeinden im Ausland.

1639 Vertrag von Diyarbakir beendet zwei Jahrhunderte türkisch-persischer Vormachtkämpfe in und um Armenien. Zweite Teilung Armeniens zwischen Iran und dem Osmanischen Reich, wobei nur die östlichen Provinzen Jerewan und Nachitschewan unter persischer Herrschaft bleiben.

1827 Rußland erobert Ostarmenien.

1878 Mit dem Berliner Friedensvertrag beenden die sechs europäischen Großmächte den russisch-türkischen Krieg (1877/78). Rußland behält (bis 1917) die westarmenischen Bezirke Kars und Ardahan. Artikel 61 des Vertrages verpflichtet die Türkei zu Reformen in den übrigen westarmenischen Gebieten. So wird (West-)Armenien zum internationalen Streitobjekt.

1894–1896 Staatlich gelenkte Armenierpogrome (300 000 Opfer) unter dem despotischen Sultan Abdul Hamid II. (1876–1908)

1909 Armenierpogrom in Kilikien (30 000 Opfer)

1915–1917 Unter Kriegsbedingungen organisiert die (jung)türkische Regierungspartei «Komitee Einheit und Fortschritt» Massaker und die Deportation der armenischen Bevölkerung. Knapp zwei Drittel der armenischen Bevölkerung des Osmanischen Reiches (1,5 von 2,5 Millionen) fallen der systematischen Vernichtung zum Opfer.

1918 In Ostarmenien erklärt sich das früher russische Gouvernement Jerewan für unabhängig: Die Erste Republik entsteht.

1920 – September Der Friedensvertrag von Sèvres sichert der Republik Armenien große Teile Westarmeniens. Bevor es zur Verwirklichung kommt, greift die türkische Nationalistenregierung unter Mustafa Kemal am 23. 9. Armenien an.

1920 – Dezember Unter dem Eindruck der militärischen Niederlagen gegen die Türkei überträgt die armenische Regierung die Staatsgewalt einem prosowjetischen militärischen Revolutionskomitee. Sowjetisierung Armeniens.

1921 Das Plenum des Kaukasischen Büros des Zentralkomitees der KP Rußlands beschließt, das armenische Gebiet Arzach (Karabach) (sowjet)aserbeidschanischer Verwaltung zu unterstellen.

1923 Im türkisch-alliierten Friedensvertrag von Lausanne verzichten die westlichen Siegermächte des Ersten Weltkrieges auf einen armenischen Nationalstaat in Westarmenien oder Kilikien. Armenier in der Türkei werden nur noch als religiöse Minderheit, jedoch nicht als Volksgruppe geduldet.

1988 Regierung und Partei des Autonomen Gebiets Berg-Karabach beschließen die Angliederung an (Sowjet-)Armenien. Beginn von Massenbewegungen für größere nationale Selbstbestimmung.

1988 und 1990 Armenierpogrome in den aserbeidschanischen Städten Sumgait, Kirowabad (heute Gandsche) und Baku. Massenflucht von 350 000 Armeniern aus Aserbeidschan (1988–1990) und bis zu 194 000 Aserbeidschanern aus Armenien. Die Gesamtzahl der aus Aserbeidschan und Arzach nach Armenien Geflüchteten betrug Ende 1993 550 000.

1988 Das heftigste Erdbeben der Neuzeit vernichtet Nordarmenien. Nach offiziellen Angaben 23 000–25 000, nach inoffiziellen Schätzungen 50 000–100 000 Opfer.

1989 Berg-Karabach steht unter direkter Verwaltung der sowjetischen Regierung, Arkadij Wolskij ist Sonderbevollmächtigter Moskaus. Auf Verlangen Aserbeidschans stellt der Oberste Sowjet der UdSSR die ursprünglichen Machtverhältnisse wieder her.

1989 Im August beginnen aserbeidschanische Blockade- und Embargomaßnahmen (Erdöl und -gas) gegen Armenien und Karabach, seit 1992 von der Türkei unterstützt. Sie führen zum Zusammenbruch der Wirtschaft und einer tiefen Sozialkrise.

1990 In freien Wahlen wird Lewon Ter-Petrosjan (HHSch) zum ersten nichtkommunistischen Parlamentspräsidenten seit 1920 gewählt (Wahl zum Präsidenten am 17. 10. 1991 mit 80 % der abgegebenen Stimmen).

1991 – April bis Juni «Operation Ring» – Bis zu 10 000 Armenier werden von sowjetischen Streitkräften und aserbeidschanischer OMON-(Sonder-)Polizei aus Arzach vertrieben; schwere Menschenrechtsverletzungen; verstärkte Ansiedlung von Aserbeidschanern.

1991 – September Arzach erklärt sich mit dem nördlich angrenzenden Bezirk Schahumjan zur unabhängigen Republik, nachdem zuvor Aserbeidschan seinen Austritt aus der UdSSR erklärt hatte. Daraufhin hebt Aserbeidschan am 26. 11. 1991 den Autonomiestatus Berg-Karabachs auf.

1991 – Dezember Beginn aserbeidschanischer Militärangriffe zur Rückeroberung Arzachs.

1992 – Mai Den eingeschlossenen Arzachern gelingt die strategisch wichtige Einnahme von Schuschi; bei Latschin die Durchbrechung des Blockaderings; ein erster «humanitärer Korridor» nach Armenien entsteht.

1992 – Juni Aserbeidschanische Gegenoffensive. Eroberung des nördlichen Drittels von Arzach (Bezirke Schahumjan und Mardakert), Massenflucht und -vertreibung von ca. 80 000 Armeniern.

1992 – Juli bis August Schwere aserbeidschanische Luftangriffe auf Arzach; dabei völkerrechtswidrige Zerstörung ziviler Ziele und Einsatz von Splitterbomben. Seit Dezember 1992 auch Luftangriffe auf zivile Ziele in der Republik Armenien.

1993 – März Aserbeidschanische Frühjahrsoffensive löst Gegenoffensive der Arzacher aus. Einnahme des Bezirkes Kelbadschar im Korridorgebiet zwischen Armenien und Arzach.

April bis August Die Arzacher Einheiten erobern die strategisch wichtigen Bezirksstädte im Osten und Süden Arzachs (Agdam, Fisuli, Dschebrail, Kubatly). Massenflucht der aserbeidschanischen Bevölkerung (etwa 200 000 Menschen). Seit Ende Juli 1993 erstmalige Direktverhandlungen zwischen Aserbeidschanern und Arzachern.

Ausgewählte Literatur

Armenien. Kleines Volk mit großem Erbe. Hg. von Wilm Sanders. Hamburg: Katholische Akademie 1989

Armenisches Berg-Karabach/Arzach im Überlebenskampf: Christliche Kunst, Kultur, Geschichte. Manfred Richter (Hg.). Berlin 1993

Armenische Kunst: Jean-Michel Thierry und Patrick Donabédian, Freiburg, Basel, Wien 1988

Asenbauer, Haig E., *Zum Selbstbestimmungsrecht des armenischen Volkes von Berg-Karabach,* Wien 1993

Bitow, Andrej, *Armenische Lektionen: Eine Reise in ein kleines Land,* Frankfurt am Main 1989

Bock, Ulrich, *Georgien und Armenien: Zwei christliche Kulturlandschaften im Süden der Sowjetunion,* Köln 1988

Brentjes, Buchard, *Drei Jahrtausende Armenien,* Wien, München 1984

Captanian, Pailadzo, *1915: Der Völkermord an den Armeniern, eine Zeugin berichtet,* Übers., Bearb., Vorwort von Meliné Pehlivanian, Leipzig 1993

die horen, Zeitschrift für Literatur, Kunst und Kritik, Nr. 119 (1980), S. 133–186, Nr. 160 (1990)

Gesellschaft für bedrohte Völker (Hg.), *Das Verbrechen des Schweigens: Die Verhandlungen des türkischen Völkermordes an den Armeniern vor dem Ständigen Tribunal der Völker* (Paris, 13.–16. 4. 1984), Göttingen 1985

Dieselbe, Tessa Hofmann (Hg.), *Der Völkermord an den Armeniern vor Gericht: Der Prozeß Talaat Pascha, Gerichtsprotokolle mit Augenzeugenberichten und Regierungsbefehlen zur Vernichtung der Armenier 1915–1918.* (Berlin 1921), Göttingen, Wien 1985

Gust, Wolfgang, *Der Völkermord an den Armeniern. Die Tragödie des ältesten Christenvolkes der Welt,* München 1993

Heiser, Lothar, *Das Glaubenszeugnis der armenischen Kirche,* Trier 1983

Hilsenrath, Edgar, *Das Märchen vom letzten Gedanken.* Roman, München, Zürich 1989

Hofmann, Tessa, *Die Armenier: Schicksal, Kultur, Geschichte,* Nürnberg 1993

Dieselbe und Koutcharian, Gerayer (Hg.), *Armenien: Völkermord, Vertrei-*

bung, *Exil 1979–1987, neun Jahre Menschenrechtsarbeit, neun Jahre Be-richterstattung über einen verleugneten Völkermord,* Göttingen, Wien 1987

Dieselbe, *Armenien – Georgien: Zwischen Ararat und Kaukasus,* Leer / Ost-friesland 1990

Koutcharian, Gerayer, *Der Siedlungsraum der Armenier unter dem Einfluß der historisch-politischen Ereignisse seit dem Berliner Kongreß 1878. Eine poli-tisch-geographische Analyse und Dokumentation,* Berlin 1989

Lepsius, Johannes (Hg.), *Deutschland und Armenien 1914–1918: Sammlung diplomatischer Aktenstücke,* Reprint der Ausgabe Potsdam 1919, Vorwort zur Neuausgabe von Tessa Hofmann, Nachwort von M. Lepsius, Bremen 1986

Derselbe, *Bericht über die Lage des armenischen Volkes in der Türkei,* Potsdam 1916 (weitere Auflagen unter dem Titel *Der Todesgang des armenischen Volkes in der Türkei während des Weltkrieges*)

Luchterhandt, Otto, *Das Recht Berg-Karabaghs auf staatliche Unabhängigkeit aus völkerrechtlicher Sicht,* o. O., Stiftung für Armenische Studien, Juli 1992

Mandelstam, Ossip, *Die Reise nach Armenien,* Übers. aus dem Russischen und Nachwort von Ralph Dütli, Frankfurt am Main 1983

Mouradian, Claire, *Sowjetarmenien nach dem Tode Stalins,* Köln 1985

Nansen, Fridtjof, *Betrogenes Volk: Eine Studienreise durch Georgien und Ar-menien als Oberkommissar des Völkerbundes,* Leipzig 1928

Neubauer, Edith, *Armenische Baukunst vom 4. bis 14. Jahrhundert,* Dresden 1979

Novello, Adriano Alpago (u. a.), *Die Armenier: Brücke zwischen Abendland und Orient,* Stuttgart, Zürich 1986

Panzer gegen Perestrojka: Dokumentation zum Konflikt in und um «Arzach» («Karabach»), Einleitung von Tessa Hofmann, Bremen 1989

Renz, Alfred, *Kaukasus: Georgien, Aserbeidschan, Armenien,* München 1987, 2. Aufl.

Derselbe, *Land um den Ararat: Osttürkei – Armenien,* München 1985, 2. Aufl.

Sarkisyanz, Emmanuel, *Geschichte der orientalischen Völker Rußlands,* Mün-chen 1961

Ternon, Yves, *Tabu Armenien: Geschichte eines Völkermordes,* Berlin 1988

Vierbücher, Heinrich, *Was die Kaiserliche Regierung den deutschen Unter-tanen verschwiegen hat: Armenien 1915, die Abschlachtung eines Kultur-volkes durch die Türken,* Reprint der Ausgabe 1930, Bremen 1987

Wegner, Armin T., *Fünf Finger über Dir: Aufzeichnungen einer Reise durch Rußland, den Kaukasus und Persien. 1927/28*, Wuppertal 1979

Werfel, Franz, *Die vierzig Tage des Musa Dagh* (1933), Frankfurt am Main 1985

Zürrer, Werner, *Kaukasien 1918–1921: Der Kampf der Großmächte um die Landbrücke zwischen Schwarzem und Kaspischem Meer*, Düsseldorf 1978

Übersetzte Literatur

Bethge, Hans (Hrsg.), *Die armenische Nachtigall, Lieder des Nahapet Kutschak*, Berlin 1924

Die Nachtigall Tausendtriller. Armenische Volksmärchen. Ausgewählt und aus dem Armenischen übersetzt von Tessa Hofmann und Gerayer Koutcharian, Berlin 1983

Issahakjan, Awetik, *Der Glockenton der Karawane.* Ausgewählt von Lutz Engel, Nachdichtungen: Annemarie Bostroem, Nachwort von Herbert Krempien, Berlin 1978

Howsepjan, Ruben, *Die karminrote Schildlaus.* Roman. Aus dem Russischen von Ingeborg Schröder, Berlin 1986

Krakuni, Zareh (d. i. Sareh Chrachuni), *Von den Steinen Armeniens.* Aus dem Armenischen übertragen und eingeleitet von Raffi Kantian, Berlin 1990

Matewosjan, Hrant, *…aber sonst ist alles reine Wahrheit.* Erzählungen. Aus dem Russischen von Charlotte Kossuth, Berlin 1988

Derselbe, *Das Schelmenstück der Hammeldiebe.* Aus dem Russischen von Marianne Schäfer, Berlin 1969

Derselbe, *Mutter fährt den Sohn verheiraten.* Aus dem Russischen von Marianne Kossuth, in: Erlesenes, 3. Kaukasische Novellen, Berlin 1978

Mkrttschjan, Lewon (Hg.), *Die Berge beweinen die Nacht meines Leides.* Klassische armenische Dichtung. Nachdichtung: Annemarie Bostroem, Berlin 1983

Sewak, Parujr, *Der Schmerz, der weitertreibt.* Hrsg. und Nachwort Christina Links, Berlin 1987

Derselbe, *Hohelied.* Übertragen aus dem Armenischen und eingeleitet von Raffi Kantian, München 1983

Engagierte Organisationen stellen sich vor

Christian Solidarity International (CSI)

«Rettet Nagorni Karabach!» ist eine Hilfsaktion der Zürcher Menschenrechts- und Hilfsorganisation CSI. Sie begann im Oktober 1991, als Baronin Caroline Cox, Vizepräsidentin des britischen Oberhauses und Vorstandsmitglied von CSI England, in Nagornyj Karabach Nachforschungen über Menschenrechte durchführte. Mit insgesamt neun Hilfsflügen brachte CSI seit Januar 1992 rund 345 Tonnen Lebensmittel, Medikamente und Gerätschaften nach Arzach. Jeder Hilfsflug wurde von Journalisten und Fernsehteams begleitet, um der bedrängten Enklave zu größerer Publizität zu verhelfen. Außerdem engagiert sich CSI durch eine rege Öffentlichkeitsarbeit, gezielte Protestresolutionen und durch Kontakte zu internationalen Gremien für Arzach.

CSI wurde 1975 gegründet, als Folge von Schweigemärschen zugunsten von verfolgten Christen in der Sowjetunion. CSI versteht sich überkonfessionell und will die freie Ausübung des Glaubens auf der ganzen Welt sicherstellen. CSI leistet neben der Öffentlichkeitsarbeit auch materielle Unterstützung für Verfolgte und ihre Angehörigen sowie Flüchtlinge. Heute gibt es CSI-Komitees in 15 Ländern.

Kontakt: CSI   CSI Deutschland
                   Forchstr. 280   Alpenstr. 4
                   CH-8029 Zürich   78224 Singen

Spenden für die humanitäre Hilfe in Nagornyj Karabach:
Bezirkssparkasse Singen, BLZ 69250035, Konto 3403029
oder CSI – Postscheckkonto Zürich, Konto 80-22429-9

Deutsch-Armenische Gesellschaft (DAG)

Die DAG gibt es seit 1914: Zu den Gründungsmitgliedern gehörten Dr. Johannes Lepsius, der Publizist Paul Rohrbach, der Orientalist Joseph Marquardt und der Lyriker Awetik Issahakjan. Während des Zweiten Weltkrieges setzte sich die DAG für (sowjet)armenische Kriegsgefangene ein. 1956 aus dem Vereinsregister gelöscht, wurde sie 1972 wiedergegründet. Sie hat sich die Förderung des wechselseitigen Verständnisses zwischen dem armenischen und dem deutschen Volk sowie die Wahrung der Belange der in Deutschland lebenden Armenier zum Ziel gesetzt. Sie veröffentlicht vierteljährlich die «Armenisch-Deutsche Korrespondenz».

Kontakt: Dr. Christoph Heger (Schriftführer)
Immekeppel
Kielsberg 43
D-51491 Overath
Tel.: 02204/73768

Gesellschaft für bedrohte Völker (GfbV)

Die GfbV ist die mitgliederstärkste Menschenrechtsorganisation im deutschsprachigen Raum, die sich für Minderheiten- und Volksgruppenrechte einsetzt. Die Koordinationsgruppe Armenien der GfbV entstand 1979 in Berlin. Schwerpunkte sind die Öffentlichkeits- und Informationstätigkeit über den Völkermord an den Armeniern 1915/16 und die aktuelle Lage der Armenier, besonders in den Ländern, in denen sie bedroht oder verfolgt werden. Seit 1988 unterstützt die GfbV die Bemühungen der Arzacher (Karabacher) Armenier um nationale Selbstbestimmung. Ein weiterer Schwerpunkt liegt im Asylbereich. Die Koordinationsgruppe informiert Anwälte, Hilfsorganisationen sowie Gerichte über die Fluchthintergründe und setzt sich für das Bleiberecht armenischer Flüchtlinge aus der Türkei und Aserbeidschan ein bzw. für eine beschränkte Aufnahme (Kontingentlösung) von Zuwanderern aus der Republik Armenien. Im humanitären Bereich enge Kooperation mit dem Hilfswerk «Christian Solidarity International». Die Überbringung und Verwendung von Spenden wird von Mitgliedern der Gruppe persönlich überwacht.

Kontakt: Gesellschaft für bedrohte Völker
               Koordinationsgruppe Armenien
               c/o Frau Elvira Kiendl
               Prüfeninger Str. 55
               93 049 Regensburg
               Fax: 030 / 8 51 79 74

Steuerabzugsfähige Spenden unter dem Verwendungszweck «Arzach» oder «Armenien» an:
Gesellschaft für bedrohte Völker e. V., Postfach 2024, 37 010 Göttingen
Postgiro Hamburg Kto. 935-200 (BLZ 200 100 00)

Informations- und Dokumentationszentrum Armenien (IDZA)

Das IDZA bemüht sich seit 1985 als unabhängige Einrichtung um die Vermittlung von Informationen über den Genozid, seine Folgen und aktuelle Probleme des armenischen Volkes. Das IDZA verfügt über ein eigenes Archiv. Es umfaßt schwer auffindbare Literatur aus dem 19. und frühen 20. Jahrhundert, ein Presseausschnittsarchiv sowie eine einzigartige, laufend ergänzte Sammlung von Fotodokumenten zur Verfolgung und Vernichtung 1877–1939, zur Landeskunde und Ethnographie Armeniens bis 1915.

Kontakt: Dr. Gerayer Koutcharian
               Kühlebornweg 22
               12 167 Berlin
               Fax: 030 / 8 51 79 74

Research on Armenian Architecture (RAA)

Aufgabe dieses seit Ende der sechziger Jahre bestehenden Projektes war zunächst eine möglichst vollständige Bestandsaufnahme armenischer Baudenkmäler außerhalb der Grenzen der heutigen Republik Armenien. Im Iran ging es in Zusammenarbeit mit der staatlichen Denkmalpflege um die Instandsetzung von armenischen Kirchen und Klöstern im Nordiran.

Schon die ersten von RAA entsandten Expeditionen bestätigten die Dringlichkeit des Unternehmens. Nur wenige Kirchen stehen noch aufrecht mit vollständig erhaltenen Gewölben und Kuppeln. Überwiegend sind, als Folge von Steinraub, mutwilliger Zerstörung und Naturkatastrophen, die verschiedensten Stadien des Verfalls zu konstatieren. Es galt möglichst schnell die verbliebenen Zeugnisse christlich-armenischer Baukunst zu fotografieren, zu vermessen und wenigstens «auf dem Papier» zu retten. Bisher wurden mehrere hundert Objekte untersucht, überwiegend Kirchen und Klosteranlagen, auch Brücken und Befestigungen. Das zusammengetragene Material bildet die Grundlage eines Archivs. Weiter geht es um die wissenschaftliche Auswertung dieses Materials, die in Zusammenarbeit mit der Akademie der Wissenschaften (Jerewan) und dem Rensselaer Polytechnic Institute, Troy (New York) erfolgt. Als Ergebnis erscheint seit 1981 eine Microfiche-Dokumentation «Armenische Architektur» mit derzeit 38000 Aufnahmen bei der Inter Documentation Company, Leiden (Niederlande).

Kontakt: Prof. Dr. Dieter Wickmann
Jülicher Str. 98
52070 Aachen
Tel.: 0241/154222

Zentralrat der Armenier in Deutschland (ZAD)

Der ZAD bildet einen überregionalen, überparteilichen und überkonfessionellen Zusammenschluß der in Deutschland bestehenden armenischen Vereine oder Gemeinden. Gegenwärtig gehören dem ZAD 12 der insgesamt 20 Armeniergemeinden Deutschlands an. Der ZAD begreift sich als Interessenvertretung der in Deutschland lebenden Armenier und bemüht sich um die Verständigung zwischen den in der Bundesrepublik lebenden Völkern und der Republik Armenien.

Kontakt: Herrn Antranig Aznavour
Schmedenstedter Str. 18
31246 Lahstedt-Münstedt
Tel.: 05172/2321
Fax: 05172/3119

Die Autoren

Taner Akçam, geboren 1953 in Ardahan / Türkei. Studium der Wirtschaftswissenschaften in Ankara. 1976 Verhaftung als Redakteur der Jugendzeitschrift *Revolutionäre Jugend,* 1977 Flucht aus dem Gefängnis und illegale Einreise in die Bundesrepublik, Verhaftung. Nach drei Monaten Entlassung und Anerkennung als politischer Flüchtling. Seit 1988 ist er wissenschaftlicher Mitarbeiter am Hamburger Institut für Sozialforschung. 1992 veröffentlichte er in der Türkei ein Buch über den Völkermord an den Armeniern.

Tessa Hofmann, geboren 1949 in Bassum bei Bremen, lebt in Berlin, Studium der Slawistik, Armenistik und Soziologie. Sie ist als wissenschaftliche Angestellte am Osteuropa-Institut der FU Berlin und als Publizistin tätig. Seit 1979 ehrenamtliche Leiterin der Koordinationsgruppe Armenien der Gesellschaft für bedrohte Völker; zahlreiche Veröffentlichungen zur armenischen Geschichte und Kultur; Trägerin des Papazjan-Kulturpreises der Allgemeinen Armenischen Wohltätigkeitsunion (Hauptsitz New York).

Raffi Kantian, Diplomchemiker, geboren 1945 in Istanbul / Türkei, wohnhaft in Hannover und tätig als Gymnasiallehrer, seit 1991 Zweiter Vorsitzender der Deutsch-Armenischen Gesellschaft. Verschiedene Übersetzungen aus dem Armenischen, armenische Prosaveröffentlichungen unter dem Pseudonym Raffi Kebabdjian.

Mari Karaciyan-Berndt, geboren 1947 in Istanbul / Türkei, in einem damals vorwiegend von Armeniern bewohnten Stadtteil, lebt seit 1965 in Berlin. Langjährige Tätigkeit als Sozialpädagogin / Sozialplanerin in Berlin-Kreuzberg.

Gerayer Koutcharian, Diplomingenieur, geboren 1948 in Nor Dschura / Isfahan (Iran), lebt seit 1971 in Berlin. Studium der Kartographie, Geowissenschaften und der iranischen Philologie. Er ist Lehrbeauftragter für Alt- und Neuarmenisch an der Freien Universität Berlin, seit 1979 aktive Mitarbeit in der Gesellschaft für bedrohte Völker; gründete 1985 das Informations- und Dokumentationszentrum Armenien. Verschiedene Veröffentlichungen zur neuarmenischen Geschichte.

Wolfgang Kunz, geboren 1942 in Augsburg, lebt in Hamburg. Nach einer Schriftsetzerlehre und dem Studium der Fotografie arbeitete er als journalistischer Fotograf, Mitbegründer der Agentur «Bilderberg» (Hamburg), veröffentlichte Fotoreportagen über Armenier / Armenien im In- und Ausland.

Parandsem Roland, geborene Abadschjan, geboren 1968 in Nairi / Sowjetrepublik Armenien, lebt derzeit in Papenburg / Schleswig-Holstein. Studierte Neuere Philologie an der Universität Jerewan; Dolmetschertätigkeit für das Deutsche Rote Kreuz im Rahmen der Hilfstätigkeiten im nordarmenischen Erdbebengebiet, 1989 Auslandsstipendium an der Universität Rostock. Nach der Heirat 1990 reiste sie 1991 nach Deutschland aus.

Bildquellen

Archiv Informations- und Dokumentationszentrum Armenien:
    Armin T. Wegner S. 14, Christian Solidarity International S. 128
    Gerayer Koutcharian S. 126, Maria Jacobsen, Diary S. 12
    Near East Relief S. 13, Ruben Mangassarjan S. 125 oben
    Tessa Hofmann S. 125 unten
Gerayer Koutcharian   S. 207, 215-240
Maria Karaciyan-Berndt   S. 76
Parandsem Roland   S. 180
Wolfgang Kunz S. 45-74